KB119064

SLOW THINKING

슬로싱킹

속도를 늦출수록 탁월해지는 생각의 힘

SLOW THINKING

황농문 지음

위즈덤하우스

생각하는 힘을 아는 사람,
슬로싱커

"이 문제는 너처럼 생각하면 안 돼. 급하게 생각하지 마. 천천히, 느긋하게, 스트레스 받지 말고 생각해야 풀리는 거야."

우리 큰아이가 고등학교 1학년 때 일이다. 여름방학을 맞아 한 가지 문제에 깊이 몰입하는 것을 경험해보면 좋을 것 같아서 미분 개념을 갓 익힌 아이에게 아직 배우지도 않은 두 함수의 곱의 미분 문제를 풀게 해봤다. 문제가 어려우니 1초도 생각을 멈추지 않겠다는 자세로 오래 들여다봐야 풀릴 거라고 이야기해주었다. 그런데 아이는 '1초도 멈추지 않고' 생각하라는 내 말에 엄청난 스트레스를 받은 모양이었다. 나름대로 생각의 끈을 놓지 않으려고 노력했지만, 아침부터 저녁까지 생각해도 문제가 풀리지 않자 머리가 아프고 너무 답답하다고 했다. 아이는 이렇게 진전이 없는 문제는 처음이라면서 그야말로 머리를 쥐어뜯으며 괴롭게 생각을 거듭하고 있었다. 아이한테 '생각하기'란 그런 것이 아니라고 말해주었다. 천천히, 느긋하게, 스트레스 받지 않고 생각해야 한다고 말이다.

하지만 아이는 생각의 진전이 없는 어려운 문제를 스트레스 받지 말고 느긋하게 풀라는 내 말을 전혀 이해하지 못했다. 그때 나는 깨달았다. 내가 몰입할 때 하는 '생각하기'가 다른 사람들이 하는 그것과 전혀 다르다는 걸 말이다. 이를 계기로 나는 '일반적인 생각하기'와 '내 방식의 생각하기'를 구별할 필요성을 느꼈다. 그래서 만든 개념이 바로 '슬로싱킹 slow thinking'이다.

슬로싱킹은 생각할 때 괴로움이나 스트레스 없이 편안하고 이완된 상태를 유지하되, 집중하는 주제에 대해서는 생각하기를 1초도 멈추지 않겠다는 자세로 생각의 끈을 붙들고 있는 방식이다. 내가 몇 달 혹은 몇 년 동안 고도의 몰입 상태에 있으면서도 지치거나 피곤하지 않았던 것도 그냥 생각한 게 아니라 슬로싱킹을 했기 때문이다.

만유인력을 어떻게 발견했냐는 질문에 아이작 뉴턴은 "내내 그 생각만 했으니까"라고 대답했다. 알베르트 아인슈타인도 "나는 몇 달이고 몇 년이고 생각하고 또 생각한다"라고 말한 바 있다. 바로 이 말들에서 우리는 천재성의 비밀을 엿볼 수 있다. 그 비밀은 사실 단순하다. 우리가 뉴턴과 아인슈타인의 머리를 가질 순 없어도 이들의 '생각하고 또 생각하는' 몰입적 사고는 따라 할 수 있고, 그러기만 해도 엄청난 잠재력을 끌어낼 수 있을 것이다. 문제는 사람들 대부분은 이처럼 생각하고 또 생각하는 일을 어려워한다는 것이다.

아마 생각한 지 1시간도 안 돼서 머리에서 쥐가 나는 것 같다고 하소연할 것이다.

그렇다면 우리처럼 평범한 사람은 뉴턴이나 아인슈타인처럼 생각하고 또 생각할 수 없는 것일까. 그렇지 않다. 간화선看話禪이라는 우리나라 불교의 참선 방법이 있다. 간화선을 하는 스님들은 오로지 화두話頭 하나만을 생각하고 또 생각하는 수행을 하는데, 여름 3개월간의 수행을 '하안거夏安居', 겨울 3개월간의 수행은 '동안거冬安居'라 한다. 스님들은 이렇게 몇 달을 연속해서 생각해도 탈이 나기는커녕 오히려 평온하고 행복한 상태에 도달한다. 따라서 스님들처럼 지치지 않고 연속해서 생각하는 방법을 터득한다면 누구나 뉴턴처럼 내내 그 생각만 할 수 있고, 아인슈타인처럼 몇 달이고 몇 년이고 생각할 수 있을 것이다.

슬로싱킹은 조선 시대 선비들의 정좌靜坐, 즉 바른 자세로 앉아 천지 만물의 이치를 생각하고 또 생각하던 수행 방법과도 비슷하다. 동시에 천재 수학자 스리니바사 라마누잔의 명상적 사고와도 흡사하다. 그는 난제를 해결할 때 명상하듯 생각했다고 하는데, 그러면 꿈속에서 신이 답을 알려주었다고 한다. 헝가리 출신의 또 다른 천재 수학자 에르되시 팔은 '졸면서 생각하기'로 유명하다. 이 역시 선잠을 적극적으로 활용하고, 잠자는 동안에도 생각의 끈을 놓치지 않는 슬로싱킹과 매우 유사하다고 할 수 있다.

아무런 진전이 없어도 계속 생각하고 또 생각하면 몰입도는 올라간다. 앞서 소개한 간화선, 정좌 수행, 천재 수학자들의 사례에서 이를 여실히 확인할 수 있다. 사고의 진전이 없는 상황에서도 문제 하나를 계속 생각하면 몰입도가 올라가는 것을 나 역시 수없이 반복해 경험했다. 슬로싱킹이 중요한 이유가 바로 여기에 있다. 슬로싱킹은 지치지 않고 오래 생각할 수 있다는 점에서 몰입도를 올리는 가장 강력한 엔진이다.

슬로싱킹으로 고도의 몰입 상태에 도달하면 해야 할 업무나 공부에 흠뻑 빠져 최고의 기량을 발휘할 수 있다. 그러면 '혼신을 다했지만 지긋지긋했다'는 고통스러운 최선이 아니라 '혼신을 다할 수 있어 좋았다'는 '즐거운 최선'을 경험하게 된다. 그 결과, '해야 할 일'이 '좋아하는 일'이 되는 마법과 같은 일이 일어나 '행복한 최선'이 가능해지고, 행복하니까 '지속 가능한 최선'이 된다.

또한 슬로싱킹에 의한 몰입은 아무도 해결하지 못하는, 고도로 복잡하거나 창의력이 필요한 문제를 해결하는 가장 강력한 도구다. 이를 잘 활용하면 인공지능과 경쟁해야 하는 4차 산업혁명 시대에 독보적인 경쟁력을 갖춰 자기 가치를 높일 수 있다.

나는 그간 몰입적 사고에 대해 소개하는 작업을 활발히 해왔고, 나의 몰입 체험과 몰입의 원리에 대해서는 전작 『몰입』, 『몰입 두 번째 이야기』, 『공부하는 힘』에서 충분히 다루었다. 내게 남은 과제는 더 많은 사람이 자기 삶에 몰입을 활용하도록 안내하는 것이다. 그러려면 다양한 상황에서 어떻게 몰입을 이끌어낼 것인지, 그러기 위해 어떻게 슬로싱킹을 활용할 것인지와 실제 사례를 소개할 필요가 있다. 내가 이 책을 쓴 이유가 여기에 있다. 따라서 이 책에선 슬로싱킹과 몰입이 실제로 어떻게 작동하는지 소개하기 위해 다양한 사례들을 담았다.

"요즘은 제가 시험이 얼마 안 남은 고시생인지 합격생인지 모를 정도로 행복합니다."

어느 사법시험 준비생의 이 말은 슬로싱킹이 우리 삶을 얼마나 풍요롭고 행복하게 할 수 있는지 보여준다. 이뿐만이 아니다. 46시간 슬로싱킹을 한 끝에 마침내 수학 문제를 풀어낸 중학생, 평소 같았으면 풀 엄두도 못 냈을 어려운 문제를 6일간의 슬로싱킹으로 해결한 대학생, 약한 몰입과 강한 몰입을 번갈아 체험하면서 직장에서 발생한 문제를 모두 해결한 산업체 연구원 등. 슬로싱킹과 몰입의 위력이 얼마나 대단한지, 그 경험이 삶에 어떤 궤적을 남기는지 확인한 사람들이 많다. 이들은 슬로싱킹을 통해 뉴턴이나 아인슈타인처럼 오랜 시간 지치지 않고 내내 하나의 생각만을 할 수 있었다. 즉 자신의 두뇌가 최대로 가동되는 상태를 만들 수 있었던 것이다. 평생 도전해도 풀 수 없을 것만 같던 문제를 오랜 슬로싱킹을 통해 해결한 경험만큼 멋지고 값진 것이 또 있을까. 이런 경험은 어떤 가르침으로도 대체될 수 없다.

사례는 일종의 실험 결과로, 그 자체가 많은 의미를 지닌다. 여기에서 소개하는 여러 사례를 통해 슬로싱킹을 통한 몰입을 간접 체험하는 효과를 얻을 수 있을 것이다. 예측할 수 없을 정도로 다양한 상황에서 몰입을 어떻게 적용할지 일일이 설명할 순 없지만, 독자가 자기 상황에 맞게 개별적으로 몰입을 활용하는 데 이 사례들이 도움이 될 것이다.

논의의 완결성을 위해 이전에 출간한 저서에서 불가피하게 일부 내용을 가져오기도 했다. 독자들의 너른 양해 바란다.

부디 이 책의 독자들이 다양한 상황에 슬로싱킹을 활용해 삶의 완성도를 높이는 '자기 혁명'을 이루길 기원한다. 나아가 몰입이 창의적 인재 양성에 널리 활용되어 4차 산업혁명 시대에 국가 경쟁력을 높이는 데 밑거름이 되길 희망한다.

한국능률협회KMA의 직장인들을 대상으로 한 몰입과 창의성 교육 프로그램을 기반으로 이 책의 집필이 시작되었다. 이 책을 완성하기까지 많은 이의 도움을 받았다. 먼저 자신의 슬로싱킹과 몰입 성공 사례를 이 책에 싣도록 허락해준 모든 분께 감사를 전한다. 이들의 사례가 책을 완성하는 데 절대적인 역할을 했다. 또한 위즈덤하우스 관계자 여러분에게도 감사드린다.

마지막으로, 책의 완성도를 높이는 데 가장 큰 도움을 준 내 아내에게 감사하며, 두 아이 정아와 규현에게도 고마움을 전한다. 출간의 기쁨을 이들과 함께 나누고 싶다.

2020년
황농문

PART 02
천천히 생각할수록 탁월해지는 슬로싱킹

PART 03
슬로싱킹은 어떻게 작동하는가

생각의 습관을
바꾸는 사람들

CHAPTER 01

생각하고 또 생각했을 뿐인데,
인생이 달라졌다

SLOW
THINKING

인생이 공허하고 일상이 만족스럽지 않다면,

평소 내가 어떤 방식으로 생각하고 있는지 돌아볼 필요가 있다.

우리가 하는 여러 행동과 마찬가지로 생각 또한 습관이다.

그리고 그 습관들이 작은 변화를 만들고 중력처럼 행복을 끌어당긴다.

생각의 습관을 바꾸면 인생이 달라진다.

'소확행'으로는 해결되지 않는
삶의 문제를 풀다

22살 때 연습 경기에서 신비한 일을 경험했습니다. 경기력이 좋았다거나 몸이 가벼웠다거나 하는, 그런 단순한 말로는 표현할 수 없는 느낌이었습니다.

당시 저는 2개월 전부터 리오넬 메시의 짧은 드리블에 강한 영감을 받아 잔발 컨트롤과 드리블에 대한 영상을 끊임없이 보고 연습했습니다. 축구를 잘하는 것이 제 인생의 가장 큰 목표였고 그만큼 노력도 했지만, 결과는 생각만큼 좋진 않던 때였습니다. 그래도 머릿속으로 몸과 공이 같이 움직이는 장면을 끊임없이 상상하며 연습했습니다. 그러던 중 정규 리그가 끝나 한국으로 돌아왔고, 한 대학팀과의 연습 경기에서 뛰게 되었습니다.

저는 이날을 잊을 수 없습니다. 연습 경기였지만 승부욕 강한 공격수인 저는 저 자신이 원하는 플레이를 구현하고자 진지하게 임했습니다. 단 한 차례의 실수도 없이 모든 플레이가 유효 플레이(주로 드리블과 인터셉트)로 이어졌습니다. 생각을 한다기보다 무조건반사같이 플레이에 대한 정보를 피부로 느끼는 동시에 그 상황에서의 최선의 플레이가 이어졌습니다. 모두가 느려 보이고 마치 제가 시간과 공간을 조정하는 것처럼 느껴졌습니다. 공이 저의 신체 일부 같았고, 세미프로 수준의 상대 선수들이 끊임없이 집단 수비를 펼쳤지만, 제 돌파를 막을 수 없었습니다. 그들이 뻗는 발, 몸의 방향, 커버 플레이, 골대의 위치, 이 모든 것을 인지하고 어떻게 하면 골을 넣을 수 있을지 온몸이 알고 반응했습니다. 그날 저는 솔로 골로 해트트릭을 하고 팀의 역전승을 혼자 만들어냈습니다.

프로를 상대한 경기는 아니었지만, 전형적인 골잡이 플레이를 하던 제가 몇 개월간의 노력으로 인생 최고의 퍼포먼스를 선보일 거라고는 생각하지 못했습니다.

사람들은 무엇 때문에 몰입을 하려고 할까? 나는 몰입 관련 저서들을 출간한 후 수많은 독자에게서 메일을 받았다. 대개 자신의 삶이나 학업에 몰입적 사고를 어떻게 활용할지 묻는 내용이었다. 그런데 흥미롭게도 직장인이 업무 몰입과 관련해 도움을 요청하는 경우는 드물었다. 한 직장인에게 그 이유가 무얼까 물었더니, 퇴근 후에도 업무에 몰입하면 자기만 손해라는 생각 때문일 거라는 대답이 돌아왔다.

직장인들만 이런 생각을 하는 것 같진 않다. 몰입을 통해 자기 역량을 최대로 키울 수 있다고 말하면 왜 그리 열심히 살아야 하느냐고 반문하는 학생들이 더러 있다. 요즘 유행하는 '워라밸'이니 '욜로'니 '소확행'이니 하는 단어도 이런 분위기와 무관하지 않으리라. 일이나 학업에서 월등한 실력을 갖추거나 성취감을 느끼려면 노력하고 인내하는 괴로운 시간을 보내야 하지만, 그 노력이 반드시 보상받는다는 보장은 없다고들 생각한다. 그러니 차라리 퇴근 후 네 캔에 만 원짜리 수입 맥주를 마시고, 화분에 물을 주고, 고양이를 쓰다듬고, 넷플릭스 드라마를 보는 소소한 행복에 기대어 사는 게 낫다고 생각하는 것 같다.

그런데 '욜로' 정신에 기반해 '워라밸'을 찾고 '소확행'을 추구하는 것보다 더 행복해지는 방법이 있다면 어떨까. 2020년 5월 6일 자 《뉴스1》의 '업무 애착이 높은 사람이 가장 행복'이라는 기사는 흥미로운 논문 두 편을 소개한다.[1] 첫 번째 논문은 2019년 한국노동연구원이 발표한 '임금 노동자의 일과 여가가 행복에 미치는 영향'이다. 이 논문에 따르면 임금 노동자는 근로 시간이 감소할수록 더 행복하지만, 한편으로 완벽주의 성향이 높을수록, 일에 대한 애착이 높을수록, 일을 통제하고자 하는 욕구가 높을수록 더 행복한 것으로 나타났다.

기사가 소개하는 두 번째 논문은 연세대 심리학과 이동귀 교수가 2013년에 발표한 '대학생의 완벽주의 성향에 따른 하위집단의 특징'이다. 연구진은 대학생 85명을 '적응적 완벽주의', '부적응적 완벽주의', '비완벽주의'로 나눈 뒤 이들의 전반적인 행복지수와 우울지수를 측정했다. 적응적 완벽주의란 자신에게 높은 기준을 부여하고 그에 걸맞은 노력과 성취를 하는 사람이다. 부적응적 완벽주의는 자신에게 높은 기준은 부여하나 노력과 성취가 없는 사람이고, 비완벽주의는 자신에게 높은 기준을 부여하지 않아 노력과 성취도 없는 사람이다. 한마디로 적응적 완벽주의는 성취를, 비완벽주의는 휴식을 추구하는 셈이다.

연구 결과, 성취를 추구하는 적응적 완벽주의가 행복지수는 가장 높고, 우울지수는 가장 낮았다. 휴식을 추구하는 비완벽주의자는 행복지수와 우울지수 모두 중간 순위를 차지했다. 기사는 이 논문 결과에 대해 성취 지향적인 사람은 남의 시선에 연연하지 않으며 자신만의 기준에 걸맞게 노력하고 성취를 거두는 데서 기쁨을 누린 다고 분석한다. 그리고 자신에게 큰 기대를 하지 않고 성취에 대한 갈망도 없는 비완벽주의자보다 이들이 더 행복하다는 사실에 주목 한다.

휴식을 추구하는 삶이 성취를 지향하는 치열한 삶보다 오히려 행복하지 않다고 하니 참으로 아이러니하다. 몰입 이론의 창시자, 미하이 칙센트미하이의 연구에 따르면 사람들은 휴일을 보낼 때보다 직장에서 일할 때 몰입을 더 자주 경험한다고 한다. 몰입 상태에서는 근심이나 걱정 등의 부정적인 생각이 사라지고, 그 순간을 즐기는 상태가 되므로 이동귀 교수와 칙센트미하이의 연구 결과는 일치한다고 할 수 있다.

앞서 소개한 사례로 돌아가보자. 이 사례는 어느 프로 축구 선수가 내게 보낸 메일 내용의 일부다. 자신도 예상하지 못한 '신들린 듯한 플레이'를 펼친 경험을 묘사하는데, 경기 이전부터 고도의 몰입 상태에 있었던 것으로 보인다. 실제로 몸을 움직이는 훈련을 한 것은 물론이고 '머릿속으로 몸과 공이 같이 움직이는 장면을 끊임없이 상상'했다고 하니 그야말로 축구에 관한 생각을 잠시도 멈추지 않은 셈이다. 한 직장인의 말마따나 '퇴근 후에도 업무에 몰입'한 경우인데, 그렇다면 이 선수가 엄청나게 손해 보는 짓을 한 것일까. 글을 보면 그 반대임을 알 수 있다. 오히려 고도의 몰입에 다다라 느낀 가슴 벅찬 행복을 표현하고 있다. 아마도 그는 이 경험을 인생의 가장 빛나는 순간으로 꼽을 것이다.

왜 그리 열심히 살아야 하느냐고 묻는 이들에게 되묻고 싶다. 해야 할 일을 좋아하는 일로 바꿀 수 있다면, 그 일에서 자기 능력을 십분 발휘하고 이를 통해 행복과 만족감을 느낄 수 있다면, 하루하루 성장하고 마침내 자아를 실현할 수 있다면, 다른 인생을 기웃거리며 부러워하는 대신 온전히 내게만 집중하고 충만감을 느끼는 삶이 가능하다면, 더 나아가 자기 일에 소명의식을 느끼고 가치관이 변화하는 삶이 가능하다면, 정말로 이 모든 일이 가능하다면 어떨까. 그래도 일상의 소소한 행복에 기대는 삶에 만족할 수 있을까.

방금 소개한 두 편의 논문이 그 해답을 주고 있다. 우리는 내 일에 애착을 갖고, 열심히 노력하고, 노력한 만큼의 성취를 거두길 바란다. 그런데 왜 그렇게 사는 대신 자신에게 아무런 기대도 하지 않고 노력과 성취도 없는 삶에 행복이 있다고 여기려 할까. 성취하는 삶은 일부 특별한 사람들의 전유물이라고 생각하기 때문이다. 재능이 있거나 근사한 일에 종사하는 특별한 사람이 아니면 그런 빛나는 순간을 경험하기 어렵고, 노력해봤자 결실도 없으리라 여기는 것이다.

하지만 단언하건대 누구나 이런 고도의 몰입 상태에 도달할 수 있고, 가슴 벅찬 삶을 살 수 있다. 이 책은 평범한 사람들이 자신과 자신의 삶을 바꾸어가는 과정을 담고 있다. 그들이 어떻게 고도의 몰입에 도달해 자신이 원하는 바를 이룰 수 있었는지, 이 과정에서 그들의 삶이 어떤 변화를 맞았는지 살펴볼 예정이다.

생각의 습관을 바꿀 때
찾아오는 행복

어떻게 살아야 할까. 우리가 그 답을 애타게 구하는 이유는 삶이 유한하기 때문이다. 우리는 태어남과 동시에 죽음을 향해 간다. 오늘 퇴근길에 교통사고로 목숨을 잃을 수도 있고, 건강검진에서 암이 발견되어 시한부 판정을 받을 수도 있다. 운이 좋으면 몇십 년 건강하게 살다 죽을 수도 있지만, 우리는 모두 머지않아 죽는다는 것만은 부정할 수 없는 사실이다. 누구도 이 숙명에서 벗어날 수 없다.

그렇기에 파스칼의 말처럼 우리가 취할 수 있는 최선의 전략은 칠십 평생이 우리가 우주를 경험할 유일무이한 기회라 생각하고, 그 시간을 최대한 활용하는 것이다. 하루하루가 생동감 넘치고 희열로 가득한, 내 모든 능력을 최대로 발휘하는, 그런 삶을 살아야 한다.

그러려면 내가 좋아하는 일부터 찾아야 한다고 생각하기 쉽다. 하지만 그런 일은 따로 있지 않다. 『피터 팬』을 쓴 제임스 매슈 배리는 "행복의 비밀은 내가 좋아하는 일을 하는 것이 아니라 내가 하는 일을 좋아하는 데 있다"고 말했다. 좋아하는 일을 하는 데 쓸 수 있는 시간은 많지 않다. 그 짧은 시간을 위해 우리는 인생 대부분을 하고 싶지 않은 일을 하며 보낸다. 그런데 이 '하고 싶지 않은 일' 또는 '어쩔 수 없이 해야 하는 일'을 '좋아하는 일'로 바꿀 수만 있다면 어떻게 될까. 행복의 양이 거의 무한대로 증가한다. 무슨 일을 하든 그 안에서 만족감과 행복감을 누릴 수 있기 때문이다.

그렇다면 '해야 할 일'을 '좋아하는 일'로 바꾸려면 어떻게 해야 할까. 다양한 방법이 있겠지만 내가 제안하는 방법은 할 일에 대해 끊임없이 슬로싱킹을 하는 것이다. 그러면 해야 할 일과 관련한 무수히 많은 시냅스가 활성화되고 몰입도가 올라가서 그 일이 내게 가장 의미 있는 일이 되고, 곧 가슴 뛰는 일이 된다.

생텍쥐페리의 『어린 왕자』에서 어린 왕자는 지구에 와서 흐드러진 장미꽃밭을 발견하고는 자신의 장미꽃이 유일무이한 존재가 아니라는 사실을 깨닫고 실망한다. 그러자 여우는 어린 왕자에게 이런 이야기를 들려준다.

"너의 장미꽃이 그토록 소중한 것은 그 꽃을 위해 네가 공들인 시간 때문이야."

어린 왕자의 장미꽃은 유일무이한 존재라서가 아니라 어린 왕자가 물을 주고 벌레를 잡아주고 햇볕을 쬐어준 시간 때문에 소중해진 것이다. 우리가 해야 할 일도 마찬가지다. 그 일 자체가 중요해서가 아니라 우리가 그 일에 몰입하고 최선을 다했기 때문에 의미와 가치가 생기는 것이다.

각 분야의 최정상에 오른 사람들을 떠올려보라. 그들이라고 처음부터 자기 일을 좋아했을까. 어떤 일을 진정으로 좋아하려면 혹독한 훈련과 숱한 눈물, 깊은 방황을 거쳐야 한다. 그 일을 위해 혼신을 다한 경험이 있어야만 진정으로 좋아하게 된다. 좋아하는 일, 가슴이 뛰는 일, 내 인생을 다 바쳐도 좋을 의미 있는 일은 그렇게 만들어진다.

내 전공이, 직업이 나와 안 맞는 것 같다, 지금 하는 일이 너무나 재미없고 지긋지긋하다, 내 인생을 걸 만큼 좋아하는 일을 찾고 싶다……. 이런 말을 하는 젊은이들에게 나는 딱 한 달만 지금 하는 일에 최선을 다해보라고, 목숨을 걸다시피 몰입해보라고 권한다. 내 말대로 한 달을 죽어라, 혼신을 다해보면 알게 된다. 어떤 일이든 최선을 다하고 혼신을 다하면 그 안에서 의미와 즐거움을 발견할 수 있다는 걸 말이다.

최선을 다해 몰입함으로써 무슨 일이든 의미 있는 일로 바꿀 수만 있다면 막연한 행복을 찾아 이리저리 헤매지 않게 된다. 며칠 굶은 사람의 머릿속에는 오로지 밥 생각밖에 없다. 그러나 한 끼를 배불리 먹고 나면 밥 생각은 멀리 달아나고 다른 욕구가 찾아온다. 배고픔이라는 결핍 욕구가 충족되었기 때문이다. 행복도 마찬가지다. 행복감이 부족하면 늘 행복을 찾아 헤맨다. 행복이 삶의 목적이 되는 것이다. 그러나 최선을 다하면 행복해진다는 사실을 아는 사람, 즉 행복의 비밀을 깨닫고 행복을 정복한 사람은 삶에서 진정 중요한 다른 것을 찾게 된다. 결국 삶의 궁극적 추구는 자아실현으로 귀결된다.

중요한 점은 생존, 행복, 자아실현을 순차적으로 추구할 필요가 없다는 것이다. 생존 욕구가 충족된 후에 행복을 추구하고, 행복을 충족한 후에 자아실현을 추구하는 것이 아니다. 우리 인생은 너무 짧고, 자칫하면 자아실현을 추구할 기회조차 없을지도 모른다. 그렇다면 어떻게 해야 할까. 이 문제를 해결하는 일은 삶에서 대단히 중요하다. 나는 이 문제의 해결책으로 슬로싱킹을 바탕으로 한 몰입을 제안해왔다. 몰입은 생존을 위한 삶, 행복을 추구하는 삶, 자아실현의 삶을 동시에 추구하고 구현하는 방법이기 때문이다.

몰입을 통해 자기 한계에 도전하면 행복감을 느끼는 동시에 탁월한 성과를 이루고, 인생 미학의 절정을 맛보게 된다. 특히 그 결과가 더 나은 세상을 만드는 데 이바지한다면 더할 나위가 없다. 이는 자기가 충분히 해낼 수 있는 수준의 일에만 안주하며 살아가는 사람은 경험하기 어려운, 가장 빛나는 순간이다.

사람들이 몰입하기 어려워하는 이유는 산만한 상태에서 고도의 몰입 상태로 가는 길목에 반드시 '몰입 장벽'이 있기 때문이다. 우리는 삶에서 쉬운 길을 선택하는 경향이 있고 장벽이 있으면 그것을 본능적으로 피하려고 한다. 예를 들면 다가오는 시험을 위해 시험공부를 해야 하는데 이를 위해서는 산만한 상태에서 집중된 상태로 가는 '몰입 장벽'을 넘어야 한다. 이러한 부담 때문에 해야 할 공부를 못하고 TV를 보거나 인터넷이나 유튜브에 빠진다. 이는 지극히 자연스러운 현상으로 세상은 확률적으로 진행된다는 엔트로피 법칙에 따른 것이다.[2] 바로 이러한 본능적인 성향 때문에 '몰입 장벽'을 쉽게 넘지 못하는 것이다. 결과적으로 내가 해야 할 일을 즐기지 못하고 쫓기는 삶을 살게 되고 삶이 더 어려워진다.

이러한 경향은 삶에서 본질적인 문제 중의 하나이고 이를 해결하면 삶의 많은 문제들을 해결할 수 있다. 고도의 집중과 몰입이 필요한 상황에서 내 앞에 놓인 '몰입 장벽'을 넘어야 높은 기량을 발휘할 수 있고 더 많은 행복을 누릴 수 있다. 뿐만 아니라 내가 가진 잠재력을 발휘하여 빠르게 성장할 수 있다. 따라서 다가오는 시험은 일종의 도전이 되며 몰입의 긍정적인 효과를 경험할 수 있는 절호의 기회이다. 이러한 사실을 인지하고 '몰입 장벽'을 넘으려는 노력을 하자는 것이 의도적인 몰입의 취지이다. '몰입 장벽'을 넘을 수 있는 능력이 발달되면 인생의 오르막길을 오르는 것이 더 이상 어려운 일이 아니다. 이러한 의미에서 '몰입 장벽'을 넘을 수 있는 방법을 터득하면 삶의 방정식을 푼 것이나 다름없다.

그런데 이 장벽을 넘는 아주 쉬운 방법이 있다. 바로 몸과 마음을 이완시킨 채로 명상하듯 천천히, 느긋하게 생각하는 '슬로싱킹slow thinking'이다. 슬로싱킹은 집중된 상태를 유지하되, 생각이 한곳에 머물지 않고 문제 해결을 위해 역동적으로 두뇌 활동을 한다는 점에서 단순한 집중과 다르다. 슬로싱킹을 연습하고 익숙해질수록 다급하게, 얕게 생각하던 기존의 습관을 천천히 깊게 생각하는 습관으로 교체하게 된다. 슬로싱킹을 익힌다는 것은 곧 생각의 습관을 바꾸는 과정이다.

이런 방식으로 생각하고 일하고 자아실현을 하는 사람이 '슬로싱커slow thinker'다. 슬로싱커는 자기가 해야 하는 일에서 행복감을 발견할 줄 안다. 일과 놀이를 하나로 만들 줄 안다. 자기 능력의 한계까지 도전하기를 주저하지 않고, 그 한계를 끝없이 확장해간다. 그리고 세상 어떤 잣대로도 잴 수 없는 자기만의 가치를 만들어간다.

몰입 관련 저서들을 내고 여러 독자와 소통하면서 나는 우리 주변에도 수많은 슬로싱커가 있다는 사실을 알게 되었다. 또 올바른 방법을 알기만 하면 누구라도 슬로싱커가 될 수 있다는 사실도 확인했다.

마지막 순간에 후회하지 않을 삶을 살고 싶은가. 어떤 조건에도 흔들리지 않을, 나만의 단단한 가치를 만들고 싶은가. 이런 고민을 하고 있다면 당신은 슬로싱커가 되기 위한 첫걸음을 이미 뗀 셈이다. 이제부터 당신은 평범한 사람이 어떻게 슬로싱커가 되어가는지 하나하나 보게 될 것이다.

CHAPTER 02

슬로싱커, 뇌를 변모시킨
습관의 개척자

SLOW
THINKING

좋아하는 일을 해야만 행복해진다는 말을 뒤집어보라.

해야만 하는 일을 내가 좋아하게 만든다면

굳이 행복을 찾아 헤맬 필요가 없다.

행복의 비밀은 내가 해야 할 일을

내가 좋아하고 잘하는 일로 바꾸는 데에 있다.

누구나 그 일을 할 수 있다.

무엇이든 24시간 멈춤 없이
훈련할 방법이 있다면

저는 29살 프로 골퍼입니다. 실패 경험이 많아서인지 집중력이 굉장히 약합니다.
특히 경쟁 상황에서 긴장을 많이 합니다. 불안, 걱정, 부정적인 생각에 사로잡히
는 것은 제가 골프에 몰입하지 못하기 때문일까요.
29살이라는 늦은 나이에 다시 골프에 매진하고 있습니다. 사실 간절한 마음이 된
건 불과 5개월밖에 되지 않았습니다. 골프를 15년 했지만, 아직 전문가가 되지 못
했다는 사실이 수치스럽고 후회스럽습니다.

이 선수가 골프에 재미를 붙이고 몰입하려면 어떻게 해야 할까. 골
프 연습을 하는 동안은 관련 뇌세포와 시냅스가 활성화해 몰입도가
올라간다. 이때 몰입도를 충분히 올리려면 최소한 20~30시간은 연
속해서 연습해야 한다. 그런데 문제는 육체적인 한계로 한두 시간

연습한 후에는 반드시 휴식을 취해야만 한다는 것이다. 연습하는 동안 활성화한 뇌세포와 시냅스는 휴식하는 동안 비활성화하기 시작한다. 즉 몰입도가 떨어지는 것이다.

몰입도를 떨어뜨리지 않으려면 몸이 쉬는 동안에도 머리는 쉬지 않고 골프에 관한 생각을 계속해야 한다. 이렇게 생각만으로 관련 뇌세포와 시냅스를 활성화하는 훈련을 '이미지 트레이닝^{상상 훈련}'이라고 한다. 운동을 계획하는 전운동 영역^{premotor area}을 비롯한 뇌 대부분은 어떤 동작을 실제로 하든 아니면 상상만 하든 거의 동일하게 작동한다.[3] 실제로 운동선수들은 이런 원리에 기반해 몸을 움직이는 훈련과 이미지 트레이닝을 병행한다. 2008년 베이징 올림픽 여자 역도 금메달리스트인 장미란 선수 역시 경기장에서 역기를 들어 올리는 장면을 구체적으로 상상하는 이미지 트레이닝을 정기적으로 했다고 한다.

앞서 소개한 프로 축구 선수가 보내온 메일의 또 다른 내용을 보자.

이런 경험에는 공통점이 하나 있습니다. 고강도 훈련을 하지 않았다는 것입니다. 그냥 긴 시간 천천히 리듬을 타듯 공 하나로 저글링, 컨트롤, 드리블, 스트레칭을 하면서 머릿속으로 실전을 떠올리며 운동했습니다. 그냥 상상한 거죠. 내가 영상 속 메시처럼 드리블하는 걸.

이 선수 역시 메시처럼 드리블하는 상상을 계속함으로써 몰입도를 유지했다는 것을 알 수 있다. 이러한 몰입 이론을 바탕으로 나는 이 골프 선수에게 다음 세 가지를 실천할 것을 제안했다.

첫째, 연습할 때는 물론이고 연습하지 않을 때도 오로지 골프에 대해서만 생각한다. 영상을 봐도 골프에 관한 것을 보고, 책을 읽어도 골프에 관한 책을 읽고, 대화를 나눠도 되도록 골프 이야기를 한다.

둘째, 생각할 때는 스트레스를 받아서는 안 된다. 안락한 의자나 소파에 앉아 편안한 자세로 쉬면서 부담 없이 생각하고, 생각하다 졸리면 앉은 채로 선잠을 자도 좋다. 그것이 바로 슬로싱킹이다.

셋째, 마치 공 하나에 목숨이 걸린 것처럼 연습이나 시합에 절실하게 임해야 한다. 그러나 결과가 어떨지에는 집착하지 말고 과정에 최선을 다하도록 한다.

다음은 골프 선수가 이 세 가지 사항을 대략 2개월간 실천한 후에 보내온 메일이다.

중국으로 전지훈련을 오는 바람에 이제야 메일 보냅니다. 마지막 메일 이후로 계속 노력한 덕분에 지금은 너무나 행복한 시간을 보내고 있습니다.

골프 실력이 충분히 향상되진 않았지만, 이전보다 더 열정적으로 노력하고 있습니다. 무엇보다 요즘은 골프가 너무나 재미있습니다.

이 선수는 아직 실력을 향상시키는 중이지만, '해야 할 일'을 '좋아하는 일'로 바꾸는 것은 이미 성공했음을 보여준다. 핵심은 의도적인 노력, 즉 슬로싱킹과 몰입이다. 슬로싱킹을 통해 몰입도를 올리면 해야 할 일에서 재미와 행복감을 느낄 수 있게 된다.

해야 할 일을
좋아하는 일로 바꾸는 생각의 비밀

다음은 피아노를 전공하는 어느 예고 학생이 보낸 메일이다. 이 학생은 2년 전 몰입을 경험한 적이 있다고 했다. 당시에는 새벽 5시까지 연습해도 피곤한 줄 몰랐고, 밥을 안 먹어도 배고픈 걸 못 느꼈다. 학교에서나 버스에서나 악보를 들여다보고 또 들여다보았더니 짧은 시간 연습했는데도 그 곡을 꽤 잘 연주할 수 있었다. 3개월간 이런 몰입을 경험하면서 학생은 '힘들지만 이렇게 행복할 수도 있구나. 레슨이 이토록 기다려지고 설렐 수도 있구나' 하고 느꼈는데, 어쩐 일인지 이후로는 약한 몰입조차 경험하지 못했다고 한다.

오랜 고민 끝에 이걸 해결하지 못하면 차라리 죽는 편이 낫겠다는 생각이 들어 메일을 보냅니다. 저는 예고 2학년 피아노 전공 학생입니다.

좋아서 피아노를 시작한 건 아닌데, 하다 보니 좋아져서 이왕이면 잘하고 싶고 연주자도 되고 싶습니다. 그러나 지금처럼 이도 저도 아니게 대충해서는 연주자가 못 될 거라는 걸 잘 알고 있어요. 제발 도와주세요. 저도 간절하게 목표를 향해 몰입하고 싶습니다. 지금은 간절하질 않아요. 어떻게 해야 할까요.

다시 연주에 몰입하려면 어떻게 해야 할까. 이 학생에게는 다음 네 가지를 실천하라고 했다.

첫째, 연습할 때는 물론이고 연습하지 않을 때도 연주할 곡에 대해서만 생각하도록 노력한다. 예를 들면 이전의 연주에서 만족스러운 부분과 그렇지 않은 부분에 대해 되돌아보는 것이다.

둘째, 그런 생각들을 할 때 스트레스를 받지 말고 편안히 슬로싱킹한다.

셋째, 몰입을 잘하려면 절실함이 필요하다. 가령 '이번 연주회에 내 인생이 걸렸다' 식으로 생각에 절실함을 더하면 몰입에 도움이 된다.

넷째, 실제 무대에서 고도의 몰입을 하려면 무대에 서기 직전까지, 대기실에서도 연주에 관한 생각을 멈추어서는 안 된다. 몰입도를 갑자기 끌어올리기란 쉬운 일이 아니므로 며칠 전부터 몰입도를 올려놓아야 하고, 이를 무대에 올라가기 직전까지 유지해야만 한다. 내가 이렇게 조언했더니 학생은 대기실에서 연주자들이 연습하는 시끄러운 소리 때문에 도저히 생각을 이어갈 수 없다며 난감해했다. 그래서 연주할 곡을 녹음한 다음 무대에 오르기 직전까지 이어폰을 꽂고 그것을 들으며 생각을 이어가라고 했다.

다음은 이 학생이 위 사항을 2주 정도 실천하고 보내온 메일이다.

다음 콩쿠르가 3일 뒤입니다. 실력 있는 사람들만 출전하는, 입상하기 어려운 콩쿠르지만, 3일 동안 최선을 다해 몰입하겠습니다. 원하는 만큼 연주의 완성도를 끌어올리지 못하면 아예 무대에 서지 않을 생각입니다.

콩쿠르가 끝난 뒤 학생이 다시 메일을 보내왔다.

지난 5일간 많은 일이 있었습니다. 결론만 이야기하면 그 어려운 콩쿠르 예선에 합격했습니다! 아직도 믿기질 않습니다. 태어나 가장 많은 축하를 받았습니다.

전에는 한 시간도 제대로 집중하질 못해서 연습 시간 50분이 채워지길 기다리며 3분에 한 번꼴로 시계를 쳐다봤습니다. 지금은 3시간은 거뜬히 집중해서 연습할 수 있습니다. 가끔 시계를 보면 한 시간씩 훅훅 지나 있을 때도 많습니다. 정말 놀라운 변화입니다.

예전에는 인터넷 하는 시간을 줄이려고 연습 때 일부러 핸드폰을 안 가져갔어요. 지금은 핸드폰이 있든 없든 쉬는 시간에도 인터넷을 할 여유가 없습니다. 연주할 곡을 생각하기에도 바쁘기 때문입니다.

삶을 바라보는 방식도 많이 달라졌습니다. 전에는 유명한 피아니스트가 되어 세계 곳곳에서 순회 연주를 하면 얼마나 멋질까 생각했습니다. 하지만 지금은 한 사람이라도 내 연주를 듣고 웃을 수 있다면, 삶의 위안을 얻을 수 있다면 손가락이 부러져도 좋다는 생각으로 연습에 임하고 있습니다. 이렇게 생각하니 내가 하는 음악이 엄청 대단하게 느껴져서 지치지도 않고 더 간절한 마음으로 연주할 수 있게 됐습니다.

한번은 학교에서 제가 연주할 곡을 머릿속으로 떠올리다가 갑자기 얼른 연습하고 싶다, 어서 가서 피아노 앞에 앉고 싶다, 하는 생각이 처음으로 들었어요. 연습할 짬이 나면 너무 신날 정도였습니다. 예전에는 얼른 가서 피아노 치고 싶다거나 건반만 눌러도 행복하다는 친구나 선배들 말이 이해가 안 됐는데, 요즘은 어렴풋하게나마 그런 마음을 알 것 같습니다.

이 학생도 의도적인 노력으로 해야 할 일을 좋아하는 일로 바꿔

놓았다. 슬로싱킹으로 몰입도를 올림으로써 내 일에서 재미와 의미를 발견하고, 심지어 자신의 연주가 누군가에게 도움이 될 수만 있다면 손가락이 부러져도 좋다는 소명의식까지 느끼게 되는 일련의 변화가 잘 나타나 있다.

이후로 이 학생은 처음으로 장학생 오디션에 합격하고, 최근에는 비록 1등은 아니어도 이제껏 본 실기시험 중 가장 높은 등수를 따냈다고 한다. 이렇듯 결과에 집착하기보다 과정에 몰입하면 삶이 만족스럽고 행복할 뿐 아니라 좋은 결과가 자연스럽게 뒤따른다.

발레리나 강수진은 『나는 내일을 기다리지 않는다』에서 자신이 어떻게 발레에 몰입했는지를 소개한다. "모든 예술에 절대적으로 필요한 독창성과 직관력 또한 완전한 몰입 상태에서 생겨난다. 나는 발레를 하지 않는 시간에도 발레를 하고 있다. 하루 중 어느 한 순간도 발레를 하고 있지 않은 시간은 없다. 깨어 있을 때는 무조건 발레만 생각한다. 그야말로 발레에 '미쳤다'는 표현이 알맞을 정도로."[4]

그녀가 발레에 몰입할 수 있었던 것은 깨어 있을 때 무조건 발레만 생각했기 때문인데 이러한 몰입적인 사고는 관련 시냅스를 활성화시켜 몰입도를 올린다. 몰입이 시작되면 발레가 재미있어지고 의미가 생기고 신성하게 느껴져서 더 열심히 몰입하게 되는 선순환이 만들어진다. 그녀가 보통 사람과 다른 점은 남다른 열정, 절실함이 있고 강하게 동기부여를 할 수 있다는 것이다. 그렇다면 남다른 열정, 절실함이나 동기부여가 없어서 자연스럽게 몰입하지 못하는 사람은 어떻게 해야 하나? 이때 필요한 것이 바로 이 책에서 소개하는 슬로싱킹에 의한 의도적인 몰입이다. 이를 위해서는 강수진이 깨어 있을 때 무조건 발레만 생각했듯이 깨어 있을 때 무조건 자기가 하는 분야를 생각하려는 의도적인 노력을 해야 한다. 이러한 생각과 행위가 진정 마음속에서 우러나오지 않더라도 상관없다. 흉내만 내도 몰입 효과가 나타난다. 앞에서 소개한 두 사례가 이것이 실제 가능하다는 것을 말해준다.

한두 번의 몰입 경험으로 인생이 크게 달라진다고 단언할 수는 없다. 시냅스의 일시적인 활성화로 두뇌가 달라지진 않기 때문이다. 그러나 몰입을 장기간 실천하면 시냅스 배선에 괄목할 만한 변화가 생기면서 두뇌 자체가 달라진다. 자신을 완전히 다른 사람으로, 자기가 원하는 방향으로 바꿀 수 있는 것이다. 이러한 변화는 뒤에 소개할, 몰입을 장기간 체험한 사람들에게서 더욱 극명하게 나타난다.

CHAPTER 03

슬로싱킹의
첫걸음을 뗀 사람들

SLOW
THINKING

슬로싱킹은 특별한 기술이 아니다.

누구나 따라 하고 시도할 수 있는 단순한 생각법이다.

이 단순한 방법은 강력한 생각의 엔진이 되어

탁월한 아이디어를 끌어내고,

불안과 스트레스로 집중할 수 없을 때 안정감을 찾아준다.

가장 단순하지만
가장 강력한 '생각의 코어 엔진'

몰입도를 올리려면 오래 생각해야 하고, 오래 생각하려면 몸과 마음을 이완시킨 채로 편안하게 생각해야 한다. 그런 의미에서 슬로싱킹은 몰입도를 끌어올리는 엔진이라 할 수 있다.

그런데 많은 사람이 슬로싱킹의 개념을 잘 이해하지 못한다. '생각'이라는 건 늘 골치 아프고 힘들기 마련인데, 어떻게 '편안하게, 스트레스 받지 않고' 생각할 수 있느냐고 반문한다. 몸과 마음을 이완시킨 상태에서 고도로 몰입한다니 부조리하게 들린다고도 한다.

하지만 막상 해보면 슬로싱킹은 절대 어렵지 않다. 방법만 알면 누구라도 쉽게 할 수 있다. 다음에 소개하는 사례들을 보면 평소 생각하기에 익숙하지 않았던 사람이 단번에, 겨우 2주 만에도 슬로싱커로 변신할 수 있음을 알게 될 것이다.

먼저, 철원 병영체험수련원에서 자유학기제 지원 프로그램으로 열린 청소년 대상 몰입 캠프 참가자의 메일을 소개한다. 중학교 3학년생인데, 슬로싱킹 2주 만에 공부에 흥미와 자신감이 생겼다고 밝히고 있다.

엄마의 권유로 몰입 캠프에 참여하면서 처음에는 반신반의했습니다. 캠프에 2주간 참가한다고 제가 크게 변할 것 같지 않았고, 무엇보다 캠프에서 시키는 대로 따라갈 자신이 없었습니다. 저는 어떤 일이든 열정을 갖지도, 최선을 다하지도 않고, 되는 대로 대충대충 살아왔기 때문입니다.

그러나 교수님 강의를 듣고서 몰입의 힘을 믿고 한번 열심히 해보자는 생각이 들었습니다. 도저히 풀 수 없을 것만 같던 문제도 계속 고민하고 느긋하게 생각하니 정말 신기하게도 풀 수 있었습니다. 슬로싱킹이 정말 효과가 있는 것 같습니다. 저에게 정말 잘 맞는 것 같아요.

제가 확실히 바뀐 것 같은 기분이 듭니다. 캠프에 가기 전에는 공부가 너무 싫고, 특히 수학이 너무 싫었습니다. 그러나 캠프에서는 밥 먹고 수학 공부만 했는데도 질리지 않고 너무 재미있었습니다. 기회가 되면 캠프에 또 가고 싶습니다.

핵심은 생각의 끈을 1초도 놓치지 않으려는 듯이 계속 주의는 기울이되, 몸과 마음은 편안하게 유지하는 것이다. 책상 앞에 연필 잡고 앉아 머리를 쥐어뜯으며 괴롭게 생각하는 것은 슬로싱킹이 아니다.

다음은 내게 슬로싱킹 코칭을 받은 한 대학생이 보낸 메일이다.

정말 정말 기쁩니다. 교수님이 왜 그토록 슬로싱킹, 슬로싱킹 하셨는지 알게 되었습니다. 지난주 초는 그야말로 '슬로싱킹의 시간'이었습니다. 17시간에 걸쳐 드디어 문제를 풀어냈거든요. 슬로싱킹을 하니 정말로 생각하는 일이 몇 배는 더 수월해진 것 같습니다. 17시간을 생각한 끝에 문제를 풀어냈을 때는 정말 너무 기뻐서 나도 모르게 소리를 질렀습니다. 문제 풀이 과정을 복기해보니 10개나 되는 아이디어가 하나씩 맞물려서 문제를 해결할 수 있었네요.

저는 지금 일본으로 여행을 와 있습니다. 공항 가는 1시간 동안 슬로싱킹을 했더니 시간이 순식간에 지나갔습니다. 15분쯤 지났나 했는데 벌써 공항에 도착한 걸 알고 적지 않게 놀랐습니다.

수험생 대부분이 슬로싱킹을 하라는 내 조언을 처음에는 이해하지 못한다. 안간힘을 써도 모자랄 상황에 스트레스 받지도 말고, 서두르지도 말고 천천히 쉬듯이 생각하라니 말도 안 된다고 생각한다. 그러나 며칠만 슬로싱킹을 실천해보면 몰입이 훨씬 잘된다는 사실을 깨닫는다.

다음은 한 변리사 시험 준비생이 슬로싱킹을 경험하고 보낸 메일이다.

몰입을 처음 시작할 때 가장 이해하기 어려웠던 것이 슬로싱킹이었습니다. 몰입 초반에 교수님께 질문을 드리고 답변은 받았지만, 그 말씀대로 실천은 못했던 것 같습니다. 하지만 이제야 교수님 말씀이 무슨 의미인지 알겠습니다.

하루에 공부를 13~14시간 정도 하는데, 예전에는 정신을 이완시키지 못해 쉽게 피로해지거나 머리가 멍해지곤 했습니다. 문제를 빨리 풀어야 한다는 조급함에 쥐어짜듯 생각을 하니 오히려 문제 푸는 데 시간이 더 걸리고 잡념까지 들었습니다.

그래서 이번 주부터는 실타래를 풀 듯 생각 하나를 쭉 이어가는 식으로 공부했는데, 이 방법이 훨씬 나은 것 같습니다. 일단 정신적으로 지치지 않고, 머릿속이 고요하면서도 명확해지는 기분입니다. 문제 푸는 속도도 더 빨라졌습니다. '슬로싱킹'이라는 이름처럼 느리게 생각하는데도 문제 풀이 속도는 오히려 빨라지니 참 신기합니다.

다음은 공무원 시험 준비생의 슬로싱킹 경험담이다.

처음에는 '1분 1초도 멈추지 않고 생각한다'는 슬로싱킹 개념을 잘 이해하지 못했습니다. 머리를 쥐어짜듯 스트레스를 받아가며 생각해오던 제게 1분 1초도 멈추지 않고 생각한다는 건 막대한 에너지를 소모하는 작업이었습니다. 그러나 지금은 슬로싱킹과 선잠의 위력을 알게 되었어요.

공부가 재미있다는 건 특별한 사람들이나 하는 말인 줄 알았는데, 요즘 제가 그렇습니다. 몰입도가 올라가니 일상이 즐거워지고, 잔잔한 충족감이 자신감과 여유로 이어져 어느새 저도 공부하는 재미를 아는 사람이 되어가고 있습니다.

오늘도 공부하면서 '많은 사람이 자신을 소진하며 힘들게 공부하고 있는데, 나는 즐겁고 만족스럽게 하고 있으니 정말 행복하구나' 하는 생각을 했습니다. 친구 중에는 이미 취업해 차를 뽑은 녀석도 있습니다만, 굳이 그 친구와 저를 비교하게 되지 않더라고요. 저는 저 나름대로 미래를 준비하고 있고, 하루하루를 뿌듯하게 보내고 있으니까요. 좋은 차를 타면 기쁘기야 하겠지만, 제가 느끼고 있는 정신적인 만족감과 비교할 만한 것은 아니라는 생각이 듭니다.

몰입을 하게 되면서는 자신을 어떤 틀에 욱여넣으려 에너지를 소모할 필요가 없어졌고, 늘 이완된 상태에서 제가 할 수 있는 만큼만 최선을 다하면 된다는 생각에 정신적 스트레스도 한결 덜 받게 되었습니다.

'유리 멘탈'도 단단하게 만드는
슬로싱킹의 힘

슬로싱킹의 첫발을 떼고부터 '해야 할 일'을 '좋아하는 일'로 바꾸기까지의 전 과정이 잘 드러나는 사례가 있어 소개한다. 컴퓨터공학과 대학원생이 보낸 메일인데, '생각하기'에 익숙하지 않았던 사람이 어떻게 슬로싱커가 되어가는지 한눈에 볼 수 있다.

다음은 이 학생이 슬로싱킹을 시작하기 전에 보낸, 첫 번째 메일이다.

학부 때는 '생각하는 힘'을 고민하지 않았습니다. 정답이 금방 나오는 문제에만 익숙했고, 답이 안 나오더라도 공부 잘하는 친구들이나 교수님, 조교님께 여쭤보면 답을 금방 얻었으니까요.

그런데 대학원에 들어오면서부터 고민이 깊어졌습니다. 대학원에서 접하는 문제는 대개 답이 명확하지 않습니다. 풀면 풀수록 답이 없어 보일 때가 많습니다. 또 저와 연구 주제가 같은 학생이 많지 않아서 주변에 물어보는 데도 한계가 있습니다. 그러니까 온전히 저 스스로 생각해 문제를 해결해야 하고, 그 과정을 논리적으로 풀어 교수님과 논의해야 합니다.

석사과정 동안 이렇게 풀리지 않는 문제들을 고민하면서 너무 많은 좌절을 했습니다. 내가 평소에 창의적으로 생각하는 훈련을 많이 하지 않았다는 사실을 대학원에 와서야 절감했습니다(지금에라도 발견해서 다행이긴 합니다).

아인슈타인도 어려운 문제에 부딪힐 때가 많았지만, 다른 이들과 달리 노새처럼 그것에 대해 더 오래 생각했다는 교수님의 글을 읽고 큰 위로를 얻었습니다. 교수님의 저서 내용을 제 생활에 꼭 적용해보고 싶습니다.

나는 이 학생에게 세 가지 조언을 했다. 첫째, 학위 논문 주제와 관련한 자료를 읽고 생각하는 데에만 집중할 것. 둘째, 결과에 연연하지 말고 과정에만 최선을 다할 것. 셋째, 잠을 자면서까지 그 문제를 생각하는 숙면일여熟眠一如 상태가 될 때까지 1초도 놓치지 않겠다는 태도로 논문의 주제에 대해서만 생각할 것.

그러나 이 학생은 시시때때로 지도 교수가 지시하는 일도 있고, 기타 잡일이 많아 멈추지 않고 생각하기가 불가능한 상황이라고 했다. 사실 수험생이나 연구자가 아니고서야 일상을 꾸리면서 문제 하나를 1초도 멈추지 않고 계속해서 생각할 수 있는 사람은 거의 없다. 이런 경우 나는 차선책으로 자투리 시간을 활용할 것을 제안한다. 자투리 시간이 날 때마다 학위 논문 주제에 관해 생각하는 습관을 들이라고 했더니 이 학생은 대략 한 달 후에 이런 메일을 보내왔다.

교수님 말씀대로 의식적으로 자투리 시간을 찾아보니 생각보다 많아서 놀랐습니다. 자투리 시간(주로 이동하는 시간) 동안 연구와 관련한 생각을 계속하려 노력했습니다.

사실은 제가 받은 연구 주제에 그리 흥미가 없어서 억지로 집중하고 있다는 느낌이 있었습니다. 그런데 자투리 시간이 날 때마다 의식적으로 연구 주제에 대해 생각하니 재미있다고 느껴지기 시작했습니다.

이번 주에는 특히 큰 진전이 있었습니다. 논문을 쓰기 위한 아웃라인 회의를 하다가 아이디어가 더 있으면 좋겠다는 생각이 들어서 같이 연구하는 동생에게 브레인스토밍을 제안했습니다. 그 결과 괜찮은 아이디어가 하나 나와서 그걸 실제로 실험해보았더니 지난 9개월간 진전이 없어 수동으로 분석하던 내용에 '자동화'가 도입되면서 논문 쓰기 좋은 내용이 나왔습니다.

흥미 없던 연구 주제도 의식적으로 생각하니 재미가 느껴지기 시작했다는 부분에 주목할 필요가 있다. 생각이 관련 시냅스를 활성화해서 그 일에 의미를 만들었다는 뜻이기 때문이다. 바로 이런 원리로 해야 할 일을 좋아하는 일로 바꿀 수 있는 것이다.

또 하나 중요한 부분은 몰입을 통해 아이디어를 낸 성공 경험을 했다는 점이다. 이런 경험을 최대한 많이 해야 한다. 성공 경험은 새로운 성공을 부르기 때문이다. 그래서 나는 이 정도로 만족하지 말고 해결할 문제를 계속해서 찾아 도전하라고 격려했다.

요새 논문 쓰는 작업을 하고 있습니다. 주중에는 글을 쓰고, 주말에는 실험을 하는, 바쁘고 보람찬 나날을 보내고 있습니다. 컨디션이 좋을 때 생각에 푹 빠져 걷고 있노라면 참 행복합니다. 공부하다 피곤하면 눈을 감고 의자에 기댑니다. 그러면 컨디션이 한결 좋아져 집중이 더 잘됩니다. 미지의 문제에 도전해 답을 구했을 때의 감격은 무엇에도 비하기 힘듭니다. 이번 주에는 교수님 말씀대로 최대한 이완된 상태에서 슬로싱킹을 많이 연습하려 합니다.

또 이 학생은 처음 접하거나 잘 풀리지 않는 문제가 나오면 스트레스를 많이 받는 성향이라고 했다. 나는 그런 문제일수록 슬로싱킹이 중요하다고 강조했다. 어려운 문제에 도전할 때는 심리적 부담감이 커질 수밖에 없다. 문제가 어려운 만큼 해결하기까지 더 오래 생각해야 하기 때문이다. 그러나 생각을 오래 한 만큼 더 많이 성장하는 것도 사실이다.

다음은 이 학생이 어려운 문제에 도전해 해결한 후에 보낸 메일이다.

월요일에 작은 문제 하나가 계속 풀리지 않아 애를 먹었습니다. 시스템 적용이 되지 않아 데이터를 확인하지 못하는 문제를 해결해야 했습니다. 이틀 정도 고민해도 문제가 풀리지 않아서 너무 지친 나머지 저녁에 기숙사로 돌아가려다 인내심을 발휘해 끝까지 고민해보기로 했습니다. 아이디어가 더 생각나지 않으면 밖에 나가 산책로를 걸었습니다. 그렇게 떠오른 아이디어로 실험을 몇 번 더 하니 문제가 해결되었어요. 그때의 희열은 정말 엄청났습니다.

문제 하나를 끈질기게 물고 늘어지는 근성과 인내심이 커진 것 같아요. 자신의 한계를 매일 깨나가는 일이 중요하다는 생각이 듭니다.

이 학생은 며칠 뒤에 또 다른 문제를 해결했다며 메일을 보내왔다.

주말이 끝나기 1시간 전에 정말 극적으로 문제가 풀려 기쁜 마음으로 교수님께 메일을 드립니다.

1. 사실 이번 주 월요일부터 풀리지 않는 문제가 있었습니다. 동료와 함께 세운 실험 계획이 하나 있었는데, 이론상으로는 결과가 잘 나와야 했습니다. 아이디어가 좋아서 교수님께서 8월 중순에 있을 학회에 논문을 내자고까지 하셨어요. 그런데 각각의 시나리오에서는 잘 작동하던 실험 A와 실험 B가 둘을 하나로 합치니 결과 값이 제대로 나오지 않는 것이었습니다.

우리 연구실은 시스템을 만드는 곳이라 그 이유를 파악하는 데 기본적으로 하루 이틀이면 됩니다. 그런데 이 문제는 일주일 내내 고민해도 원인을 알 수가 없었습니다. 학회 논문을 제때 끝내려면 이때쯤은 실험을 어느 정도 마무리하고 논문을 써야 하는데, 결과가 나오질 않으니 당황스러웠습니다. 일주일 내내 원인만 찾느라 글은 한 줄도 쓰지 못했고, 주말이 다가오는데도 해결책이 나오지 않자 압박감에 시달렸습니다.

2. 토요일에 실험 결과가 나오지 않는 원인을 파악하기 위한 다양한 가설을 세워봤습니다. 너무 답답해지면 간식을 사러 잠깐 편의점에 가기도 했어요. 안 풀리는 문제가 있으면 어느 정도 고민하다가 산책이나 샤워를 하면 도움이 된다고 교수님께 배운 기억이 있어서요. 그러면 머리가 환기되어서인지 시야가 달라지면서 다양한 관점으로 문제를 다시 보게 됩니다.

3. 저녁 9시쯤 되자 시나리오 하나가 떠올랐습니다. 실험 결과가 안 나오는 이유를 밝힐, 결정적인 시나리오였습니다. 값을 담는 변수 타입이 문제였습니다. 그간은 전혀 예상하지 못한 이유였습니다. 예전 같았으면 원인이 가늠되지 않으면 점점 초조해지고 답답해져 포기하려 했을 텐데, 요즘은 전보다 초조함이나 답답함이 덜합니다.

4. 토요일에 연구실에 와서 일을 막 시작할 때만 해도 조금 우울했습니다. 그런데 시간이 지나 몰입도가 오르면서 갑자기 일을 잘 처리하는 자신이 멋지다는 생각이 들었습니다. 일에 어느 정도 몰입이 되자 이렇게 일에만 빠져 살면 행복하겠다는 생각도 들었습니다.

시급하고 중요한 문제가 있을 때 발을 동동 구르면서 걱정만 한다고 해결되지 않는다. 걱정하지 말고 결과에 집착하지도 말고 느긋하게 생각하는 것이 더 유리하다. 이 사례에서 생각을 계속하다가 잘 안 풀릴 때는 산책이나 샤워를 하면 좋다고 한 이유도 이렇게 몸과 마음을 이완시키면 더 느긋하게 생각할 수 있어 슬로싱킹의 효과가 나타나기 때문이다.

슬로싱킹에 익숙해지면 위기 상황에서도 두려워하거나 걱정하는 대신 오로지 문제에 관한 생각에만 집중해 해결책을 찾아낼 수 있게 된다. 옛말에 호랑이한테 물려가도 정신만 차리면 산다고 했는데, 이는 겁에 질려 당황하지 말고 오로지 이 위기를 어떻게 빠져나갈지 차분하게 생각하라는 뜻이리라. 우리가 생각을 할 때 뇌의 작업기억working memory이 작동한다. 작업기억은 감각기관을 통해 들어온 정보를 뇌에 저장하거나 필요할 때 뇌에 저장된 정보를 꺼내서 순간적으로 처리하는 일종의 작업장으로, 컴퓨터의 램RAM과 비슷한 것이라고 보면 된다. 작업기억은 용량이 크지 않아서 짧은 시간 동안 한정된 정보만 처리할 수 있다. 가뜩이나 용량이 작은 작업기억에 걱정이 들어서면 문제를 해결할 기량이 현저히 떨어질 수밖에 없다. 긴장을 풀고 편안하게 집중하는 슬로싱킹에 익숙해질수록 위급할 때 걱정에 사로잡히기보다 생각에만 냉철하게 집중할 수 있게 된다. 그렇게 되면 작업기억의 가동률을 최대로 높일 수 있다. 이것이 바로 슬로싱킹의 위력이다.

CHAPTER 04

탁월한 사람들은
느리게 생각한다

SLOW
THINKING

세상을 바꾼 천재들은 저마다 다른 다양한 업적을 남겼지만

생각하는 방법 하나만큼은 공통점이 있었다.

하나의 주제를 몇 개월, 몇 년 이상 놓치지 않고 생각한다는 것.

천재와 범재를 나누는 것은 바로 이것일지도 모른다.

세상을 바꾼 천재들의
단순한 비밀

과학 분야에서 '세상을 바꾼 3대 천재'로 불리는 사람들이 있다. 아이작 뉴턴, 알베르트 아인슈타인, 찰스 다윈이 그들이다. 이들이 세상을 뒤집을 만한 창의성을 발휘한 비결은 무엇일까. 많은 사람이 '선천적으로 타고난, 남보다 뛰어난 두뇌'가 그 비결이라고 생각할 것이다. 그러나 이들이 탁월한 업적을 이루기까지의 과정을 자세히 살펴보면 전혀 다른 결론에 도달하게 된다.

　뉴턴은 만유인력을 어떻게 발견했느냐는 질문에 "내내 그 생각만 했으니까"라고 대답했다. 아인슈타인은 "나는 몇 달이고 몇 년이고 생각하고 또 생각한다. 그러다 보면 99번은 틀리고 100번째가 되어서야 비로소 맞는 답을 얻어낸다"라고 했다. 다윈은 "내가 과학에서 성취한 모든 것은 오로지 끈질기게 열심히 오랫동안 생각한 결과다"라고 말했다.

이 대답들은 무엇을 의미하는가. 첫째, 이들이 오로지 그 문제만을 내내, 몇 달이고 몇 년이고, 끈질기게 열심히 생각했다는 건 다시 말해 그 문제를 내내, 오랫동안 풀지 못했다는 뜻이다. 둘째, 그들이 붙들고 있던 문제는 천재들도 오랫동안 해결하지 못할 만큼 난도 높은 문제라는 뜻이다. 셋째, 이들은 그렇게 어려운 문제라도 포기하지 않고 이에 맞서 강한 도전 정신과 열정으로 끊임없이 생각에 생각을 거듭했다는 의미다.

바로 이것이 창의성이 잉태되는 과정이다. 매우 어렵고 피드백이 더딘 문제 하나를 포기하지 않고 끊임없이 생각하는 과정이 없었다면 위대한 업적은 절대 만들어지지 않았을 것이다. 역사에 길이 남을 천재들도 빛나는 성취를 얻기까지 짧게는 몇 개월, 길게는 몇십 년 동안 인고의 사고 과정을 거쳤다.

이외에도 수많은 과학 분야 노벨상 수상자들이 자신의 빛나는 업적은 오랜 기간 생각에 매달린 결과라고 밝히고 있다. 1998년 노벨 생리의학상 수상자 루이스 이그내로는 2006년 한국을 방문했을 때 노벨상을 받으려면 어떻게 해야 하느냐는 기자의 질문에 이렇게 대답했다.

"일주일 내내 24시간 동안 '왜, 어떻게'가 머리에서 떠나지 않아야 하고, 해답을 얻었을 때 보상받았다고 생각하는 열정이 있어야 합니다."[5]

1967년 노벨물리학상을 수상한 한스 베테는 자신을 유명하게 만든 물리 문제를 풀어낸 비결에 대해 이렇게 답변했다.

"첫 번째는 머리죠. 두 번째는 아무 결과도 안 나올 문제라도 기꺼이 매달려 오랜 시간을 생각하면서 보내는 것입니다."[6]

노벨화학상과 노벨평화상을 수상한 라이너스 폴링은 좋은 아이디어를 떠올리는 방법을 묻자 많은 생각을 하고 그중에서 나쁜 걸 버리라고 대답했다. 미국 여성 최초로 노벨상을 수상한 생리의학자 바버라 매클린톡은 자기 연구를 회상하며 이렇게 말했다.

"옥수수를 연구할 때 나는 그것들의 외부에 있지 않았다. 나는 그 안에서 그 체계의 일부로 존재했다. (…) 나는 종종 나 자신을 잊어버렸다. 가장 중요한 것은 바로 이것, 내가 나 자신을 잊어버렸다는 것이다."[7]

1965년 노벨물리학상을 수상한 리처드 파인만은 평소 '물리와 논다'는 표현을 자주 썼다. 물리는 그의 유일한 취미이자 일이자 오락이었고 그가 늘 생각하는 대상이었다. 그는 길을 가면서도 과학적인 문제를 생각했고, 심지어는 멈춰 서서 손을 공중에 내저으며 혼잣말을 하기도 했다고 한다. "이것들 사이의 거리는 이렇고, 그러면 이건 이렇게 되고……" 그러고 있으면 경찰이 수상쩍게 여기고 다가와 무슨 일이냐고 물었는데, 나중에는 경찰들도 그를 알아보고 다시 붙잡지 않았다고 한다.[8]

어떻게 창의적인 업적을 이루었냐는 질문에 대한 이들의 답변은 놀랍게도 유사하다. 그저 생각하고 또 생각한 것이다. 끈질기게, 내내, 하루 24시간 동안, 나 자신을 잊어버릴 정도로……. 이들이 묘사한 바는 몰입의 개념과 정확하게 일치한다. 결국 몰입이 세상의 패러다임을 바꾼 놀라운 창의력의 비밀인 것이다.

천재성과 평범함을 가르는 것은
생각의 시간

몰입을 통해 창의적 아이디어를 얻은 사례는 끝도 없이 많다. 특히나 기업을 일으킨 창업자는 거의 예외 없이 몰입을 통해 창의적인 아이디어를 얻었다. 『손정의 제곱 법칙』에 따르면 소프트뱅크 창업자 손정의는 평소 이런 말을 자주 한다고 한다. "비전은 갑자기 떠오르지 않습니다. 평소에 생각하고 또 생각하고, 머리가 터지라고 생각해야 겨우 떠오릅니다. 2~3일 정도 생각했더니 번쩍하고 떠오를 만큼 간단한 것이 아니란 말입니다. 한시라도 생각을 멈추지 마십시오. 적어도 저는 항상 생각하고 또 생각합니다. 그런 집념, 신념이 없으면 리더가 될 수 없습니다."[9]

삼성그룹 창업주 이병철은 평소 뭔가를 새로 창조한다는 것이 너무 재미있어서 '아침저녁에도 그 생각, 자고 일어나도 그 생각, 무언가 부족한 것이 없나, 있으면 보강하고 물어보고' 했다고 한다.[10] 그야말로 1초도 쉬지 않고 생각의 끈을 놓지 않은, 전형적인 슬로싱커였던 것이다.

현대그룹 창업주 정주영의 모습도 이와 다르지 않다. 그는 평소

"나는 무슨 일이든 그냥 한 적이 없다. 모든 일에 목숨을 걸고 했다"라고 말하곤 했다. 『신화를 만든 정주영 리더십』에서는 정주영을 이렇게 묘사한다. "정 회장은 해결해야 할 중대한 사안을 놓고 며칠씩 고민하고, 그것도 모자라 밤을 새는 경우가 많았다. 집중해서 생각하고 또 생각하다 보면 자신도 모르게 어느새 아하! 하는 순간을 경험할 때가 많았다."[11]

미원그룹 창업주 임대홍도 제품을 개발할 때 꼬박 100일 동안 실험실에 처박혀 나오지 않을 정도로 몰입했다. 실패를 거듭할 때마다 "언젠가 꼭 성공할 것이다, 할 수 있다"를 되뇌며 자신을 채찍질했다. 수백 번의 실험과 실패를 딛고 마침내 새로운 조미료 제조 공법으로 시제품 생산에 성공했을 때는 터져 나오는 감격과 기쁨을 참지 못해 땅을 치며 울었다고 한다.

일본에서 '경영의 신'으로 추앙받는 이나모리 가즈오는 교세라를 창업하여 세계적인 회사로 키운 뒤 퇴직금을 포함한 전 재산을 사회에 환원하고 탁발승이 되었다. 그러나 2010년, 당시 일본 총리였던 하토야마 유키오의 부탁으로 78세의 나이에 34조 원에 달하는 빚을 안고 침몰한 일본항공JAL의 회장으로 취임해 또 하나의 기적을 일궈냈다. 그는 파산 직전의 일본항공을 회장 취임 8개월 만에 흑자로 돌려세웠고, 2년 연속 사상 최고 실적을 냈다. 일본항공 부활의 '마지막 퍼즐'로 불리던 도쿄 증권거래소 재상장 승인도 얻어냈다.[12] 그가 몰입적 사고를 강조하기 위해 했다는 이 말은 '몰입의 구호'라 해도 손색이 없다.

머리끝에서 발끝까지 온몸을 그 생각으로 가득 채우고, 피 대신 생각이 흐르게 하라. 그 정도로 한결같이 강렬하게 하나만을 생각하는 것, 그것이 일을 성취하는 원동력이다.

21세기 혁신의 아이콘, 스티브 잡스의 첫 직장은 게임 개발 업체 아타리Atari였다. 아타리의 대표 놀런 부슈널을 인터뷰한《위클리비즈》기사에 따르면, 그는 출근 첫날부터 야근을 자청했다. 그런데 직원이 건물 안에 새벽까지 남아 있으면 보안 경고음이 시끄럽게 울리기 때문에 회사 측에서는 이를 허락할 수가 없었다. 놀런 부슈널은 고민에 빠졌다. 야근을 허락하려면 보안 규정을 바꿔야 했는데 잡스는 야근을 하겠다는 뜻을 굽히지 않았던 것이다. 부슈널은 결국 잡스가 야근하는 것을 허락했고, 잡스는 그때부터 회사 책상 밑에서 쪽잠을 자며 게임 개발에 매진했다. 그렇게 해서 나온 아케이드 벽돌 깨기 게임 '브레이크아웃'은 아타리의 히트작이 되었다. 이 게임을 만들 때 함께 밤을 지새우며 일했던 동료가 바로 훗날 잡스와 애플을 공동 창업한 스티브 워즈니악이다.[13]

우리나라에도 이렇게 몇 년간 쪽잠을 자며 게임을 만든 천재 개발자가 있다. '리니지', '바람의 나라' 등 유명 온라인 게임을 개발한 엑스엘게임즈XLGAMES 대표 송재경이다. 그는《중앙일보》와의 인터뷰에서 창업 초기를 '일과 관련한 전성기'라 부르며 이렇게 회고한다. "집에 안 가고 오피스텔 2층 침대에서 자다 일어나 코딩하다 밥 먹고 다시 자고 그랬다. 바깥세상에서 돌아가는 시간과 무관하게 사무실 안의 시간은 따로 흘렀다." 누가 보면 감금이라고 할 법한 생활이었지만, 그는 누가 시켜서 그렇게 한 것이 아니라 "내가 재밌고 좋아서 스스로 한 것"이라고 했다.[14]

스티브 잡스와 송재경이 '몰입'이라는 단어를 쓰진 않았지만, 세상이 어떻게 돌아가는지도 모르고 개발에 몰두한 모습은 전형적인 몰입 상태라 할 수 있다.

한번은 한 독자가 메일을 보내왔는데, 김영희 PD가 프로그램을 연출하고 기획할 때 아이디어를 내는 방법이 내가 말하는 몰입과 비슷하다는 내용이었다. 김영희 PD는 미가미디어 대표로, MBC 〈일요일 일요일 밤에〉, 〈이경규의 몰래 카메라〉, 〈양심 냉장고〉 등 히트 프로그램을 만든 장본인이다. 독자가 메일로 전해온 바에 따르면 그가 밝힌 아이디어의 원천은 '항상 그 생각을 하는 것'이라고 한다.

김영희 PD님은 영화도 보고 여행도 가면서 아이디어를 얻지만, 사실 그보다 더 중요한 건 항상 그 생각을 하는 것이라고 말씀하시더라고요. 교수님이 말씀하신 몰입과 너무나 일치합니다. 자신이 프로그램을 기획할 때는 밥 먹을 때도, 이야기할 때도, 심지어 자기 전에도 그 생각만 한다. 얼마나 끈기를 갖고 그 생각을 오래하느냐에 성패가 갈린다, 하고 말씀하셨어요. 〈이경규가 간다〉를 기획할 당시에는 몇 개월 동안 그 생각만 하다가 우연히 새벽 4시에 인적 없는 차도에서 신호를 지킨 자신의 경험담에서 힌트를 얻어 〈정지선 지키기—양심 냉장고〉를 탄생시켰다고 합니다.

이 모든 사례에서 나는 몰입의 힘을 발견한다. 이들의 창의성은 결국 '어떤 문제 하나를 끈질기게 생각하는 힘'에서 나왔고, 이것이 바로 내가 정의하는 몰입이다.

창의성이 어디에서 오는지 모르는 사람들은 이들을 '타고난 천재'라 부르겠지만, 나는 이들이 '타고난 천재'가 아닌 '슬로싱커'라고 생각한다. 끈질기게 도전하고, 생각하기를 포기하지 않는 사람, 그렇게 마침내 궁극의 창의성에 도달하는 사람. 천재의 다른 이름은 바로 슬로싱커다.

천천히 생각할수록
탁월해지는 슬로싱킹

CHAPTER 05

슬로싱킹, 편안하게 생각의 끈을
놓지 않는 기술

SLOW
THINKING

생각하고 졸고 또 생각한다는 것.

편안해야 오래 생각할 수 있고,

오래 생각해야 뇌는 잠재능력을 깨운다.

편안한 이완 상태를 유지하되 생각의 끈을 놓지 않고,

졸음과 맞서 싸우는 것이 아니라 반가이 맞이하는 법을 배우라.

각성한 뇌는 암기를 하고
이완한 뇌는 새로운 발상을 한다

앞서 우리는 역사에 길이 남을 천재들과 창의성의 대가들이 실은 슬로싱커였다는 사실을 짚어보았다. 또 우리처럼 평범한 사람들도 슬로싱킹을 통해 자신의 잠재력을 발휘하고, 업무나 학업에서 원하는 성취를 이끌어내는 모습을 살펴보았다.

이처럼 슬로싱킹은 지치지 않고 계속 생각함으로써 문제 해결 능력을 높이고 아이디어를 얻게 해주는 도구가 될 수 있다. 슬로싱킹이 창의성을 키우고 업무 효율을 높여준다는 객관적인 근거가 있다. 바로 '여키스-도슨의 법칙 Yerkes-Dodson law'이다.

하버드대학의 심리학자, 로버트 여키스와 존 도슨은 자극과 생산성 간의 관계를 알아보기 위해 실험용 쥐를 미로 안에 넣고, 약한 전기 자극으로 인한 스트레스가 미로 탈출에 어떤 영향을 미치는지

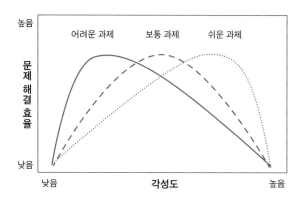

여키스-도슨의 법칙

문제 해결 효율 (높음 / 낮음)

어려운 과제   보통 과제   쉬운 과제

각성도 (낮음 / 높음)

실험했다. 그 결과 자극을 적게 주면 미로를 탈출할 가능성이 작아지고, 자극을 점차 높이면 탈출 가능성이 커지는 것으로 나타났다. 그러나 자극이 매우 세지면 스트레스와 불안이 커지면서 탈출 성공률은 다시 낮아졌다. 이를 한마디로 정리하면, 어느 수준까지는 스트레스가 증가함에 따라 수행 능력과 효율성이 높아지지만, 스트레스가 그 이상으로 고조되면 수행 능력과 효율성이 떨어진다는 것이다. 즉 수행의 효율성은 각성 또는 스트레스가 중간 단계일 때 최대가 된다는 뜻이다.

 이후 스트레스와 수행 능력의 관계에 관한 추가 연구가 뒤따르면서 업무 성격에 따라 둘의 상관관계가 달라진다는 것이 밝혀졌다. 과제 난도가 낮거나 끈기가 필요한 업무는 각성 수준이 상대적으로 높을 때 수행 능력이 향상한다. 그러나 업무 과제가 어렵거나 창의성 또는 높은 지적 능력을 요구하는 경우에는 각성 수준이 상대적으로 낮을 때 집중이 더 잘되고 수행 능력도 좋아진다. 다시 말해 도전적인 기획이나 혁신적인 아이디어를 창출하는 업무에는 슬로싱킹이 큰 도움이 된다고 해석할 수 있다.

슬로싱킹이 창의성과 업무 효율을 높이는 데 도움이 된다는 또 다른 근거는 뇌 과학에서 찾을 수 있다. 우리 뇌는 기억을 저장하기도 하고, 저장한 기억을 인출하기도 한다. 가령 전화번호나 영어 단어를 암기하는 것은 기억을 저장하는 행위이고, 미지의 문제를 풀거나 아이디어를 내는 것은 문제 해결에 도움이 되는 장기기억^{long-term memory}을 인출하는 행위이다. 따라서 '생각을 잘한다'는 것은 곧 '뇌가 장기기억을 잘 인출하는 상태'라는 뜻이다.

우리 뇌는 잠을 잘 때 장기기억을 가장 잘 인출한다. 꿈 이론의 세계적인 석학이자 하버드의과대학 정신과 교수인 앨런 홉슨은 그의 저서 『꿈』에서 뇌는 잠잘 때와 깨어 있을 때가 무척 다르다고 말한다. 기억을 단기기억으로 저장하는 데 관여하는 도파민, 세로토닌, 노르에피네프린과 같은 아민성 신경전달물질은 주로 각성 상태일 때 많이 분비되고 수면 중에는 감소하므로 잠이 들면 기억의 저장 능력이 현저히 저하된다. 가령 꿈은 렘수면^{REM, rapid eye movement sleep, 깨어 있는 것과 비슷한 얕은 수면} 중에 꾸는데, 아침에 일어나면 간밤의 렘수면 단계에서 꾸었던 꿈을 모두 잊어버리고 깰 당시에 꾼 꿈만 기억한다. 또 몽유병 환자는 비렘수면^{non-REM sleep} 중에 일어나 돌아다니다가 다시 잠이 드는데 잠에서 깨서는 간밤의 일을 전혀 기억하지 못한

다고 한다.[15]

반면 기억을 인출하는 능력은 깨어 있는 동안에는 떨어지고, 잠 잘 때 고양된다. 수면 중에는 기억의 인출에 관여하는 신경전달물질인 아세틸콜린이 많이 분비되고 전두엽이 비활성화되어 의식 깊은 곳에 있는 장기기억이 쉽게 인출되는 것이다.

따라서 기억 저장 위주의 주입식 학습은 각성 상태에서, 기억 인출 위주의 생각하는 학습은 이완 상태에서 하는 것이 유리함을 알 수 있다. 즉 단어를 암기하거나 강의를 들을 때는 각성 상태가 유리하고, 내용을 이해하거나 미지의 문제를 풀 때는 이완 상태가 더 유리하다. 바로 이런 이유로 미지의 문제를 해결하고 아이디어를 얻는 데 슬로싱킹이 유리하다고 하는 것이다.

명상 역시 몸과 마음을 편안하게 이완시킨 상태에서 호흡에 집중한다. 내가 종종 슬로싱킹을 '명상하듯이 생각한다'고 표현하는 것도 이런 비슷한 면이 있기 때문이다. 의학박사 하루야마 시게오는 『뇌내혁명』에서 우리 몸은 교감신경이 작용할 때 긴장 상태가 되고 부교감신경이 작용할 때 이완 상태가 되는데, 부교감신경이 작동하게 하는 방법은 두 가지라고 한다. "일상생활에서 부교감신경이 우위인 순간은 잘 때뿐이며 깨어 있는 동안에 부교감신경이 우위이게 하는 수단은 명상이다. 천재는 뇌파를 알파 상태로 만들어 뇌 내 모르핀을 그만큼 쉽게 끌어내는 요령을 체득한 사람이다."[16] 이 말은 명상뿐 아니라 슬로싱킹에도 고스란히 적용된다. 슬로싱킹을 하면 우리는 잠들지 않고도 몸과 마음을 이완시킬 수 있고, 그럼으로써 문제 해결에 필요한 장기기억을 쉽게 인출하고 생각을 즐길 수 있게 된다.

생각하고 졸다가 생각할 때
찾아오는 천재적 순간

아무리 명상이나 슬로싱킹을 해도 깨어 있을 때는 잠잘 때보다는 몸과 마음이 덜 이완되기 마련이다. 따라서 슬로싱킹의 효과를 극대화하려면 선잠을 활용해야 한다. 선잠이 슬로싱킹의 핵심이라고 봐도 좋다.

수면, 특히 선잠이 기억력에 미치는 영향을 연구한 실험이 있다. 독일 루크대학의 생물심리학자 수잔네 디켈만Susanne Diekelmann은 성인 24명을 A, B 두 그룹으로 나누어 15쌍의 그림 카드를 보여주고 40분 뒤 이들이 그림을 얼마나 기억하는지 테스트했다. 계속 깨어 있던 A그룹은 평균 60퍼센트를 기억했지만, 20분간 얕은 낮잠을 잔 B그룹은 85퍼센트를 기억했다. 디켈만 박사에 의하면 작업을 수행할 때 잠깐이라도 잠을 자면 그 내용이 해마에서 신피질로 이동해 더 오래 저장된다고 한다. 뇌의 단기기억에 계속 정보를 잔뜩 저장하기보다는 선잠을 통해 장기기억으로 옮겨 놓아야 뇌에 부담을 줄이고 효과적으로 기억하게 된다는 것이다.

사실 슬로싱킹을 하다 보면 자연스레 졸음이 온다. 나는 일할 때

책상이 아니라 몰입 전용 의자에 앉아 허벅지 위에 노트북을 올려둔 자세를 취한다. 몰입 전용 의자라고 해서 특별한 건 없다. 그저 목과 등, 다리를 편안하게 받쳐주는, 생각하다 스르르 잠들 수 있는 의자라면 무엇이든 괜찮다. 이런 '방만한' 자세로 생각을 하면 대개 졸음이 오는데, 그러면 자세를 유지한 채 목만 뒤로 기대어 잠을 잔다. 졸음과 '싸우다' 지쳐 잠드는 것이 아니라 졸음을 반가이 '맞이한다'는 표현이 적합할 것이다. 앉은 채로 자는 선잠이라 20분을 넘기지 않고 저절로 눈이 떠진다. 그렇게 잠에서 깨면 또 자연스럽게 생각을 이어간다.

사람들이 내가 일하는 모습을 보고는 "그게 쉬는 거지, 일하는 거냐"는 반응을 보이는 것도 무리는 아니다. 그러나 슬로싱킹 도중에 빠지는 선잠은 결코 나태함의 증거가 아니다. 이렇게 생각의 끈을 유지한 채 잠이 들면 우리 뇌는 방대한 장기기억에서 실마리가 될 정보를 찾고, 이것들을 서로 연결해 해결책을 강구한다.

솔트룩스의 CCO chief creative officer, 창의력 최고 책임자 황보현은 30년간 광고를 만든 '광고계 미다스의 손'이다. 대한항공의 '미국 어디까지 가 봤니', 배달의 민족의 '우리가 어떤 민족입니까', 경동나비엔 보일러 '아빠는 콘덴싱 쓰잖아', 신세계그룹 통합 온라인몰 '쓱SSG' 등 수많은 히트 광고가 그의 머리에서 나왔다. 다음은 그가 광고대행사 HS애드 상무로 재직할 당시 《한경비즈니스》와의 인터뷰에서 슬로싱킹의 핵심인 선잠을 실천함으로써 아이디어를 얻은 경험에 대해 말하고 있다. "정말 간절히 원하는 절박함은 창조의 단계에서 필요한 가장 기본 수단이죠. 절박한 단계를 넘어서면, 바로 몰입할 수 있는 능력이 필요해요. 창의성에 대한 생각과 고민 끝에 몰입의 단계가 이뤄지죠. 제 생각으로 몰입은 '선잠'이에요." 기사는 "회사 책상 위에 느긋하게 다리를 올리고, 의자에 몸을 맡긴 채 자는 것도 자지 않는 것도 아닌 선잠의 상태에 빠진 채" 혁신적인 아이디어를 떠올리는 그의 몰입 방식도 소개한다.[17]

이렇게 선잠은 슬로싱킹과 창의적 발상에 매우 중요한 역할을 한다. 우리가 선잠을 자는 동안 뇌는 고갈된 신경전달물질을 보충하는 재충전의 시간을 갖는다.

다음은 내게 몰입 코칭을 받은 컴퓨터공학과 학생과 직장인이 각각 보내온 메일이다. 선잠이 문제 해결에 얼마나 큰 도움이 되는지 확인해보자.

코딩할 때 잠깐 선잠이 들었다가 깨면 안 풀리던 문제가 술술 풀리는 경험을 많이 합니다. 선잠에서 깨자마자 노트북을 열어 답을 적는데, 아이디어가 대체 언제 떠오른 건지는 모르겠습니다. 교수님 말씀대로 우연히 떠오른 것처럼 느껴집니다. 코딩은 간단한 문제라도 몇십 분에서 몇 시간은 생각해야 하는데, 선잠을 자고 나면 이렇게 술술 풀리니 그 효과를 실감하게 됩니다.

—

편안한 마음으로 슬로싱킹한다는 게 어떤 느낌인지 알게 되었습니다. 생각하는 게 이렇게 편하고 쉬울 수도 있구나, 처음 깨달은 것 같습니다.

이런 변화는 의자 때문인 것 같습니다. 목부터 등 전체를 편안하게 기댈 수 있는 의자를 쓰니 생각에 쉽게 빠져들 수 있었습니다. 이런 의자에 앉으면 금세 잠이 들 것 같아 그간 사용을 꺼렸는데, 잠이 오면 오는 대로 거부하지 않고 선잠을 자면서 스트레스를 받지 않으니 더 깊이 몰입할 수 있었습니다.

내가 선잠의 효과를 이토록 강조하는 것은 업무나 학업 도중에 졸거나 낮잠 자는 것을 부정적으로 여기는 이들이 너무나 많기 때문이다. 이런 이들은 영국의 정치가 윈스턴 처칠의 한마디를 기억하기 바란다.

낮잠을 자면 일을 덜 하는 것이라고 생각하지 마라. 그것은 상상력 없는 사람들이나 하는 어리석은 생각이다. 당신은 낮잠을 통해 더 많은 것을 이룰 수 있다.

CHAPTER 06

슬로싱킹을 하는 뇌에서
일어나는 일들

SLOW
THINKING

다루는 법을 모를 때, 우리의 뇌는 좀처럼 말을 듣지 않는다.

그러나 현명하게 지시할 줄만 알면

그 누구보다 똑똑하게 원하는 길로 나아간다.

내 무의식이라는 관객에게 보여줄

생각의 공연을 시작해보자.

벽에 부딪힌 것 같아도
뇌는 계속 나아가는 중이다

슬로싱킹의 또 다른 장점은 원하는 만큼 몰입을 지속할 수 있다는 것이다. 시종일관 강한 압박에 시달리며 긴장한 상태로 아이디어를 짜내야 한다면 얼마 못 가 지쳐버릴 것이 뻔하다. 그러나 슬로싱킹을 하면 오랫동안 고도의 몰입 상태에 있어도 피로하거나 지치지 않는다. 나는 자그마치 7년 동안 고도의 몰입 상태에 들어갔다 나오기를 반복했는데, 슬로싱킹을 한 덕분에 두통이나 소화불량 같은 스트레스성 질환을 앓은 적도, 번아웃 증후군을 경험한 적도 없었다. 오히려 컨디션이 너무 좋고, 기분 좋은 충만감 속에서 하루하루를 보냈다. 머리를 이렇게 쓰는데도 부작용이 없다니 정말 신기하다는 생각이 들 정도였다.

이렇게 지치지 않고 계속해서 생각할 수 있으면 몰입도는 절대 떨어지지 않는다. 몰입을 반복해서 경험하면서 알게 된 사실은 단순히 문제를 계속 생각하기만 해도 몰입도가 올라간다는 것이다. 생각에 진전이 없어도 상관없다. 아무런 진전이 없더라도 생각을 중단하지 않고 계속 붙들고 있어야 몰입도가 유지된다.

생각을 계속하면 몰입도가 올라가는 원리는 무엇일까. 무엇인가를 지속해서 생각하면 해당 뉴런과 시냅스가 활성화된다. 그런데 활성화된 시냅스는 비활성화되기도 쉽다. 시냅스가 활성화되는 속도가 비활성화되는 속도보다 빨라야 전반적인 시냅스 활성화도를 높이고, 몰입도도 올릴 수 있다. 내 경험에 따르면 시냅스의 활성화 속도를 높이는 가장 좋은 방법은 1초도 멈추지 않고 생각하는 것이다. 그 이유를 이해하려면 우선 시냅스가 발화하는 원리를 알아야 한다.

작은 자극으로는 시냅스 발화가 일어나지 않지만, 적당한 시간 간격으로 같은 자극이 반복되면 작은 자극으로도 시냅스 발화가 일어난다. 이 현상을 시냅스의 '시간적 가중temporal summation'이라고 한다. 이는 아무리 흥미가 없고 어려운 문제라도 쉬지 않고 생각하면 관련 시냅스가 활성화하여 몰입도를 올릴 수 있다는 의미다.

한편, 시냅스의 '공간적 가중spatial summation'은 각기 다른 곳에서 오는 여러 개의 시냅스 입력이 하나의 신경세포에 동시 입력되면 개개의 자극이 작더라도 시냅스 발화가 일어나는 현상이다. 이는 많은 시냅스가 활성화한 상태에서는 작은 자극으로도 시냅스 발화를 일으키고, 다른 시냅스도 더 쉽게 활성화할 수 있다는 의미다. 즉 몰입도가 높을수록 적은 노력으로 몰입도를 유지할 수 있다는 말이다. 따라서 몰입도가 올라가면 가능한 한 그 상태를 오래 유지하는 것이 좋다.

시냅스의 시간적 가중과 공간적 가중이 뜻하는 바는 1초도 멈추지 않고 생각하면 몰입도는 반드시 올라가고, 일단 몰입도가 올라가면 그 상태를 쉽게 유지할 수 있다는 것이다. 몰입도를 올리는 원리는 이렇게나 간단하다. 단지 뉴런과 시냅스의 활성화를 우리가 눈으로 확인할 수 없기에 이제껏 몰랐을 뿐이다.

몰입을 활용하는 데 '생각을 하면 몰입도가 올라간다'는 개념은 너무나 중요한데, 이를 뒷받침하는 과학적 근거를 함께 살펴보도록 하겠다. 우선 의식이 작동하는 원리를 이해할 필요가 있다. 몰입은 의식이 온통 그 생각으로만 채워진 상태이기 때문이다.

무의식이라는 관객 앞에
펼쳐지는 생각의 공연 무대

우리의 의식을 이해하는 데 적합한 이론이 있다. 인지심리학자 버나드 바스Bernard J. Baars가 제안한 '의식의 통합작업공간 이론global workspace theory of consciousness'이다.[18] 예로부터 우리의 의식은 종종 극장 무대에 비유되곤 했다. 이렇게 인간의 머릿속을 하나의 '무대'로 보고, 이 중앙 집중적인 '무대'에 우리가 지각한 정보가 모이고 소화되어 의지와 반응이 생겨난다고 보는 이론을 '데카르트의 무대cartesian

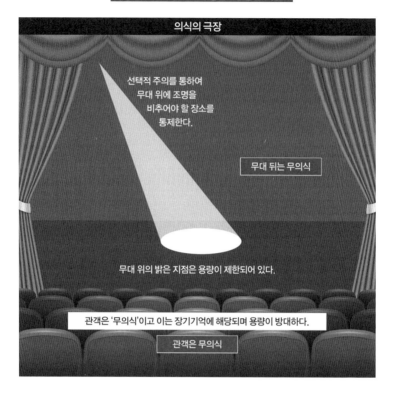

의식의 극장

선택적 주의를 통하여
무대 위에 조명을
비추어야 할 장소를
통제한다.

무대 뒤는 무의식

무대 위의 밝은 지점은 용량이 제한되어 있다.

관객은 '무의식'이고 이는 장기기억에 해당되며 용량이 방대하다.

관객은 무의식

theater'라고 한다. 버나드 바스의 이론은 이를 현대화한 것이다.

의식의 통합작업공간 이론에서 무대는 작업기억, 즉 감각 기관을 통해 들어온 정보를 단기적으로 기억해서 이해하고 조작하는 일종의 작업장에 해당한다. 무대 위에서 조명을 받는 주인공은 우리가 현재 주의를 기울이고 있는 의식의 내용이다. 그리고 조명이 미치지 않는 어두운 무대는 암묵기억, 즉 우리가 의식하고 있진 않지만 현재의 의식과 행위에 영향을 미칠 수 있는 기억에 비유할 수 있다. 무대 뒤에서 무대를 관찰하고 조명의 위치를 조정하며 배우들에게 지시를 내리는 감독은 의식의 내용을 결정하는 주체라고 할 수 있다.

어두운 객석에 앉은 관객은 무의식이나 장기기억에 해당한다. 장기기억은 시냅스의 변화로 만들어지므로 시냅스와 유사한 의미라고 생각할 수 있다. 무대라는 작업기억의 용량은 한정적이지만, 장기기억은 어릴 때부터 경험한 모든 기억으로 그 용량이 엄청나다. 무의식은 어두운 곳에 있어서 서로를 볼 수 없고 소통하기도 어렵다. 그러나 조명이 비추고 있는 무대 위는 관객의 눈에 아주 잘 보인다. 즉, 무대 위에서 스포트라이트를 받는 의식의 내용은 무의식에 생중계live broadcasting되고, 무의식은 이 의식의 무대를 관찰한다.

의식의 무대에서 펼쳐지는 공연은 의식의 입력이다. 그리고 이를 지켜보던 관객, 즉 무의식이 무대 위로 불려 나가는 것은 장기기억의 인출 또는 의식의 출력이다. 의식의 무대는 이러한 의식의 입력과 출력이 활발하게 상호작용을 하는 장이다.

의식의 무대를 어떤 내용이 차지할지는 '자극의 경쟁'에 따라 결정된다. 즉 더 자극적인 내용이 의식의 무대를 차지한다. 책을 읽는데 초인종이 울리면 우리의 주의력은 즉시 책 내용에서 초인종 소리로 옮겨간다. 책 내용보다 초인종 소리의 자극이 더 세기 때문이다. 이때 감독이 다시 책 내용에 조명을 비춤으로써 원치 않는 의식의 내용, 즉 초인종 소리를 무대 밖으로 내몬다. 이것을 '의식의 통제 능력'이라고 하고, 이렇게 의식의 무대를 통제하는 능력이 바로 집중력 또는 몰입 능력이다.

의식의 무대에 내가 원하는 혹은 필요로 하는 생각을 올린다는 것은 무대 감독이 의식의 무대에 하나의 문제를 올려 끈질기게 조명을 비춘다는 뜻이다. 그 문제가 어려우면, 즉 무대 위의 공연이 난해하고 지루하면 관객은 그것을 보려 하지 않는다. 그래도 감독은 줄기차게 그 문제에만 조명을 비춘다. 가끔 다른 자극이 무대 위에 난입해 조명을 받지만, 감독은 그 문제를 다시 무대 위로 올림으로써 다른 자극을 내몬다. 결국 관객은 무대 위를 장악한 그 문제를 계속 관찰할 수밖에 없다. 그러다가 자신이 그 문제와 관련이 있음을 떠올린 관객 하나가 무대 위로 올라간다. 즉 문제를 푸는 데 도움이 되는 장기기억이 인출된다. 그렇게 관객이 한 명, 두 명 무대 위로 올라가면서 의식의 무대가 관련 장기기억으로 채워지면 서서히 해결의 실마리가 잡히고 문제가 풀리는 것이다.

문제가 쉬우면 무대 가까이 앉은 장기기억이 인출되어 답이 빨리 얻어지고, 문제가 어려우면 멀리 앉은 장기기억이 인출되어야 하므로 답을 구하는 데 더 많은 시간이 필요하다. 따라서 아무리 생각해도 문제가 풀리지 않는다는 것은 관련 장기기억이 무대와 아주 멀리 떨어져 있다는 뜻이다. 이렇게 멀리 떨어져 앉은 장기기억을 인출하려면 문제가 무대 위에서 오랫동안 조명을 받으며 공연해야 한다. 정리하면, 문제를 풀려면 그와 관련한 장기기억이 인출되어야 하고, 어려운 문제일수록 그것을 의식의 무대 위에 충분히 오래 올려 두어야 한다. 이러한 원리에 따라 처음에는 풀리지 않던 문제도 생각하고 또 생각하면 결국 풀리게 되는 것이다.

그렇다면 어려운 문제를 해결하는 데 슬로싱킹이 유리한 이유는 어떻게 설명할 수 있을까. 우리가 불안감이나 조급함을 느끼면 그런 감정이 자꾸만 의식의 무대 위로 뛰어 올라온다. 감독이 의식의 무대에 문제를 붙들어 아무리 조명을 비추려 해도 이런 강한 감정이 불쑥불쑥 나타나 무대를 점령하면 관객은 집중력을 빼앗길 수밖에 없다. 그러나 슬로싱킹을 할 때는 스트레스 없이 편안한 마음을 유지하기 때문에 의식의 무대를 잡념에 빼앗길 확률이 낮아진다.

그래서 다급하게 생각을 하려고 할수록 답답함과 스트레스 때문에 오랜 시간을 견디기 어려운 것이다. 반면 슬로싱킹을 하면 아무리 오랜 시간이 지나도 지치거나 피로해지지 않아 문제를 의식의 무대에 오래 붙잡아 둘 수 있다. 이렇게 슬로싱킹으로 이완된 상태를 유지하면 스트레스 호르몬의 일종인 코르티솔의 분비가 줄면서 각성 수준이 낮아져 의식 깊숙한 곳에 있던 장기기억이 의식의 무대로 더 쉽게 접근한다. 앞에서 언급한 대로 장기기억을 인출하기 좋은 상태가 되는 것이다. 이것이 바로 어려운 문제를 풀 때 슬로싱킹이 효과적인 이유이다.

삶을 바꾸려면
내 의식의 무대를 감독하라

의식의 통합작업공간 이론에 따르면 이런저런 상념이 떠오르는 상태는 의식의 내용 하나가 무대를 장악하지 못하고, 그 내용이 수시로 바뀌는 상태를 말한다. 이것이 바로 산만한 상태, 즉 몰입도가 낮은 상태이다. 이때 의식의 무대는 주로 미래에 대한 걱정 등 부정적인 감정들이 차지한다. 우리가 인터넷 뉴스, SNS, 채팅, 유튜브에 빠지는 것도 시시때때로 찾아오는 이런 부정적인 감정을 떨치고 의식의 무대를 더 자극적인 무언가로 채우기 위한 행위다. 이런 자극적인 내용이 의식의 무대를 장악하도록 내버려 두면 결국에는 내가 원하는 삶을 살지 못하게 된다. 내가 원하는 삶을 살기 위해서는 의식의 무대에 내가 원하는, 혹은 필요로 하는 생각을 올려야만 한다. 내가 의식의 통제 능력에 주목하는 이유가 바로 여기에 있다.

의식의 무대를 무엇이 차지하느냐에 따라 삶이 달라진다. 의식의 내용이 나를 만들어간다고 생각해도 된다. 의식의 내용이 무의식에 영향을 미치고 이 무의식이 다시 의식의 내용에 영향을 미치면서 나의 자아가 형성되기 때문이다.

의식의 내용에 가장 큰 영향을 미치는 것은 환경이다. 어떤 환경에서 누구를 만나고 어떤 경험을 하느냐가 자아를 형성하고 삶의 행로를 정하는 데 크나큰 영향을 미친다. '맹모삼천지교孟母三遷之敎'라는 말이 괜히 나온 것이 아니다. 그러나 의식을 통제할 수 있다면 어떤 경험을 하든, 어떤 상황에서 누구를 만나든 환경에 의해 결정되는 숙명론적인 삶을 사는 대신 내가 원하는 방향으로 삶을 이끌어갈 수 있다. 어떤 환경에서도 내 인생의 행로를 스스로 개척하고 팔자를 바꾸어 살 수 있는 것이다.

이렇게 의식을 통제하고, 인생을 내가 원하는 방향으로 이끌어가기 위해 필요한 것이 바로 '의도적인 몰입'이다. 의도적인 몰입은 긴박한 상황에서 별다른 노력 없이 위기감에 의해 몰입이 유도되는 '수동적인 몰입'과 구별된다. 또 취미 활동과 같이 흥미와 재미를 느껴 저절로 빠져드는 '능동적인 몰입'과도 다르다. '의도적인 몰입'이란 의도적으로 생각을 지속해 몰입도를 올리는 방법이다. 즉 의식의 무대에 의도적으로 내가 원하는 내용을 지속해서 올리는 것이다.

이러한 의도적인 몰입과 슬로싱킹을 통해 우리는 의식의 무대 위를 내게 필요한 내용으로 원하는 만큼 채울 수 있게 된다. 그런 의미에서 슬로싱커란 인생의 주도권을 잃지 않고 내가 원하는 방향으로 내 인생을 이끌어가는 사람이라고도 할 수 있다. 이것이 바로 슬로싱커의 진정한 의미일 것이다.

CHAPTER 07

인류가 오랫동안 다듬어온
단단한 생각법

슬로싱킹은 자연현상 속의 난제를 푸는 과학자들,

삶과 죽음의 이치를 탐구하는 수행자들의 생각법과 닮았다.

우리가 슬로싱킹을 하는 목적은

일상의 크고 작은 문제를 해결하고

나의 역량을 최대로 발휘하기 위해서지만,

결국은 과학자나 수행자들처럼

창의성이 발달하고 가치관의 변화가 일어난다.

불교의 슬로싱킹 간화선,
'쉬고 쉬고 또 쉬고'

나의 몰입 이론의 출발선은 개인적인 경험이다. 그러나 몰입 경험이 '어쩌다 한 번'이 아니라 여러 번, 같은 패턴으로 반복되었기 때문에 학문적으로 접근해볼 가치가 있다고 확신하게 되었다. 이미 칙센트미하이가 개인 경험에만 갇혀 있던 몰입을 학문 영역으로 끌어와 몰입 이론을 정립했지만, 더 많은 사람이 몰입을 활용하려면 그에 관한 이론을 더욱 발전시킬 필요가 있다.

칙센트미하이는 '명확한 목표, 실력에 걸맞은 과제 난이도, 빠른 피드백'을 몰입의 3요소로 꼽는데, 정작 우리가 당면한 학업이나 업무는 난도가 너무 높거나 피드백이 느린 경우가 많다. 우리가 성장하려면 피드백이 느리거나 아예 없는 문제, 내 능력보다 다소 어렵거나 터무니없이 어려운 문제에도 몰입할 수 있어야 한다. 이런 문제에 맞닥뜨렸을 때 의도적인 노력으로 몰입도를 끌어올리자는 것이 내가 제안하는 '의도적인 몰입'이다.

의도적인 몰입은 아무런 진전이 없어도 생각을 끊임없이 계속하다 보면 몰입도가 올라간다는, 나 자신의 경험과 뇌 과학적 이해를 바탕으로 체계화한 이론이다. 전혀 진전이 없는 상태에서 생각을 계속한다는 점에서 의도적인 몰입은 간화선과 매우 흡사하다.

간화선은 우리나라 불교를 대표하는 종파인 조계종에서 쓰는 참선 방법이다. '간화看話'란 '화두를 보다' 또는 '화두를 보게끔 하다'라는 뜻이다. 또 '화두'란 참선 수행자가 깨달음을 얻기 위해 구하는 문제로, 답을 절대 구할 수 없지만, 의심호기심을 불러일으키는 무언가다. 화두는 답이 없으므로 아무리 노력해도 생각에 진전이 없다. 화두를 생각하는 일을 가리켜 '길 없는 길을 간다'고 표현하기도 하는 이유다.

극단적으로 피드백이 없는 문제, 즉 화두를 두고 생각에 생각을 거듭하면 어떤 일이 벌어질까. 의식의 통합작업공간 이론에 따르면 주어진 문제를 계속 생각한다는 것은 문제가 의식의 무대 위에 올라 조명을 받는 상태다. 그러면 그 내용이 장기기억에 생중계되고, 의식의 내용과 관련한 장기기억이 활성화하면서 무대 근처로 이동해 무대에 오르기 쉬운 상태가 된다.

이런 과정은 우리가 의식하지 못한 사이에 벌어진다. 이처럼 생각하고 있는 문제와 관련한 장기기억이 활성화한 정도를 몰입도라 정의할 수 있다. 화두에 관한 생각과 의심을 중단하지 않고 지속하는 한, 즉 문제를 의식의 무대에 계속 붙잡아두고 조명을 비추는 한, 몰입도는 계속해서 올라간다. 이는 다시 말해 어떤 난제를 계속 생각하고 또 생각하면 당장 해결책이 얻어지거나 진전이 없더라도 뇌의 몰입도는 계속 올라가며 아무리 높은 몰입 장벽도 넘을 수 있다는 뜻이다.

한편 스님들의 참선 과정은 슬로싱킹과 대단히 비슷하다. 축서사의 무여스님이 지은 법문집 제목은 『쉬고, 쉬고 또 쉬고』다.[20] 이 제목처럼 오랜 기간 슬로싱킹에 의한 몰입을 할 때면 두뇌는 문제를 풀기 위해 100퍼센트 가동하는데, 몸과 마음은 푹 쉬고 있다는 것이 느껴진다. 무여스님은 수행이 괴롭고 어렵다고 생각하면 10분도 고통이지만, 여행 떠나듯 가벼운 마음으로 하면 한두 시간은 거뜬히 할 수 있다고 말한다. 나는 평소 '슬로싱킹이란 연인을 생각하듯 가볍게 생각을 이어가는 것'이라고 말하곤 하는데, 이 또한 여행을 떠나듯 수행하라는 스님의 이야기와 일맥상통하는 면이 있다.

이렇게 수행하다 보면 '삼매三昧'라는 종교적 상태에 도달한다. 삼매는 산스크리트어 '사마디samadhi'를 음역한 것으로, 오로지 집중하는 대상인 화두와 나만 존재하는 최고의 집중 상태 혹은 고도의 몰입 상태를 말한다.

삼매에 도달하면 깨우침이 단번에 이루어진다고 하는데, 이런 벼락 같은 깨달음을 '돈오頓悟'라고 한다. 이런 상태에서는 지극히 행복해서 보이는 곳이 극락이고, 다른 사람들에 대한 자비심이 생겨 스스로 부처의 경지에 이른다고 한다. 이때 경험하는 자신이 자기의 본래 모습인 '참나'이고 자기 본래의 성품인 자성을 봄으로써 마음에 부처가 있음을 관觀하여 견성성불見性成佛, 본마음을 깨쳐 바로 깨달음의 경지에 이름한다고 한다.

간화선의 삼매는 힌두교에서 기술하는 삼매와 비슷하다. 포항공대 강병균 교수가 소개한, 힌두교 수행자 스와미 시바난다Swami Sivananda의 글 '투리야, 네 번째 경지Turiya or the Fourth State'에서는 삼매를 다음처럼 설명하고 있다.[21]

밖으로 향하는 빛을 거두어들여라. 참선을 하라. 참나 안에서 살아라. 당신의 전全 존재는 일종의 환희 또는 신비한 황홀경으로 고양되리라. 천인天人들의 즐거움을 느낄 것이다. 놀라운 평화가 그대를 감쌀 것이다. 축복의 바다에 잠길 것이다. 모든 욕망이 무화되고 모든 이름과 형태는 사라질 것이다. 모든 곳에서 오직 참나만을 볼 것이다. 이 경이로운 상태는 표현할 길이 없다. 직접 느껴봐야 한다. 벙어리가 사탕을 먹고도 그 맛과 기쁨을 표현할 수 없듯이, 삼매의 기쁨과 '참나와 하나 됨'의 기쁨 역시 표현할 수 없다. 이 경지를, 유한한 말로는, 표현할 수 없다. 언어는 불완전하기에 이 경험을 표현할 수 없다. 이것은 최고의 침묵의 언어이며, 불멸의 참나의 고요함이며, 모든 이해를 초월하는 평화이다. 이것은 참나를 찾은 자의 경지이다.

이는 위대한 과학자가 풀리지 않는 난제에 도전하는 몰입 상태와 매우 비슷하다. 다만, 그 '문제'가 과학자에게는 자연현상이고, 스님에게는 삶과 죽음이라는 차이가 있을 뿐이다.

이외에도 차이점을 몇 가지 더 찾는다면 간화선 수행을 할 때는 가부좌를 하지만, 슬로싱킹할 때는 목과 등을 편안하게 기댈 수 있는 몰입 의자를 쓴다는 것이다. 늘 가부좌 자세를 취하는 불교 수행자라면 몰라도 일반인은 가부좌를 틀면 관절과 근육에 가해지는 부담에 주의를 빼앗겨 정작 생각에는 집중하기 어려워진다. 몸과 마음을 이완시킨 상태에서 스트레스 받지 않고 생각을 이어가려면 가부좌보다 의자에 앉는 자세가 더 나은 것 같다.

간화선에서는 선잠을 쫓으라고 하고, 슬로싱킹에서는 반긴다는 것도 차이점이다. 간화선 수행 중에는 자기 의지로 안 되면 따끔한 죽비 소리에 의지해서라도 잠을 물리쳐야 한다. 하지만 슬로싱킹 중에는 잠을 쫓을 필요가 전혀 없다. 앞서 언급한 대로 선잠이 오히려 창의력과 몰입도, 업무 효율을 높이는 데 도움이 되기 때문이다.

성리학의 슬로싱킹 '경', 몰입으로 인격을 수양하다

나는 슬로싱킹에 기반한 몰입이 간화선과 매우 유사하다는 사실에는 상당히 일찍부터 주목해왔지만, 조선 시대 선비들의 정좌 수행과도 유사성이 있다는 것은 최근에야 알게 되었다. 지난 2017년 고려대학교 철학과 학생 엄준섭 씨가 내게 보내온 메일이 그 시작이었다.

저는 학부에서 철학을 공부하고 있습니다. 철학과에 입학한 뒤 동양철학에 관심을 두게 되었고, 특히 유학과 불교의 수행론에 흥미를 느꼈습니다.

교수님께서 쓰신 『몰입』을 읽고 매우 감동했습니다. 일차적으로 교수님께서 서술하신 심리 상태의 변화에 깊이 공감했고, 그것들이 동양의 수행 전통과 관련해서 갖는 함의들을 생각하지 않을 수 없었습니다.

『몰입』을 읽은 뒤 이와 관련한 생각들이 머릿속에서 쉽게 떠나지 않았습니다. 특히 평소 관심이 있던 '정좌靜坐, 선비들의 수행법'를 몰입 경험과 비교해보고 싶다는 마음이 강하게 들었고, 결국 '몰입과 정좌'라는 제목으로 글 한 편을 완성하게 되었습니다.

몰입이 조선 시대의 정좌 수행, 특히 성리학의 주된 사상인 '경敬'과 상당히 유사하다는 말에 적잖이 놀란 나는 성리학과 경 사상에 대한 자료를 찾아보기 시작했다. 『두산백과』에 의하면 경은 처음에는 '경건함', '공경하다' 등의 뜻으로 쓰였다고 한다. 그러다가 『논어』에서 공자가 '경건함을 가지고 자기를 닦는다修己以敬, 수기이경'고 하고, 『주역』 문언전文言傳에서 '경건함을 가지고 마음속을 곧게 만든다敬以直內, 경이직내'고 하면서 철학적으로 중요한 의미를 지니게 되었다. 이때의 '경'은 '생각이나 헤아림을 중단한 상태에서 마음을 고요하게 간직하는 것'이라는 뜻이다. 인간의 마음은 본래 선하지만 생각이나 헤아림이 이기적으로 작용하여 악한 마음으로 변질하므로 생각이나 헤아림, 그 자체를 중지하면 착한 마음을 보존할 수 있다는 이론이 그 배경이다.

중국 송나라 때 성리학이 발생하고 심화하면서 경은 수행의 중요한 조건으로 다시 주목받기 시작한다. 성리학은 인간 본연의 착한 마음을 회복하여 성인聖人이 되는 것을 목적으로 하는 학문 체계다. 성리학의 대표적 인물인 주자는 성인에 이르는 두 가지 학문적 방법으로 '거경居敬'과 '궁리窮理'를 제시한다. '거경'은 경을 간직함으로써 악한 마음으로 변질하는 요인을 제거하는 것으로, 마음의 수양을 통해서 성인에 가까이 가는 실천적 방법이다. 몸과 마음을 다 잡고 사물에 집중하여, 잘 때는 자는 것에, 책을 읽을 때는 책 읽는 것에, 일할 때는 일하는 것에 온정신을 다 기울이는 것이다. '궁리'는 모든 사물의 본질을 지적으로 탐구하고 인식함으로써 자신의 본질인 착한 마음을 인식하는 방법이다. 중국 북송의 성리학자 정이는 경을 '주일무적主一無敵' 즉 '마음을 오로지 하나에 집중하는 것'이라 정의하고, 이 경지에 도달하면 바른 지혜를 얻고 대상을 올바르게 파악하게 된다고 했다. 이는 몰입의 의미와 거의 같을 뿐 아니라 고도의 몰입을 통해 가치관이 바뀌고 정신적 성숙에 이르는 과정과도 비슷하다.

한편 우리나라에서는 궁리보다 거경에 치중하는 수양 철학이 발달한다. 도덕적 수양을 학문의 최고 목표로 삼았던 퇴계 이황은 경은 마음과 행동을 바르게 할 뿐 아니라, 궁리를 심화하기 위한 핵심 원리라고 강조했다. 또 경이 없는 궁리는 난삽한 사변에 빠지기 쉬우며, 참된 앎에 이를 수 없다고 보았다.

충북대학교 사회교육학과 김태영 교수가 발표한 '한국유학에서

의 성경誠敬 사상'에서는 다음과 같은 퇴계의 말을 인용하고 있다.[22]

때를 잃지 아니하여 잠깐 사이라도 끊임이 없고 경우를 놓치지 아니하여 털끝만
치라도 차질이 없게 하려면 주일主一. 정신을 한 곳으로 모아 온전하게 함해야 하는 것이니,
'일一'은 시간적 지속성과 일의 일관성 내지 무차별성을 의미하는 것이다. 이렇게
해야 도道에 들어갈 수 있기 때문이다.

이처럼 성리학자들은 자신이 모르는 것을 끝까지 파고들어 앎에
이르렀는데, 이러한 공부 방식을 '격물치지格物致知'라고 한다. 서울
대학교 국문학과 박희병 교수가 편역한 『선인들의 공부법』에는 주
자의 공부법을 다음과 같이 소개하고 있다.[23]

만일 하나를 깨닫지 못하겠으면 모름지기 거듭거듭 추구하고 연구하여, 길을 갈
때도 생각하고 앉아서도 생각할 것이며 아침에 생각하여 깨닫지 못하면 저녁에
다시 생각하고 저녁에 생각해도 깨닫지 못하겠으면 이튿날 또 생각해야 할 것이
다. 이와 같이 한다면 어찌 깨닫지 못할 도리가 있겠는가. 대충대충 생각하거나,
생각하다가 깨닫지 못할 경우 곧 그만두어버린다면 천년이 지나도 깨닫지 못할
것이다.

이렇게 격물치지의 공부를 하다 보면 자연스럽게 주일무적이 되
어 경 상태에 도달한다. 즉 고도의 몰입 상태가 되는 것이다. 이 책
에서 소개하는 주자의 공부법을 보면 격물치지와 몰입이 크게 다르

지 않음을 확인할 수 있다.

학자는 공부하느라 먹고 자는 것을 잊을 정도가 되어야 학문에 입문할 수 있으며, 그런 후에야 즐거움이 찾아든다. 하는 둥 마는 둥 공부하거나 공부를 했다가 말았다가 해서는 학문을 이루지 못한다.

이 책에는 서경덕의 제자 박민헌이 스승의 공부법을 소개하는 내용도 다루고 있다.

천지만물의 이름을 모두 써서 벽에다 붙여 두고는 날마다 그 이치를 궁구하기를 일삼아서, 한 사물의 이치를 궁구하여 깨달은 이후에야 다시 또 다른 사물의 이치를 궁구하였는데, 만일 그 이치를 궁구하지 못하면 밥을 먹어도 그 맛을 알지 못하고 길을 걸어도 그 가는 곳을 알지 못했으며 심지어는 뒷간에 가더라도 일을 보는 것을 잊을 정도였다. 혹 며칠씩 잠을 자지 않다가 때로 눈을 붙이면 꿈속에서 그때까지 궁구하지 못했던 이치를 깨닫기도 하였다.

이러한 공부 방법은 내가 여러 저서를 통해 소개한, 몰입을 적용한 학습 방법과 여러 면에서 놀라울 정도로 유사하다. 특히 마음을 오로지 하나에 집중하고 그 이치를 깨달을 때까지 생각하고 또 생각한다는 점이나 오래 생각을 이어가다가 꿈에서 그 이치를 깨닫는다는 점은 몰입 이론과 정확하게 일치한다.

성리학에 대한 자료를 조사하다가, 퇴계 연구로 박사 학위를 받은 동경대 교수 아베 요시오의 『퇴계와 일본유학』에서 흥미로운 사실을 발견해 간략히 소개한다.[24]

퇴계의 후학인 유학자 강항은 정유재란 때 의병을 이끌고 왜군과 싸우다가 포로가 되어 일본으로 끌려갔다. 교토에서 포로 생활을 하던 강항은 당시 일본에서 유학을 연구하고 있던 승려, 후지와라 세이카를 만나게 되었다. 후지와라 세이카는 강항을 통해 조선의 유학과 퇴계의 학문을 접했고, 이후 일본 유학의 시조가 되었다.

일본의 에도 시대는 크게는 무사사무라이로 대표되는 지배층과 피지배층인 서민으로 구성된 신분 사회였고, 유학자는 무사와 서민 사이의 중간층에 속했다. 유학자들은 무사와 서민의 교사 역할을 하면서 유학을 실제 사회에 도움이 되는 사상과 학설로 발전시켰다. 일본의 사무라이 정신이나 장인 정신은 서양의 프로페셔널리즘 못지않은 소명의식을 바탕으로 하는데, 이러한 사상을 꽃피우는 데 유학자들이 큰 역할을 한 것으로 보인다.

이러한 양상은 조선이나 중국과는 매우 대조적이다. 조선이나 중국에서의 유학은 귀족 출신 관료의 신분 윤리나 귀족의 교양이었을 뿐 실제 업무를 수행하는 신분 낮은 서기나 평민에게는 전해지지 않았다. 결국 조선에서는 성리학이 살아있는 학문으로 활용될 기회가 거의 없었다.

성리학이 이렇게 실생활과 유리된 '뜬구름 잡는 학문'이었기 때문에 조선이 망했다고 주장하는 이들도 있다. 그러나 흥미롭게도 일본에서는 성리학을 근대화를 앞당긴 중요한 사상으로 간주한다. 메이지 유신의 원동력이었던 야마자키 안사이와 그 학파, 그리고 메이지의 교육 지침을 확립하는 데 큰 공을 세운 요코이 쇼난과 모토다 나가자네 등이 퇴계를 존경하고 그의 가르침을 공부했다는 사실이 그 근거라 할 수 있다.

퇴계의 서재와
앤드루 와일스의 다락방

이처럼 간화선과 정좌 수행은 위대한 과학자가 풀리지 않는 난제에 도전해 오랜 기간 몰입한 끝에 훌륭한 아이디어를 얻는 과정과 다를 바가 없다. 일례로 퇴계는 서재 문을 걸어 잠그고서 정자와 주자가 쓴 글을 수개월간 반복해 읽고, 생각에 생각을 거듭해 그 뜻을 헤아렸다고 하는데, 이는 문제에 몰입해 잠자는 것도 밥 먹는 것도 잊었다는 뉴턴의 일화를 떠올리게 한다. 『프린키피아의 천재』라는 책에는 뉴턴이 데카르트의 『기하학』을 독학으로 공부할 당시가 묘사되어 있다. 두세 장마다 이해할 수 없는 구절이 앞을 가로막아 난관에 봉착하면 뉴턴은 주저하지 않고 책장을 맨 앞으로 넘겨 처음부터 다시 읽어갔다. 이런 식으로 공부를 계속한 그는 누구의 도움이나 가르침도 없이 기하학 전체 내용에 정통하게 되었다.[25]

　뉴턴이 그의 대표 업적인 미분과 만유인력을 포함한 중요한 발견을 한 때는 흑사병으로 케임브리지대학교가 폐교하는 바람에 고향에 머물게 된 2년간이었다. 한적한 시골집 서재에 틀어박혀 연구에 몰입한 이 시기에 그는 수학, 광학, 천문학, 물리학에서 중요한 업적을 이루었다. 뉴턴 자신도 이 2년간의 휴학 기간을 가리켜 '발견의 전성기'라고 평할 정도였다.

퇴계가 서재 문을 걸어 잠그고, 뉴턴이 시골집 서재에 틀어박힌 것처럼 자그마치 7년이나 다락방에 칩거하며 수학계의 난제를 해결한 수학자가 있다. 바로 350년간 아무도 풀지 못한 '페르마의 마지막 정리'를 해결한 앤드루 와일스다. 그는 독일의 수학자 게르하르트 프라이가 '타니야마-시무라의 추론'이 증명되면 '페르마의 마지막 정리'도 증명된다고 한 데 근거해서 '타니야마-시무라의 추론'에 집중했다. 사이먼 싱의 저서 『페르마의 마지막 정리』에는 앤드루 와일스가 어떻게 문제에 몰입했는지 잘 나타나 있다. "자나 깨나 한 가지 생각뿐이었습니다. 아침에 일어나서 밤에 잠자리에 들 때까지 저는 '타니야마-시무라의 추론'과 함께 살았습니다. 아무런 방해도 받지 않은 채 제 마음속에는 계속해서 동일한 과정이 되풀이되고 있었지요."[26]

그는 이 문제에만 자그마치 7년을 매달렸다. 몇 년간 화두 하나만을 생각하는 스님들을 떠올리면 앤드루 와일스의 사례도 그리 놀랍지만은 않다.

풀리지도 않는 문제를 이토록 오래 생각할 수 있는 비결은 무엇일까. 첫째, 몰입하면 생각하는 행위 자체가 즐거워지기 때문이다. 둘째, 답을 얻지 못해도 기적 같은 아이디어와 귀중한 깨달음을 연달아 얻기 때문이다. 이와 관련한 앤드루 와일스의 이야기를 들어보자.

풀리지 않을 수도 있는 문제에 제가 어떻게 그토록 집요하게 매달릴 수 있었는지 의아해하실지도 모릅니다. 저는 그저 이 문제와 싸움을 벌이는 그 자체가 즐거웠어요. 완전히 몰두했던 거지요. 제가 생각하는 방법을 초지일관 밀고 나가면 '타니야마-시무라의 추론'이나 '페르마의 정리'를 증명하지 못한다 해도 결국엔 무언가를 증명하게 되리라 생각했습니다.

제가 가는 길은 분명 막다른 길은 아니었습니다. 그것은 훌륭한 수학이었고, 또 항상 그래왔습니다. '페르마의 마지막 정리'를 결국 증명하지 못하게 될 가능성도 있었지만, 제가 하고 있는 일이 시간 낭비라고 생각한 적은 단 한 번도 없습니다.

뉴턴의 시골집 서재나 앤드루 와일스의 다락방처럼 아무런 방해도 받지 않고 문제 하나에만 몰입할 흔치 않은 장소가 또 있다. 바로 감옥이다. 독일의 과학자 귄터 치글러의 『수학 여행자를 위한 안내서』에는 병역거부죄로 1940년에 구치소에 갇힌 프랑스 수학자 앙드레 베유의 이야기가 나온다. 동료 엘리 카르탕은 베유를 격려하는 편지에서 이렇게 썼다. '모두가 자네처럼 조용한 곳에서 방해받지 않고 연구를 계속하는 행운을 얻지는 못했네.' 베유도 이 의견에 동의했던 것 같다. 그는 자기 아내에게 보낸 편지에 다음과 같이 썼다.[27]

당신을 마지막으로 본 뒤로, 나의 수리학, 대수학 연구는 상당한 진척을 이루었소. 그동안 몇 가지 아주 흥미로운 것들을 발견하기도 했다오. 아무 방해도 받지 않고 벌여놓은 주제들을 좀 더 연구하고 싶다는 생각이 들 정도라오. 이제는 슬슬 감옥이야말로 추상적인 학문에는 그 어떤 것보다도 도움이 된다고 믿기 시작했소. 인도 친구 비즈는 자주 이런 말을 하오. 여섯 달이나 한 해쯤만 감옥에 앉아 있게 된다면 리만 가설 정도는 틀림없이 증명해낼 수 있을 것이라고 말이오. 그렇게 된다면 정말 그가 리만 가설을 증명할지도 모르지만, 아쉽게도 그에게는 그런 기회가 주어지지 않았다오.

이처럼 주변의 방해 없이 하나의 문제에 골몰해 오랜 시간 슬로싱킹을 하면 평소에는 경험하기 힘든 고도의 몰입 상태에 다다른다. 바로 이런 이유로 평소의 몰입도로는 평생 노력해도 해결하지 못할 난제를 해결할 수 있는 것이다.

이들 과학자가 몰입한 양상은 간화선이나 정좌 수행과 다를 바가 거의 없다. 문제 하나에 집중해 계속 생각하면 몰입도가 올라간다는 사실은 몇몇 천재들만의 개인적인 경험이 아니라 간화선과 정좌 수행에서도 확인할 수 있는 보편적인 현상이다.

우리가 추구하는 몰입은 간화선이나 정좌 수행처럼 종교적인 깨달음을 얻거나 인격을 수양하기 위함이 아니다. 또 천재 과학자들처럼 몇백 년간 미해결로 남은 난제를 해결하기 위함도 아니다. 우리가 하고자 하는 몰입은 일상을 살면서 마주치는 크고 작은 문제를 해결하고, 나의 역량을 최대로 발휘하기 위한 것이다. 그러나 이완된 상태에서 내게 주어진 일에 고도로 집중함으로써 창의적인 깨달음을 얻고, 평온하고 행복한 정신 상태에 도달하여 마침내 가치관의 변화에까지 이른다는 점에서 그 효과는 간화선이나 정좌 수행에서 추구하는 바와 크게 다르지 않다.

그런 의미에서 우리는 조상들로부터 위대한 유산을 물려받은 셈이다. 간화선이나 정좌 수행에 과학적 방법론을 접목해 교육에 활용할 수 있다면 4차 산업혁명 시대가 요구하는 창의적 인재, 해야 할 일에서 행복을 찾는 성숙한 인재를 양성함으로써 일류 국가로 발돋움할 수 있을 것이다.

가장 탁월한 아이디어는
잠과 꿈속에 있다

꿈에서 길어 올린 혁신적인 아이디어들
· · ·

간화선에서는 화두를 간절히 구하면 '숙면일여'를 경험하게 된다고 말한다. '숙면일여'란 깊이 잠든 상태에서도 화두를 놓지 않는 상태를 말한다. 그야말로 꿈에서도 문제를 생각하는 고도의 몰입 상태인 셈이다.

역사에 길이 남을 혁신적인 아이디어가 어떻게 얻어졌는지 살펴보면 꿈에서도 문제를 생각한다는 것이 결코 비유가 아님을 알 수 있다. 화학자 케쿨레가 벤젠 구조를 해독할 수 없어 오랫동안 고민하다가 꿈에서 뱀이 제 꼬리를 물고 빙빙 도는 광경을 보고는 고리 형태의 화학 구조라는 아이디어를 얻었다는 일화는 너무도 유명하다. 재봉틀을 발명한 일라이어스 하우가 바늘 끝에 구멍을 뚫는 아이디어를 얻은 것도 꿈에서였다. 노벨생리의학상 수상자 오토 뢰비도 꿈에서 신경전달물질에 대한 영감을 얻었고, 화학자 멘델레예프 역시 꿈에서 원소 배열표를 보고 주기율표를 완성했다고 알려져 있다.

아인슈타인은 머리맡에 늘 노트와 펜을 두고 잤는데, 씨름하던 문제에 대한 유용한 아이디어를 꿈에서 얻으면 이를 잊지 않고 기록하기 위해서였다. 실제로 아인슈타인은 상대성 원리의 핵심 아이디어를 꿈에서 얻었다고 전해진다. 물리학자 닐스 보어도 꿈에서 본 태양계의 모습을 참조하여 원자 구조 이론을 완성했다고 한다. 하루 네 시간 이상은 자는 법이 없었다던 에디슨조차 아이디어를 얻기 위해 틈틈이 선잠을 활용했다.

비틀스의 폴 매카트니가 꿈에서 들은 선율로 'Yesterday'를 작곡했다는 것은 잘 알려진 사실이다. 롤링 스톤스의 대표곡이자 4주간 빌보드 1위를 차지한 'Satisfaction'도 기타리스트 키스 리처드가 꿈에서 기타 리프를 듣고 작곡했다고 한다.

꿈에서 영감을 얻은 소설가들도 많다. 『파우스트』의 괴테, 『지킬 박사와 하이드』의 로버트 루이스 스티븐슨, 『변신』의 프란츠 카프카, 『검은 고양이』의 에드거 앨런 포, 『해리 포터』의 조앤 K. 롤링, 『개미』의 베르나르 베르베르 등 셀 수 없을 정도다. 특히 베르나르 베르베르는 소설 『잠』을 출간한 직후 일간지와의 인터뷰에서 이렇게 밝혔다. "나는 잠과 꿈을 통해 창의력을 키우고 유지한다. 꿈은 내 모든 영감의 원천이다. 꿈에서 얻은 아이디어를 대부분 글에 쓴다. 가끔은 한 챕터 전체를 꿈에서 얻어 그대로 옮겨 쓰기도 한다. 쓰다가 막히면 누워서 뇌한

데 '내 문제 좀 해결해줘' 부탁하고 잠들길 기다린다. 꿈속에서 만날 여러 아이디어를 기대하며."[28]

대체 잠을 자는 동안 우리 뇌에서 어떤 일이 일어나기에 이토록 창의적인 아이디어를 떠올릴 수 있는 것일까. 앞서 살펴본 대로 기억을 인출하는 능력은 잠을 잘 때 고양되고, 깨어 있는 동안에는 줄어든다. 수면 중에는 기억의 인출에 관여하는 신경전달물질인 아세틸콜린이 많이 분비되고, 전두엽이 비활성화해 의식 깊은 곳에 있는 장기기억이 쉽게 인출되기 때문이다. 그런데 전두엽이 비활성화되면 장기기억에 쉽게 접근할 수는 있어도 문제를 찾아 해결하려는 적극적인 의식도 사라진다는 것이 문제다. 쉽게 말해 우리가 잠을 잘 때는 창의력을 십분 발휘할 천재적인 뇌가 되지만, 문제의식이 없어 이를 활용할 수 없는 것이다.

슬로싱킹을 통한 몰입으로 이 난관을 뛰어넘을 수 있다. 1초도 멈추지 않고 문제를 생각하다보면 숙면일여, 즉 자면서도 그 문제만을 생각하는 고도의 몰입 상태가 되어 수면 중에 창의적인 아이디어를 얻게 된다. 이렇게 잠을 자는 동안 얻은 창의적인 아이디어는 깨어 있는 동안 우연히 떠오른다. 수면 중에는 기억의 저장 기능이 현저하게 떨어지므로 아무리 기적과 같은 아이디어를 인출해도 아침에는 대부분 기억나질 않는다. 그러다가 낮에 산책이나 샤워, 선잠 등을 즐기며 몸과 마음이 이완되면 그 아이디어가 다시 떠오른다. 다시 말해 아이디어는 간밤에 수면하는 동안 이미 만들어졌고, 이를 낮에 깨어 있을 때 우연히, 갑자기, 불쑥 떠올리게 되는 것이다.

숙면일여가 통찰력을 키운다

• • •

수면과 창의성의 연관을 과학적으로 밝힌 중요한 논문이 있다. 독일 뤼베크대학의 얀 보른Jan Born 교수가 2004년《네이처Nature》에 발표한 '수면이 통찰력을 높인다Sleep Inspires Insight'라는 논문이다. 연구팀은 피험자들에게 얼마간의 시간을 주어 통찰력이 필요한 문제를 풀도록 한 다음 이들을 세 그룹으로 나누었다. A그룹은 8시간 동안 수면을 취하게 했고, B그룹과 C그룹은 각각 밤과 낮에 8시간 동안 깨어 있게 했다. 그러고서 이들에게 다시 문제를 풀게 했더니 A그룹의 통찰력 수준이 나머지 두 그룹보다 세 배 가까이 높게 나타났다.

한편 연구팀은 문제 풀이 훈련을 시키지 않은 채 피험자들을 두 그룹으로 나누어 한 그룹은 8시간 동안 잠을 재우고, 다른 한 그룹은 8시간 동안 깨어 있게 한 뒤 문제를 풀게 하는 추가 연구를 했다. 그랬더니 잠을 잔 그룹일지라도 잠들기 전 문제를 풀어보지 않으면 통찰력이 증진되는 효과는 없다는 결과가 나왔다. 다시 말해 주어진 문제를 생각하다 잠이 들면 통찰력이 향상되지만, 그렇지 않으면 수면이 통찰력에 아무런 영향을 주지 못한다는 것이다.

이 실험을 통해 우리는 자면서도 문제 하나를 계속 생각하는 숙면일여가 통찰력을 향상시킨다는 사실을 명확히 알 수 있다. 이와 관련해 옥스퍼드대학교 '수면과 생체리듬 신경과학원'의 원장 러셀 포스터Russell Foster의 말에 주목할 필요가 있다. 그는 잠이 부족하면 창의성이 말살된다고 단언하는데, 깨어 있을 때는 뇌가 오히려 깊은 생각에 집중하지 못한다고 한다. 외부에서 시각, 청각, 후각, 촉각 등 다양한 감각 정보가 쉴 새 없이 들어와 이를 처리하기에도 바쁘기 때문이다. 따라서 뇌가 쉬면서 하루 동안 무수히 경험한 것을 숙고하고, 새로운 아이디어를 떠올리는 시간은 오로지 잠잘 때뿐이라고 한다. 그가 낮에 아무리 고민해도 풀리지 않는 문제가 있다면 잠들기 전에 생각해보라고 권하는 이유다.

얀 보른 교수의 연구 이후로 수면이 창의성에 미치는 영향에 대한 많은 후속 연구가 이루어졌다. 캘리포니아대학교의 신경과학자 매슈 워커Matthew Walker에 따르면 수면 중에는 우리 뇌가 특별한 관련이 없어 보이는 정보들을 서로 연결한다. 즉, 정보의 위치를 바꾸고 새로운 연관을 만들어낸다. 그는 이러한 뇌의 활동이 창의성을 낳는다고 주장한다. '일반적으로는 서로 들어맞지 않는 아이디어와 사건과 기억들을 연결하는 것, 그것이 바로 창의성의 기본'이라는 것이다.

잠이 든 상태에서 창의성이 고양된다는 것은 이제 신경과학 분야에서 정설로 인정받고 있다. 다만 창의성 발현에 어떤 수면 단계가 관여하느냐에 대해서는 의견 차이가 있다. UC샌디에이고의 수면 연구가 사라 메드닉Sara Mednick은 렘수면에서 창의력이 발휘된다고 주장한다. 렘수면이 연상기억을 촉진하는 동시에 연상기억과 비연상기억을 통합하는 활동도 촉진하기 때문이라는 것이다. 반면 이탈리아 볼로냐대학의 발레리아 드라고Valeria Drago는 창의력이 비렘수면에서 발휘된다고 주장한다. 비렘수면 상태에서는 코르티솔에 의한 각성 수준이 낮아져 의식에서 멀리 떨어진 장기기억에 쉽게 접근할 수 있기 때문이다.

한편 얀 보른 교수는 창의성이 전반부 수면에서 극대화된다고 주장한다. 깨어 있는 동안 학습 활동으로 얻은 단기기억이 장기기억으로 변환되는 것은 꿈을 꾸지 않는 비렘수면 중에 일어나는데, 이러한 변환 대부분이 전반부 수면 중에 일어난다는 것이다. 따라서 창의성 발현을 위해서는 밤늦게까지 깨어 있기보다 일찍 잠드는 것이 바람직하다고 한다.

이러한 주장은 나의 몰입 경험과 정확하게 일치한다. 내 경험으로는 숙면일여의 몰입 상태에서 서너 시간 자고 일어나면 아이디어가 가장 많이 떠오르고, 다시 잠이 들어 아침에 일어나면 생각나는 아이디어가 거의 없다. 따라서 잠든 상태에서 떠올린 아이디어를 붙잡는 가장 좋은 방법은 잠이 들고서 서너 시간 후에 일어나는 것이다. 저절로 눈이 떠지지 않는다면 알람을 맞춰놓는 방법도 있다. 경험상 이렇게 중간에 잠을 깨면 창의적인 아이디어가 놀랄 만큼 쏟아진다. 물론 그러기 위해서는 반드시 몰입을 통해 자면서도 생각을 지속하는 숙면일여의 상태에 도달해 있어야 한다.

지금까지 소개한 연구 결과들은 깨어 있을 때 한 문제를 강도 높게 생각하면 잠을 잘 때도 그것을 생각하는 숙면일여가 가능하다는 사실을 보여준다. 우리 뇌는 낮에 저장한 단기기억 중에 자극이 강하거나 반복 입력된 정보를 잠자는 동안에 장기기억으로 변환시킨다. 그러려면 낮에 입력된 정보가 뇌에서 재방송되어야 한다. 신경과학자들은 이 사실을 잘 알았지만, 이를 눈으로 확인할 만한 연구는 없었다.

MIT의 신경과학자 매슈 윌슨Matthew A. Wilson은 우리 뇌가 낮에 경험한 중요한 정보를 밤에 잠을 자면서 복습함으로써 장기기억으로 저장한다는 사실을 눈으로 확인하기 위한 실험을 했다. 연구진은 3/4바퀴를 회전하면 초콜릿 우유를 먹을 수 있는 원형 트랙에 쥐를 풀어놓고, 쥐가 움직일 때마다 해마에 있는 뉴런의 전기 신호를 기록했다. 그런 다음 쥐가 잠든 동안 뉴런 전기 신호를 기록해 이를 해독해보았더니 낮에 트랙 위를 탐색했을 때와 동일하게 3/4바퀴를 회전한 후 시냅스 발화가 일어나는 것을 확인할 수 있었다. 이는 쥐가 잠을 자면서 낮에 경험한 위치 정보를 복습한다는 것을 말해주는 결과다.

놀라운 아이디어는 우연히 떠오른 것 같아도 실은 어떤 문제 하나를 두고 끈질기게 생각에 생각을 거듭한 몰입의 결과다. 7년 간 '페르마의 정리'에만 매달린 수학자 앤드루 와일스가 남긴

다음 말은 숙면일여 상태에서 창의적인 아이디어가 떠오르는 과정을 적절하게 묘사하고 있다.

무언가 새로운 아이디어가 떠오르려면 한 문제에 완전히 집중한 채로 엄청난 시간을 인내해야만 합니다. 다른 생각 없이 오로지 그 문제만 생각해야 합니다. 한마디로 완전한 집중, 그 자체지요. 그런 다음에 생각을 멈추고 잠시 휴식을 취하면 무의식이 서서히 작동하기 시작합니다. 바로 이때 새로운 영감이 떠오르게 되지요. 완전 집중 뒤의 휴식 - 이때가 가장 중요한 순간입니다.

영감이 떠오르는 순간은 너무도 찬란해서 우리는 종종 그것을 '기적'이라고 부르고 싶어진다. 하지만 앤드루 와일스의 이 말은 천재의 영감이 어떻게 탄생하는지를 잘 보여준다. 무의식이 작동해 새로운 영감을 떠올리게 되기까지는 한 문제에만 집중해 엄청난 시간을 인내하고, 오로지 그 문제만을 생각하고 또 생각하는 시간이 필요하다. 바로 이런 몰입의 시간이 기적 같은 영감을 탄생하게 하는 비밀이다.

슬로싱킹은
어떻게 작동하는가

CHAPTER 08

오랜 기간 공부할 때
기억할 슬로싱킹 몰입 원칙

SLOW
THINKING

오랜 기간을 두고 공부해야 하거나 삶 속의 어려운 문제를 풀어내야 할 때

사람들은 몇 시간이고 집중을 유지하는 힘이 중요하다는 사실을 절감한다.

이럴 때 슬로싱킹을 바탕으로 한 몰입의 기본적 원칙을 익혀두면

원하는 목표에 한층 더 쉽게 다가갈 수 있다.

슬로싱킹
장기 몰입의 원칙 11

몰입과 관련해 나에게 도움을 가장 많이 요청하는 사람들은 수험생이다. 합격 여부가 삶에 지대한 영향을 끼치는 시험일수록 경쟁이 치열하고, 이를 준비하는 수험생들도 절실하고 진지한 마음으로 장기간에 걸쳐 최선을 다하려 노력한다. 따라서 수험생들의 사례는 장기간 몰입도를 올리려 노력할 때 어떤 변화가 생기는지에 관한 매우 소중한 자료다. 이들 사례는 몰입을 인지과학 및 뇌 과학의 관점으로 접근하고 이해하는 데 도움이 될 뿐 아니라 심리학, 특히 긍정심리학의 관점에서도 대단히 중요한 자료가 되리라 생각한다.

오랜 기간 강한 몰입이 필요한 사람들에게 내가 공통으로 조언하는 실천 원칙은 다음 11개다.

1. 자는 시간이 곧 복습하는 시간

더 많은 학습 시간을 확보하기 위해서는 우선 잠부터 줄여야 한다고 생각하는 사람이 많다. 그러나 장기간 효율적으로 몰입하기 위해서는 몸과 마음의 컨디션을 최상으로 유지해야 하므로 잠을 줄여서는 안 된다. 하루 6~7시간은 꼭 자고, 그래도 부족하면 7~8시간을 자도 좋다.

잠이 부족하면 집중이 잘 안되고 몰입도를 올리는 데도 어려움을 겪는다. 집중을 가능하게 하는 신경전달물질이 잠을 잘 때 만들어지기 때문이다. 집중하기 어려운 일을 붙잡고 있는 것만큼 괴로운 일도 없다. 만일 공부하는 시간이 지옥 같다면 가장 큰 원인은 수면 부족일 것이다.

깨어 있을 때 뇌는 쉴 새 없이 입력되는 외부 자극을 처리하느라 정신이 없다. 그러다 밤에 잠이 들면 비로소 낮에 단기기억으로 저장하고 있던 것을 정리하고 통합한다. 기존 다른 기억과의 관련성을 검토하여 중요한 경험은 장기기억으로 보내고, 중요하지 않은 경험은 폐기하는 것이다. 공부든 운동이든 악기 연습이든 잠을 충분히 자지 않으면 뇌에서 이를 장기기억으로 보내지 못하기 때문에 실력이 향상되지 않는다. 진짜 학습은 낮이 아니라 밤에 우리가 잠을 잘 때 시작되는 셈이다. 따라서 잠자는 시간을 시간 낭비라고 여겨서는 안 된다. 낮에 학습한 내용을 잠자는 동안 힘들이지 않고 공짜로 복습한다고 생각해야 한다.

2. 슬로싱킹과 20분의 선잠 습관화

슬로싱킹과 선잠을 활용하라는 것은 곧 이완된 집중을 하라는 뜻이다. 앞서 강조한 대로 선잠은 슬로싱킹의 핵심이자 몰입도를 올리는 가장 좋은 방법이므로 공부나 생각을 하며 졸릴 때마다 선잠을 적극 활용해야 한다. 책상에 앉은 채로 엎드려 자도 좋고, 엎드린 자세가 불편하면 목을 받쳐주는 의자를 사용하면 좋다. 이런 의자가 없을 때는 의자를 벽 가까이에 붙인 채 여행용 목 베개를 쓰면 목을 안정적으로 받치는 자세를 취할 수 있다. 의자를 너무 뒤로 기울이거나 아예 눕는 자세를 취하면 선잠이 아니라 깊은 잠을 자게 되어 도리어 몰입도가 떨어지고 컨디션이 나빠지니 주의한다.

선잠 횟수는 하루 5번도 좋고 10번도 좋다. 정상적인 선잠은 20분을 넘기지 않고 저절로 눈이 떠진다. 선잠을 자려다 1시간 넘게 잤다면 평소 수면이 부족했다는 증거다. 이처럼 앉은 자세로 깊은 잠을 자고 나면 컨디션은 조금 나빠지지만, 이럴 땐 너무 자책 말고 몰입을 위해 부족한 수면을 보충했다고 생각하자.

선잠 후에는 몰입도가 불연속적으로 올라가므로 졸음이 올 때뿐 아니라 집중이 안되고 공부하기 싫을 때도 선잠을 시도하는 것이 도움이 된다. 꼭 잠이 들지 않아도 된다. 10~20분간 선잠을 시도하는 것만으로도 몸과 마음이 최대한 이완되므로 기분 전환 효과를 톡톡히 볼 수 있다.

121

3. 1초도 생각을 놓지 않는 연습

내가 제시하는 11개의 원칙 중에서 가장 중요한 실천 사항이다. 공부하는 시간은 물론이고 이동하거나 화장실에 가거나 식사하는 동안에도 1초도 멈추지 않고 공부에 관한 생각의 끈을 잡고 있어야 한다. 말이야 이렇게 하지만, 처음부터 생각을 1초도 멈추지 않을 수야 있겠는가. 처음에는 가능한 한 생각의 끈을 1초도 놓치지 않아 보겠다는 자세를 갖춘다고 생각하자. 그리고 집중하던 주제가 머리를 떠나는 것 같으면 재빨리 다시 붙잡는 과정을 반복하는 것이다. 생각의 끈을 놓는 순간 몰입도는 순식간에 떨어진다. 시냅스가 활성화되는 속도가 비활성화되는 속도보다 빨라야 몰입도가 올라가므로 마치 목숨이라도 걸린 듯 의도적으로 생각을 지속하려 노력해야 몰입도를 올리고 유지할 수 있다. 그러다 보면 어느 순간에는 정말 1초도 멈추지 않고 생각하기가 가능하다는 걸 알게 될 것이다.

이 사실을 간과해 몰입에 실패하는 사람이 많다. 내게 몰입 코칭을 받던 사법시험 준비생이 몇 달이 지났는데도 몰입도가 오르지 않아 고민했는데, 마침내 밝혀진 원인은 바로 카톡이었다.

이전에도 제 몰입도가 중상 정도고, 몰입도를 더 올려야 한다는 말씀을 들은 바 있는데, 이번에도 마찬가지여서 그간의 제 생활을 되돌아봤습니다. 그랬더니 제 손에 무심코 들려 있는 휴대전화에 생각이 미쳤습니다.

그야말로 정신이 번쩍 들었어요. 나름 스마트폰을 안 쓰는 편이라고 생각했는데 그간의 카카오톡 대화 목록을 살펴보니 친구들과 잡담을 많이 나눴더라고요. 아무 생각 없이 인터넷 서핑을 했던 흔적도 많았고요. 여태 그 사실을 알아채지 못했어요. 힘들게 올린 몰입도를 이런 일들로 단번에 떨어뜨렸다고 생각하니 너무나 아까웠습니다.

피처폰에 유심을 끼워 사용해볼까 했지만, 4G는 호환되지 않는다고 해서 과감히 카카오톡 앱을 삭제하고, 스마트폰 관리 어플을 다운받아 휴대전화를 거의 안 들여다보도록 만들었습니다. 또 시간 확인한답시고 휴대전화에 손을 대던 습관을 없애기 위해 디지털 시계를 사용하기로 했습니다.

그랬더니 생각보다 변화가 컸습니다. 일단 행복감이 정말 높아졌습니다. 아침에 공부하러 집을 나설 때 발걸음이 너무 가볍고, 오늘도 행복한 일을 하러 가는구나, 더 많이 배우겠구나 하는 생각에 절로 웃음이 납니다. 공부가 연속성 있게 이어진다는 느낌이 들고 몰입이 잘됩니다. 한번은 공부하고 있는 내용에 너무 몰입해 속으로 중얼대면서 화장실에 갔다가 문에 손가락을 찧기도 했어요. 손가락이 너무 아팠지만, 기분은 정말 좋았습니다.

친구와 서로 의지하며 함께 공부하는 수험생도 많다. 그런데 함께 공부할 때라도 몰입을 실천하지 않으면 잡담할 기회가 많아져 오히려 몰입도가 떨어지기 쉽다. 다음은 이런 경우와 관련한 메일이다.

친구와 함께 공부하고 시험 보고 밥 먹는 생활을 하니 몰입도가 떨어지는 느낌이었어요. 그래서 혼자 공부하는 방식으로 되돌아왔는데, 정말 잘한 선택 같습니다. '몰입'은 '공부를 열심히 하는 것'과는 차원이 다르다는 사실을 확실히 깨달은 계기였습니다.

친구와 함께 공부할 때는 밥 먹으면서 그날 공부한 내용을 되짚어보려 해도 잡담이 섞일 수밖에 없었고, 그것이 몰입에 크게 방해되었습니다. 밥 먹고 돌아오면 다시 집중하기가 매우 힘들었어요. 갑자기 무언가에 턱 가로막히는 느낌이었고, '이건 아닌데' 하는 생각이 들었습니다.

친구에 대한 경쟁심으로 공부는 열심히 했지만, 그냥 열심히만 한 거였어요. 이전에 경험한 행복한 마음 대신 괴로운 마음만 가득했습니다. 그래서 다시 혼자 공부하기로 했고, 이전의 좋았던 상태로 되돌아왔습니다. 밥을 먹으면서도, 길을 걸으면서도 온전히 공부 생각만 할 수 있게 되자 힘들었던 마음이 눈 녹듯 사라졌습니다. 너무 즐거웠어요. 교수님이 말씀하신 '1초도 멈춤 없이 생각하기'의 중요성을 정말이지 절실히 깨달았습니다.

예전의 페이스를 되찾아 규칙적으로 생활하기, 매일 운동하기, 종일 생각하기 등을 실천했더니 공부가 정말 잘됐습니다. 공부하는 시간이 꿀처럼 달콤했어요. 제 발목을 잡았던 골칫덩이 상법도 두 번째 공부할 때 열심히 몰입한 덕분인지 실력이 쑥쑥 오른 느낌입니다.

한번은 공부하다 무아지경에 빠진 적이 있습니다. 공부하고 있다는 사실 자체를 잊을 정도로요. 그런데 저도 모르게 공부가 재미있다는 말을 내뱉는 바람에 갑자기 그 무아지경에서 깨어났습니다. 그 순간에는 정말이지 풀고 있던 문제를 다 마스터한 기분이었어요. 남들 보기엔 우스울지 몰라도 일종의 자아도취랄까, 참 행복한 감정을 느꼈습니다.

요즘은 제가 시험이 얼마 안 남은 고시생인지, 합격생인지 모를 정도로 행복합니다. 숨 쉬는 것조차 행복하고 날아갈 것만 같던 대학 새내기 시절과 비슷한 기분입니다. 사소한 성공도 즐겁고, 제 주변 상황 하나하나에 감사하게 됩니다. 하루 하루 몰입도를 더 높여 최상의 몰입 상태로 시험을 보고 싶다는 욕심이 듭니다.

4. 하루 30분씩 규칙적인 운동을

장기 몰입을 위한 11개의 원칙에서 두 번째로 중요한 실천 사항이다. 1초도 멈추지 않고 공부에 관한 생각을 이어가면 몰입도가 지나치게 올라가 잠이 오지 않거나 수면의 질이 떨어지는 등 부작용이 생기기도 한다. 이런 현상은 도파민 과잉 분비와 관련이 있을 것으로 추측된다.

다음은 몰입의 부작용에 관한 어느 미술학도의 메일이다.

당시 저는 매일 사생을 했습니다. 주로 나무를 많이 그렸습니다. 나무를 보러 가서 30~40분간 나무와 대화했습니다. 말이 '대화'이지 실은 관찰인데, 때로는 관찰을 넘어 관조하려고 노력했습니다. 나무의 감정까지도 알아낼 듯 충분히 관조하고, 그 순간의 느낌을 충분히 음미합니다. 그런 다음 오로지 나무만을 생각하며 나무를 그립니다. 그러다 보면 세상에 나무와 나만이 존재하는 듯한 느낌이 듭니다. 이 일주일이 인생에서 가장 행복한 시기였습니다. 그런데 주변에서 내 상태가 이상하다고들 해서 그 몰입에서 빠져나오게 되었습니다.

그 뒤로는 거의 멍한 상태로 대가들이 영혼의 언어로 그린 듯한 명작을 보며 어떻게 그린 걸까, 하는 생각만 하면서 지냈습니다. 그러다 우연한 계기로 제가 그 일주일간 경험한 것이 바로 '몰입'이라는 사실을 알게 되었습니다.

얼마 후 전공이 같은 친한 친구에게 이 이야기를 했더니 친구는 자기에게도 그런 경험이 있었다고 털어놓았습니다. 그 친구는 2년 전 조현병을 앓았는데, 사실 그 직전에 몰입 상태였다고 했습니다. 지금은 어떻게 몰입했는지 잘 기억나지 않는다고 합니다.

당시에는 4일간 잠을 자지 않았고, 너무나 큰 쾌락이 느껴져 이대로 죽어도 좋다는 생각이 들었다고 합니다. 원하면 샤워 물줄기의 물방울 하나하나까지 볼 수 있었다고 해요. 머릿속에는 소설을 쓸 만한 모든 요소가 있었고, 언어가 자연스럽게 흘러넘쳐 쏟아내듯 글을 쓸 수 있었다고도 합니다. 그렇게 4일을 보내고 갑자기 조현병 증세가 와서 병원 치료를 받았던 것입니다.

친구는 그 상태를 안전하게 지속할 수만 있다면 남들이 엄두도 못 낼 대작을 그릴 수 있을 거라고 합니다. 지금은 삶이 너무 재미없어서 그 상태로 되돌아가고 싶다고 해요.

이 메일을 읽자 내가 몰입을 처음 경험한 때가 떠올랐다. 당시 내 의식은 온통 문제 생각으로 가득했고 기적과 같은 아이디어가 쏟아졌으며 천국에라도 당도한 듯 기분이 좋았다. 내가 원하고 또 원하던, 내 두뇌를 풀가동하는 상태에 도달했던 것이다.

그런데 문제가 생겼다. 밤낮을 가리지 않고 새로운 아이디어가 떠올라 도무지 잠을 이룰 수가 없었다. 인제 아이디어고 뭐고, 어서 잠이나 자면 좋겠는데 아이디어가 계속해서 떠오르는 바람에 그걸 적느라 밤을 지새우기 일쑤였다.

이래서는 안 될 것 같아 몰입에서 빠져나오려고 TV를 틀었다. 그런데 나도 모르게 TV를 보지 않고 문제에 관한 생각만 하고 있었다. 내가 내 생각을 통제할 수 없는 지경이 되어버린 것이다. 생각을 지속할 때 생기는 약간의 쾌감이 생각을 자동으로 유도하는 것 같았는데, 내 의지만으로는 이를 중단할 수가 없었다. 그러다 어느 아침, 우연히 오래된 대중가요를 듣다가 몰입 상태에서 자연스레 빠져나왔다. 지금 생각하면 정말 아찔한 기억이다.

이후로는 잘못하면 큰일 나겠다는 생각에 몰입을 함부로 시도할 수 없었다. 어떻게 하면 몰입의 부작용 문제를 해결할까 고민하다가 일단 불면증부터 없애보자는 생각에 근무 이후에 테니스 단식을 한 게임 하고 귀가하기로 했다. 그러면서 자연스럽게 터득한 슬로싱킹을 실천했다. 이후로는 사람이 이렇게 오랫동안 1초도 쉬지 않고 생각해도 되나 싶을 정도의 몰입을 7년간 유지하면서도 별다른 부작용을 겪지 않았다. 오히려 정신적으로나 육체적으로 나날이 건강해지는 느낌이었다.

저명한 과학자나 예술가 중에는 요절하거나 정신에 문제가 있었던 이가 많다. 영화 〈뷰티풀 마인드〉의 실제 모델인 천재 수학자, 존 내시는 오랫동안 조현병으로 고생했다. 뉴턴, 아인슈타인, 비트겐슈타인, 고흐도 마찬가지였다. 한편 다윈, 물리학자 닐스 보어, 시인 윌리엄 블레이크, 음악가 로베르트 슈만 등은 조울증에 시달렸다. 이들이 조현병이나 조울증을 앓았던 것은 몰입의 부작용 때문이 아닌가 한다. 몰입 상태에서는 도파민이 활발히 분비되는데, 조울증의 조증 상태나 조현병인 경우에도 이와 같은 현상이 일어난다. 만일 이들이 내가 그랬듯 슬로싱킹과 규칙적인 운동을 병행했다면 왕성한 활동을 건강하게 이어갈 수 있었을 것이다.

장기간 고시원이나 독서실에서 수험 공부를 하다 보면 우울증 등 각종 정신 질환을 앓을 위험이 크다고 알려져 있다. 오죽하면 '고시 폐인'이라는 말까지 생겼을까. 그러나 이런 경우라도 슬로싱킹과 규칙적인 운동을 병행하면 건강을 유지하며 행복한 최선을 경험할 수 있다. 규칙적인 운동은 숙면을 돕고 스트레스를 풀어주며 의욕을 솟구치게 하고 두뇌를 발달시켜 몰입을 지속적으로 유지할 수 있게 한다.

장기간 몰입을 하는 중이라면 숨이 차고 땀을 흠뻑 흘리는 격렬한 운동을 정해진 일과로 하는 것이 좋다. 달리기를 가장 추천하고, 이외에도 테니스 단식, 수영, 배드민턴, 농구, 축구, 스쿼시, 줄넘기, 에어로빅, 계단 오르기 등이 좋다. 30분간 운동해도 불면증이 호전되지 않으면 운동 강도를 더 높이고 시간을 10분 정도 더 늘려본다.

오메가3지방산과 비타민D 복용도 건강한 몰입에 도움이 된다

나는 건강한 몰입을 위해 슬로싱킹, 규칙적인 운동과 더불어 오메가3지방산과 비타민D를 복용할 것을 권한다. 최근 연구 결과에 의하면 조현병 예방에 오메가3지방산과 비타민D가 상당한 효과가 있다고 한다.[29]

연구에 의하면 조현병 발병 위험성이 있는 사람들을 대상으로 한 임상에서 12주 동안 오메가3 캡슐을 하루 네 개씩 먹은 그룹은 5퍼센트만 조현병이 발병했지만, 위약을 먹은 그룹은 28퍼센트가 발병했다.

이와 관련한 또 다른 연구가 있다. 미국 북부나 캐나다 같은 북미 고위도 지역에 사는 흑인은 백인보다 조현병 위험성이 서너 배 더 높은데, 이는 체내 비타민D 수치와 밀접한 관련이 있다고 한다. 자외선이 비타민D 합성을 촉진하는데, 흑인의 피부는 멜라닌 소체가 많아 자외선을 차단하는 효과가 있다. 그래서 흑인이 햇빛이 부족한 고위도에 살면 체내 비타민D 합성이 제대로 안 돼 뇌 발달에 문제가 생길 가능성이 커진다는 것이다. 이처럼 비타민D는 뼈뿐 아니라 뇌 발달에도 매우 큰 영향을 미친다는 사실을 알 수 있다.

5. 하루에 여러 과목보다는 한 과목을 일주일 이상 집중적으로

많은 수험생이 하루에 여러 과목을 돌아가며 공부한다. 그러나 몰입도를 유지하기 위해서는 한 과목을 일주일 이상 집중적으로 공부하는 것이 좋다. 특히 수험생이라면 한 과목을 통째로 일독한 다음, 또 다른 과목을 통째로 일독하는 식으로 공부하길 권한다.

몰입도가 높다는 것은 관련 시냅스가 활성화되었다는 뜻인데, 이런 상태에서는 작은 자극만 들어와도 뇌가 금세 흥분해 학습 효과가 높아진다. 학습 효율은 활성화된 시냅스의 수에 비례한다고 생각하면 된다. 그러나 아무리 몰입도가 올라갔더라도 공부할 과목을 바꾸면 순식간에 몰입도가 떨어진다. 공부하던 과목의 시냅스는 비활성화되기 시작하고, 새로 공부하려는 과목의 시냅스는 아직 활성화되지 않았기 때문이다. 이는 산을 오르다 중도에 그만두고 내려와서 다른 산에 다시 오르는 상황과 비슷하다. 그래서 공부하는 과목을 수시로 바꾸지 말고 한 과목을 집중해서 공부하라고 하는 것이다.

한 과목만 그렇게 오래 붙들고 있다가 이전에 공부한 다른 과목의 내용을 싹 다 잊어버리면 어쩌느냐고 걱정하는 학생들도 있다. 한 과목을 집중적으로 공부하든, 여러 과목을 돌아가며 공부하든 반복 학습을 하지 않으면 금세 잊히기 마련이다. 오래 기억하려면 여러 과목을 번갈아 공부할 것이 아니라, 중요한 부분을 집중적으로 반복해 공부해야 한다. 구체적인 방법에 대해서는 뒤이어 소개하는 아홉 번째 실천 원칙, '선택과 집중' 부분을 참고하기 바란다.

한 과목만 집중적으로 오래 공부하기 어렵다는 수험생이 많은 만큼 사례를 통해 더 자세히 설명하고자 한다. 한 재수생이 공부에 도저히 집중할 수 없다면서 도움을 청해왔다. 슬로싱킹 장기 몰입의 원칙 11개를 설명하면서 한 과목을 적어도 일주일 이상 공부하라고 하니 학생은 난색을 보였다. 다니는 학원의 선생님이 감이 떨어지지 않으려면 하루에 최소 네 과목씩은 공부하라고 했다는 것이다.

나는 학생에게 게임에 몰입한 경험이 있느냐고 물었다. 학생이 그렇다고 하기에 이번에는 한창 게임에 몰입했을 때 하루에 게임 여러 개를 동시에 했느냐고 물었다. 그랬더니 아니라고, 한 게임만 몇 달에 걸쳐 계속했다는 대답이 돌아왔다. 나는 바로 그것이 학생이 게임에 몰입할 수 있었던 이유라고 말해주었다. 아무리 몰입하기 쉬운 게임이라도 하루 네 종류씩 번갈아서 하면 몰입하기 힘들다. 하물며 공부야 두말할 필요도 없다.

다음은 이 학생이 내 말대로 일주일 동안 수학 한 과목만 집중적으로 공부한 뒤 보내온 메일이다.

몰입을 시도한 지 딱 일주일째 되는 날입니다. 처음에는 의심도 많이 했지만, 이번 기회에 공부 즐기는 법을 배우자는 마음으로 시작했습니다. 수학을 일주일 동안 하루 14시간씩 집중적으로 공부하니 너무 지루했습니다. 그래도 교수님 말씀을 믿고 시도해봤습니다.

안 될 줄 알았는데 되네요. 이번 주에는 딴생각은 3시간 정도 한 것 같고, 나머지는 전부 수학 문제와 개념을 생각하며 몰두했습니다. 아직 일주일밖에 안 되어서 실력이 올랐다는 실감은 없지만, 이것 하나는 분명합니다. 원래는 집중력이 부족해서 공부하다 자꾸만 시계를 보는 습관이 있었어요. 그런데 지난 일주일은 공부하다 시계를 보면 어느새 시간이 훌쩍 가 있더라고요. 집중이 너무나 잘되고 문제 푸는 속도가 훨씬 빨라졌습니다.

이번 주는 과학탐구에 몰입할 생각입니다.

이렇게 어렵게 수학 몰입도를 올린 상태인데 과학탐구로 과목을 바꾸면 몰입도를 처음부터 다시 올려야 한다. 그래서 다음 주에도 수학을 계속 공부하라고 조언했다.

교수님 말씀을 듣고 이번 주에도 수학만 일주일 내내 공부해보았어요. 확실히 문제 푸는 속도가 빨라지네요. 모의고사에서 수학을 정말 빠른 속도로 풀었어요. 계산 실수로 생각만큼 좋은 결과를 얻지는 못했지만, 몰입 효과를 어느 정도 느낄 수 있었습니다. 집중력도 확실히 좋아졌고요.

현행 학교 수업은 하루에 여러 과목을 배우는 방식인데, 이는 몰입 개념을 반영하지 않았기 때문이다. 한 달 동안 한 과목씩 집중해서 가르치는 방식이라면 몰입 효과가 나타나 모든 과목을 흥미롭게 배울 수 있을 것이다.

물론 한 과목을 계속해서 공부하다 보면 지루한 느낌이 들기도 한다. 이는 몰입도를 올리기 위해 반드시 넘어야 하는 장벽이다. 지루해도 견디며 한 과목을 계속 공부함으로써 이 몰입 장벽을 넘으면 몰입도가 올라가면서 재미를 느끼고, 더 나아가 즐거움과 행복감까지 얻을 수 있다. 이 학생 역시 처음에는 지루함 때문에 다소 어려움을 겪었지만, 이후로는 몰입도가 올라가 수학 공부에 집중할 수 있었다.

6. 무조건 암기보다 생각하고 이해할 때 오래 남는다

많은 학생이 진도를 빨리 나가려는 욕심에 채 이해하지도 못한 내용을 무조건 암기하려 한다. 이런 식으로 공부하면 효율이 낮을뿐더러 공부에 재미를 붙이기도 어려워진다. 시간이 걸리고 진도가 더디더라도 꼼꼼하게 이해하고 소화하는 방식으로 공부해야 한다. 이러한 지적 도전이 집중력과 지적 능력, 몰입 능력 등을 발달시킨다.

암기 위주로 학습하면 공부한 내용을 뇌에 저장하는 데 그치지만, 이해하고 생각하면서 학습하면 공부한 내용과 관련한 장기기억을 인출하는 효과가 생긴다. 이를 위해서는 30분 정도 공부한 뒤 책이나 노트를 덮고서 공부한 내용을 종이에 적어보거나 누군가에게 이 내용을 설명한다고 가정하고 가상 강의를 해보는 것이 좋다. 설명이 술술 잘 풀리는 부분은 넘어가도 무방하지만, 설명하기 어렵다면 해당 부분에 대한 이해가 부족하다는 뜻이므로 다시 공부한다.

다음에 소개하는 변리사 시험 준비생의 메일을 통해 이해 위주의 학습이 어떤 효과를 발휘하는지 살펴보자.

화학을 공부할 때 요약본으로 복습하고 각 단원 기출문제를 푸는 식으로 했습니다. 그런데 수능 공부하는 것처럼 지루하고 재미가 없었습니다. 방대한 분량을 시험용으로 엮은 책이라 공식을 유도하지 않고 그냥 암기하라는 식입니다. 이렇게 공식을 되새기는 방식으로 공부했더니 과목에 대한 흥미 자체가 떨어지는 것 같습니다. 지금 공부하고 있는 단원이 너무 어려워서 문제 하나 푸는 데 거의 10분 이상씩 걸리고, 심지어 아무리 시간을 들여도 풀 수 없는 것도 있었습니다. 이런 문제풀이식 공부에 몰입을 어떻게 적용해야 할지 모르겠습니다.

나는 요약본으로 공식을 암기하는 식의 학습은 바람직하지도, 효율적이지도 않으니 고등학교 참고서나 대학 일반화학 교과서에서 해당 부분을 읽고 이해 위주로 공부하라고 조언했다. 시간이 더 걸리더라도 이런 식으로 하나하나 이해하고 소화하면서 공부해야 몰입도도 올라가고 기억에 오래 남아 시험 볼 때도 유리하다고 말해 주었다.

다음은 이 학생이 이해 위주의 학습을 일주일간 실천한 후 보내온 메일이다.

정말 멋지고 행복한 한 주를 보냈습니다. 교수님 조언대로 요약본 대신 대학교 1학년 때 보던 『일반화학』 책으로 공부했습니다. 대학 교재답게 원리를 알기 쉽게 기술하고 있어서 저의 궁금증을 충분히 해소할 수 있었어요. 정말 시간 가는 줄 모르고 공부했습니다.

특히 전기화학 부분을 공부하면서 표준환원전위의 의미와 이를 통해 반응의 자발성을 예측할 수 있다는 사실을 알게 되었을 때는 저도 모르게 감탄사를 내뱉었습니다. 그 단원 전체 내용이 하나로 꿰이는 느낌을 받았습니다. 모든 내용이 서로 연결되고, 응용도 가능해서 이리저리 생각하는 즐거움을 맛볼 수 있었습니다. 대학교 1학년 일반화학 수업 때는 왜 출석 체크만 하고 줄행랑을 쳤는지 이해가 안 될 정도였습니다.

개념을 충분히 이해하고 문제를 푸니 출제자 의도가 훤히 보이는 듯합니다. 지문을 통해 이해가 부족했던 개념을 보완하고 있습니다. 실력이 점점 향상되는 것 같아 행복합니다.

이렇게 생각을 깊이 하니 공부 방식이 '정량적인 공부'에서 '능동적인 공부'로 바뀌었습니다. 그간은 '며칠 동안 몇 번 회독하기' 식으로 공부해왔는데, 이젠 몇 번을 반복하는 것보다 이렇게 이해 위주로 한 번 공부하는 것이 낫겠다 싶어서 여러 번 보는 데 연연하지 않게 되었습니다. 또 이해 위주로 공부하니 한 단원 전체의 흐름이 한눈에 보이고, 이와 관련한 다른 단원의 내용까지도 파악할 수 있어서 마치 공부가 공부를 부르는 듯한 느낌이 듭니다. 이런 선순환 방식으로 공부하니 종일 기분이 좋아서 미래에 대한 두려움도 줄고, 다가오는 시험에도 크게 신경이 쓰이지 않습니다. 그저 하루하루를 이렇게만 산다면 삶이 참 보람 있겠다는 생각만 듭니다.

7. 미지의 문제를 온전히 스스로 해결하는 경험 만들기

잘 풀리지 않는 문제는 해설을 보지 말고 스스로 해결하려 노력해보자. 최소 5~10분 정도 생각해보고, 가능하면 더 오래 생각해도 좋다. 만일 10~20분가량 고민해도 풀리지 않는 문제가 있다면 휴대전화 카메라로 사진을 찍어두고, 다음 문제로 넘어간다. 이렇게 휴대전화에 저장해둔 문제는 이동하거나 밥을 먹는 등 자투리 시간이 날 때마다 공략한다. 단, 단순 암기로 해결되는 문제는 이렇게 할 필요가 없다. 이런 방식은 관련 지식은 알고 있지만, 문제가 요구하는 사고력과 응용력이 부족해 답을 구하지 못하는 경우에 효과가 있다.

객관식 문제를 풀 때는 보기를 보지 말고 주관식 문제를 풀 때처럼 스스로 답을 생각해본다. 가령 지문의 주제를 묻는 국어 문제를 푼다면 보기에 의존하지 말고 스스로 주제를 찾을 때까지 지문을 반복해 읽고 생각해서 답을 구해본다.

보기 중 하나를 고르는 유형의 문제 중에는 주관식 풀듯 답을 생각하기 어려운 것도 있다. 이럴 때는 정답임을 확신할 때까지 생각하고 또 생각하면 두뇌 가동률을 높이고 몰입도를 올릴 수 있다. 가령 사지선다 문제에서 1번과 2번은 분명 답이 아니고, 3번 아니면 4번이 답일 거라고 판단했다고 하자. 보통은 3번이나 4번 중 아무거나 하나를 선택한 뒤 해답을 확인할 것이다. 이렇게 하지 말고 3번과 4번 중 정답이 무엇인지 확신할 수 있을 때까지 생각을 지속하는 것이다.

이런 공부 방식은 앞서 설명한 이해 위주, 인출 위주의 학습이자 실력을 향상하는 지름길이다. 이렇게 미지의 문제를 포기하지 않고 계속 생각하면 해당 문제와 관련한 장기기억이 인출되어 끝내 문제를 풀 수 있게 된다. 이 방법은 두뇌를 발달시키는 매우 효과적인 훈련법으로, 뒤에 소개할 창의적 문제 해결 능력을 위한 몰입 훈련과도 연계된다.

8. 결과보다 과정에 집중할 때 불안감이 통제된다

공부 그 자체를 힘들어한다기보다 걱정과 불안감으로 힘들어하는 수험생이 많다. 몰입도가 어느 정도 올라가면 걱정이나 불안감도 사라지지만, 몰입도가 낮을 때는 실패하면 어쩌나 하는 불안이 우리 뇌의 작업기억 대부분을 차지해 몰입도를 올리기가 어렵다. 장기전을 준비하면서 이렇게 불안감이 들 때는 결과보다 과정에 집중하려고 노력해야 한다. '진인사대천명盡人事待天命'이라 생각하고 마음을 느긋하게 갖자. 최선은 다하되 결과는 하늘에 맡긴다는 느긋한 태도가 있어야 스트레스 받지 않고 오래 공부할 수 있다. 시험에 떨어지면 어쩌나, 하는 불안감이 들면 '떨어지더라도 한 문제라도 더 맞히고 떨어지자'는 마음가짐을 가지면 좋다. 결과는 내가 어쩔 수 없는 부분이지만, 과정만큼은 내가 전적으로 통제할 수 있다고 생각하면 마음이 한결 편안해질 것이다.

다음은 수능을 준비하는 재수생이 슬럼프에 빠졌다며 보내온 메일이다.

요즘 슬럼프에 빠진 것 같습니다. 계속 잡념이 떠오르고, 잘 풀던 문제도 이상하게 풀리질 않습니다. 문제를 풀면 풀수록 오답 개수만 늘어나니까 불안감은 점점 커지고 공부할 의욕도 없고 주변만 탓하게 됩니다. 급기야 이러다간 올해도 대학은 못 가겠구나, 내년에 다시 해야 하나, 하는 생각까지 듭니다.

이런 슬럼프는 과정보다 결과에 매달릴 때 생긴다. 나는 목표를 수능 점수 올리기에 두지 말고, 수능 공부를 통해 이해하는 힘, 생각하는 힘, 응용하는 힘, 인내하고 실천하는 힘 등을 향상하고, 두뇌를 발달시키는 것에 두라고 조언했다. 이 수험생은 이를 실천한 뒤 다시 메일을 보내왔다.

교수님, 저는 지금 너무 행복합니다. 교수님 말씀대로 이해하는 힘, 생각하는 힘, 응용하는 힘 등을 기르고 머리를 발달시킨다는 생각으로 수학 교과서를 읽기 시작했습니다. 그랬더니 전에 막연히 공부하고 넘어갔던 내용을 확실하고 선명하게 알게 되면서 황홀하고 행복한 느낌이 들었습니다.

호도법을 공부하고 있는데, 처음에는 교과서를 아무리 반복해 읽어도 무슨 말인지 알아들을 수가 없었습니다. 그래서 교과서 해당 내용을 통째로 외울 때까지 필사하면서 생각하고 또 생각했습니다. 그래도 잘 이해가 되질 않아서 인터넷 강의를 찾아 들었습니다. 한 번 들을 때는 잘 모르겠더니 반복해 듣고 또 들으니 어느 순간부터 핵심 개념이 머릿속에 하나씩 꽂히는 듯한 느낌이 들었습니다. 마치 껍질이 하나씩 벗겨지듯 무언가를 조금씩 깨우치는 것 같아 행복을 주체할 수가 없었습니다. 참고 인내하던 이전까지의 시간을 한꺼번에 보상받는 기분입니다. 무언가 막 끓기 시작한 것처럼 자신감이 흘러넘칩니다.

결과가 아닌 과정에 집중하는 것은 몰입에서 아무리 강조해도 부족할 만큼 매우 중요한 원칙이다. 다양한 상황에서 아주 유용하게 적용되는 사항이므로 앞으로도 자주 언급하게 될 것이다.

9. 선택과 집중은 요령 있게

교과서나 참고서의 모든 내용에 똑같은 노력을 기울이는 것은 비효율적일뿐더러 불필요한 일이다. 목표가 두루뭉술하면 몰입도는 올라가지 않는다. 우선순위를 잘 가려 노력을 기울일 목표를 명확하게 잡아야 한다.

꼭 알아야 할 중요한 내용을 학습해도 어떤 것은 장기기억에 저장되고, 또 어떤 것은 저장되지 못한다. 효율적으로 학습하려면 이미 장기기억에 저장된 내용은 더 공부할 필요가 없고, 장기기억에 저장되지 않은 내용만 집중적으로 공부해야 한다. 그런데 문제는 장기기억에 저장된 내용과 그렇지 않은 내용을 구분하기가 쉽지 않다는 것이다. 어떻게 해야 학습이 더 필요한 부분을 효과적으로 가려내어 집중적으로 공부할 수 있을까.

우선 시험에 꼭 나올 만큼 중요한 내용 중에서 자신이 완벽하게 이해하고 암기하지 못한 부분을 빨간색 박스로 표시하고 집중적으로 공부한다. 이렇게 장기기억으로 저장되지 않은 내용을 눈에 잘 띄게 표시해두면 목표가 명확하게 설정되어 몰입하기가 한결 쉬워진다. 다른 과목도 같은 방식으로 공부한다. 두 번째로 공부할 때는 모든 과목의 빨간색 박스 부분을 다시 검토해서 여전히 모르는 부분을 파란색 박스로 표시한 다음 또 집중적으로 공부한다.

가령 8개월 후에 네 과목의 시험을 치른다고 하자. 일단 한 과목당 1개월씩 빨간색 박스로 표시한 부분을 집중적으로 공부한다. 이런 식으로 하면 4개월 후에는 네 과목을 한 번씩 공부하게 된다. 그런 다음에는 빨간색 박스로 표시한 부분에서 여전히 모르거나 불확실하게 아는 부분을 파란색 박스로 표시하고 이를 각 과목당 15일씩 공부한다. 그러면 네 과목을 2개월 동안 두 번째로 반복 학습한 셈이 된다. 그 다음에는 파란색 박스 부분에서 여전히 모르거나 불확실하게 아는 부분을 노란색 박스로 표시하고, 이를 일주일씩 공부한다. 마지막으로는 박스 표시에 개의치 말고 책 전체를 보면서 모르거나 불확실하게 이해한 부분을 보라색 박스로 표시하고, 이를 집중적으로 학습한다. 이런 식으로 장기기억으로 저장되지 않은 부분을 선택해 집중적으로 반복 학습하면 몰입도와 공부 효율이 동시에 높아진다.

10. 무한 반복 다양하게 활용하기

이해 위주의 학습이 가장 바람직하지만, 시험공부를 하다 보면 반드시 암기해야 하는 부분도 생기게 마련이다. 이럴 때는 따로 시간을 내기보다 자투리 시간을 활용해 무한 반복하면 좋다. 휴대전화로 암기할 내용을 녹음한 다음, 어학 공부에 쓰이는 구간 반복 앱을 활용하여 화장실에 가거나 양치질을 하거나 식사하거나 이동할 때 등 자투리 시간이 날 때마다 반복적으로 재생하면서 입으로 따라 한다. 소리 내어 따라 하는 것이 가장 효과적이지만, 그럴 수 없는 상황이면 입술만 움직이거나 마음속으로만 따라 해도 된다.

무한 반복은 이렇듯 자투리 시간을 효율적으로 활용하고 암기하기에도 좋지만, 무엇보다 단시간에 몰입도를 올리는 데 매우 효과적인 방법이다. 따라서 몰입도가 낮아 공부를 시작하기 힘들 때 사용하면 좋다.

무한 반복에 관한 더 자세한 사항은 뒤에 소개할 '업무 환경이 산만할 때 도움이 되는 포스트잇과 무한 반복[185쪽]'에서 참고하기 바란다.

11. 내가 공부하는 이유 찾기

의미 없고 하찮은 일에 몰입할 수 있는 사람은 없다. 전혀 공부할 가치가 없는 내용을 시험 때문에 어쩔 수 없이 공부해야 한다고 생각하면 몰입도를 올리는 데 매우 불리하다. 구동력을 만들려면 지금 내가 하는 업무나 공부가 매우 의미 있고 중요한 것이라고 여겨야 한다. 업무나 공부를 열심히 해야 할 명확한 이유를 찾아야 구동력이 커지고 몰입하기에도 유리해진다. 가령 수학 공부를 한다면 수학이, 영어 공부를 한다면 영어가 세상에서 제일 중요하다고 생각하고, 그것을 공부하는 이유를 찾을 수 있어야 한다.

다음은 한 사법연수생이 사법시험을 준비하던 시절과 달리 몰입이 잘되지 않는다며 보내온 메일이다.

사법연수원에서 배우는 가장 중요한 과목은 민사재판 실무, 형사재판 실무, 검찰 실무입니다. 이들 수업에서 민·형사 판결서, 기소장, 불기소장 등을 작성하는 법을 배웁니다. 공적인 서류이기도 하고, 여러 사람이 보고 참조해야 해서 형식을 매우 중시합니다. 심지어 예시 문단과 동일하게 이름, 날짜, 장소만 바꿔 적는 공부도 합니다. 이런 걸 잘한다고 훌륭한 법조인이 되는지, 그냥 줄 세우기 위한 공부는 아닌지 회의가 들었습니다. 이런 의문이 학습 동기를 약하게 만들었고요.

이 연수생이 몰입하기 어려운 이유는 도전할 만한 요소가 없기 때문이다. 내가 하는 일이 하찮고 의미 없는 일이라고 생각하기 때문에 몰입하기 어려운 것이다. 나는 그에게 무슨 일이든 내가 지금 하는 일이 세상에서 가장 중요한 일이라 생각해보라고 조언했다. 다음은 그가 내 조언대로 실천하고 보낸 메일이다.

교수님과 대화한 뒤 한참을 생각해봤습니다. 사법연수원은 법조인이 되기 위해 반드시 거쳐야 하는, 피해 갈 수 없는 곳입니다. 제가 이곳의 일부를 불합리하다고 생각한다고 해서 달라질 건 없겠지요. 하기 싫다는 마음만 커지면 결국 저만 손해라는 생각이 들었습니다. 한편으로 지금 당장은 필요 없는 공부 같아도 나중에는 정말 요긴하게 쓰일지도 모르는데, 지금 의구심이 든다는 이유로 공부하지 않으면 낭패를 볼 수도 있겠다는 생각도 듭니다.

그래서 9월 7일 이후로는 수업할 때마다 중요한 내용을 공부한다는 생각을 의식적으로 하면서 재미를 찾으려 노력했습니다. 그러자 신기하게도 다음 수업 때부터 피곤하지도 않고 오히려 재미가 느껴졌습니다. 그렇게 하기 싫던 과제도 생각에 생각을 거듭하며 열심히 하니 나름대로 의미 있는 작업이라는 생각이 듭니다. 판결문이나 공소장의 기재례를 암기하는 것도 제가 판검사로 진출한다면 말할 것도 없고, 만약 판검사와 전혀 관계없는 변호사로 진출하더라도, 그들이 쓰는 문서를 그들의 언어로 보다 빠르고 효율적으로 읽어내려면 지금 쓰는 법을 잘 익혀두어야겠다는 생각이 들었습니다.

작은 마음의 변화인데, 도미노처럼 생활이 바뀌고 다시 연수원 생활이 행복해졌습니다. 심지어 불평하며 지나왔던 지난 6개월이 너무 아까워졌습니다.

이처럼 의식의 무대에 어떤 내용이 올라 있느냐에 따라 무의식이 영향을 받고, 그 무의식이 다시 의식에 영향을 미치면서 내 삶의 경로가 달라진다. 이 짧은 사례에서 우리는 의식을 통제하면 인생 전체가 달라질 수도 있음을 알 수 있다.

처음에는 이 11개의 원칙을 잘 실천하지 못할 수도 있다. 그렇다고 절대 자신을 책망하거나 비난해서는 안 된다. 실천을 못하는 이유는 정신을 못 차려서가 아니라 몰입도가 낮기 때문일 뿐이다. 최선을 다하고자 하는 의지가 있어도 몰입도가 낮을 때는 괴로운 최선, 몰입도가 중간일 때는 견딜 만한 최선, 몰입도가 높을 때는 즐거운 최선이 된다. 따라서 원칙들을 잘 실천하지 못한다고 자괴감을 갖지 말고, 힘겹게 몰입도를 올리고 있는 자신을 격려하고 위로하자.

CHAPTER 09

슬로싱킹을 계속하는 동안
달라지는 것들

SLOW
THINKING

치열한 경쟁과 심한 스트레스에 시달리며 살아온 사람일수록

'서두르지도 말고 천천히 쉬듯이 생각하라'는

슬로싱킹의 개념을 좀처럼 이해하지 못한다.

그러나 천천히 걸어가면서 또는 버스나 지하철에서 생각하는 훈련을 해보라.

이 시간이야말로 스트레스 받지 않고 생각에 몰입할 수 있는 시간이다.

이렇게 슬로싱킹 훈련을 하다 보면

누구나 자신만의 속도를 찾아내게 된다.

"몰입은 '가장 특별한 나'로
살게 하는 힘입니다."

앞서 소개한 11개의 원칙의 간단한 원리가 정말 실제로 적용이 될 것인지가 의심스러운 독자도 있을 것이다. 의도적으로 생각을 계속하면 정말로 몰입도가 올라가서 기량이 향상되고 일에서 재미와 흥미, 사명감을 느끼며 자아실현을 할 수 있게 되는 걸까.

슬로싱킹 장기 몰입의 원칙 11개를 꾸준히 실천한 두 사례를 소개하려 한다. 첫 번째는 변리사 시험 준비생, 두 번째는 사법시험 준비생의 사례다. 특히 첫 번째 사례를 자세하게 소개하는 이유는 장기간 몰입을 하며 나타나는 구체적인 변화가 잘 나타나 있기 때문이다. 이 두 사례가 장기 몰입을 준비하는 사람들에게 큰 도움이 되리라 기대한다.

다음은 변리사 시험 준비생이 내게 첫 번째로 보내온 메일이다.

이번 변리사 시험을 준비하면서는 꼭 '몰입하는 공부'를 경험하고 싶었는데, 공부하면 할수록 점점 더 무기력해지고, 지속 가능한 최선이라는 것이 정말로 있기나 한지 의문이 듭니다. 공부를 그만둘까 갈림길에 선 지금에 와서야 용기를 내 교수님께 두서없는 메일을 보냅니다. 어떻게 해야 무기력해지지 않고 습관처럼 공부할 수 있을까요. 짧게라도 좋으니 조언 부탁드립니다.

우리가 최선을 다해야 하는 상황에서 그러지 못하는 이유는 무엇일까. 절실하고 간절하고 중요한 일인데도 어째서 우리는 그 일에 최선을 다하지 못하는 걸까.

학생이 중요한 시험에 최선을 다하지 못하는 것은 그 과정이 지루하고 고통스럽기 때문이다. 이러한 감정은 어디서 기인할까. 공부란 매우 높은 몰입도를 요구하는 과제인데, 지금 당장은 공부에 적합한 수준으로 몰입도를 올리지 못한다. 도전 대상과 학생의 기량이 균형을 이루지 못하고, 적절한 피드백도 받지 못하기 때문이다. 다시 말해 칙센트미하이가 말하는 몰입의 3요소, 즉 명확한 목표, 실력에 걸맞은 과제 난이도, 빠른 피드백을 만족시키지 못하는 상태인 것이다. 이때 필요한 것이 바로 의도적인 몰입이다. 이는 의도적인 노력으로 공부에 적합한 수준이 될 때까지 몰입도를 올리는 것이다.

높은 몰입도는 고도로 집중된 상태, 낮은 몰입도는 산만한 상태다. 엔트로피라는 자연법칙에 따르면 집중된 상태에서 산만한 상태로의 변화는 자연스러운 현상으로 특별한 노력 없이도 저절로 일어난다. 그러나 그 반대의 변화는 그렇지 않다. 담배 연기를 예로 들어보자. 담배 연기는 저절로 흩어지지만, 저절로 모이지는 않는다. 흩어진 담배 연기를 한곳에 모으기 위해서는 특별한 노력이 필요하다.

몰입도를 올리는 일도 마찬가지다. 높은 몰입도에서 낮은 몰입도로 변화하기는 쉬워도 그 반대는 어렵다. 몰입도를 올린다는 것은 활성화한 시냅스의 양을 선택적으로 증가시킨다는 뜻인데, 이 과정은 우리 눈에 보이지 않는다. 이런 이유로 몰입도를 올리기는 더 어려워진다. 따라서 몰입도를 가시적 개념으로 전환할 필요가 있다. 몰입도를 올리는 과정을 오르막길을 오르는 일에 비유하면 좋을 것이다. 특히 산만한 상태에서 단시간에 고도의 몰입 상태로 가려 할 때 버티고 선 몰입 장벽은 더 가파른 오르막길에 비유할 수 있다. 미끄러운 오르막길을 오를 때 올라가려는 노력을 잠시만 중단하면 금세 아래로 미끄러지는 것처럼 몰입도 역시 노력을 중단하는 즉시 순식간에 떨어진다. 따라서 몰입도를 올려 정상에 도달하려면 미끄러지는 속도보다 더 빠른 속도로 오르막길을 올라야 한다.

변리사 시험을 준비하다 슬럼프에 빠졌다는 이 학생에게 나는 슬로싱킹을 활용하는 법과 함께 앞에서 소개한 슬로싱킹 장기 몰입의 원칙 11개를 실천하길 제안했다. 이 학생이 이를 실천하고 그 경과를 일주일에 한 번 메일로 보내면 내가 적절한 피드백을 주기로 했다. 이 학생이 보낸 경과를 보면 몰입도가 올라가는 원리와 그에 따른 변화를 알게 될 것이다.

1주 차

선잠 효과, 최고입니다. 누워서 자는 거랑 정말 다릅니다. 엎드려서 자니까 알람을 딱히 안 맞춰도 20분쯤 후에 저절로 일어나게 됩니다. 이렇게 자고 일어나면 머리가 맑아지고 잡념이 사라져서 공부 내용이 훨씬 선명하게 머리에 들어옵니다. 오늘도 오후에 한 번, 저녁에 한 번, 총 두 번씩 잤습니다.

2주 차

이제는 공부할 때 잡념이 잘 떠오르지 않습니다. 인강도 집중해 듣게 됐습니다. 전에는 강의가 얼마나 남았는지 계속 확인하면서 봤는데, 지금은 1시간 반짜리 강의를 들으면서도 두세 번 정도만 확인합니다.

널뛰듯 하던 감정도 제법 조절할 수 있게 되었습니다. 아파서 잠을 많이 잔 날이면 기분이 살짝 우울해지고 조바심도 나지만, 공부를 시작하면 금세 집중력이 높아지면서 기분 좋은 상태가 쭉 이어집니다. 1주 차 이후로 스트레스를 받은 적이 없습니다. 덕분에 무기력해지지도 않았고요!

몰입도가 서서히 올라가는 상태인 것으로 보인다. 초기에는 슬로싱킹을 어떻게 해야 하는지, 왜 한 과목을 일주일 이상 집중적으로 공부해야 하는지 등 각 사항의 의미를 충분히 이해하지 못해 시행착오를 겪기도 한다. 그러나 적절한 피드백을 통해 시행착오를 수정하면 점차 몰입도가 올라가면서 몰입 효과가 본격적으로 나타난다. 이러기까지 대체로 4~5주 이상이 걸린다.

세 과목째 몰입해 공부하다 보니 깨달은 점이 하나 있습니다. 상표법을 공부하면서 다른 과목보다 더 재미있다고 생각했고, 두 번째로 화학을 공부하면서는 역시 물리나 생물보다 화학이 재미있다고 생각했습니다. 그런데 세 번째로 디자인보호법까지 재미있다는 생각이 들자 이게 바로 몰입의 효과라는 걸 깨닫게 되었습니다.

교수님께서는 늘 해야 할 일을 즐길 수 있는 능력이 중요하다고 강조하셨지요. 이제야 그 의미를 알겠습니다! 몰입은 세상 모든 일을 재미있는 경험으로 바꿔주는 마법인 것 같습니다. 중요한 건 '무얼 하느냐'가 아니라 '어떻게 하느냐'였는데, 이제까지 저는 잘못된 선택으로 적성에 맞지도 않는 공부를 하고 있다며 자신을 불행하다고 생각해왔습니다.

10월을 마무리하면서 한 달간 제가 쓴 일기를 읽어보았습니다. 같은 사람 맞나 싶을 만큼 많이 변했더군요. 교수님 말씀처럼 가치관과 삶에 임하는 태도가 변하고 있습니다. 앞으로 저 자신이 얼마나 발전할지 기대됩니다.

처음에는 몰입 효과를 잘 인지하지 못하다가 공부하는 모든 과목이 재미있다는 걸 알게 되면서 몰입 효과가 나타나고 있음을 깨닫게 되었다. 이 학생이 '가치관과 삶에 임하는 태도가 변하고' 있다고 말한 부분에 주목할 필요가 있다. 해야 할 일에 혼신을 다하면서도 괴롭고 힘들기는커녕 마음 깊은 곳에서 행복감을 느끼게 되면 가치관에 변화가 생긴다. 그간 추구했던 물질적이고 세속적인 쾌락은 부질없으며, 할 일에 몰입함으로써 더 큰 행복을 경험할 수 있다는 사실을 알게 된다. 이러한 가치관의 변화는 정신적 성숙을 이끌고,

삶을 살아가는 방식에도 변화를 가져오므로 교육적으로 대단히 중요한 의미가 있다.

일요일부터 3일간 지구과학을 공부하면서 최고의 몰입을 경험했습니다. 한번 앉으면 6시간을 꼬박 공부했는데 그냥 제가 지구과학이 된 것만 같았습니다. 학습 내용에 빠져들다 보니 제가 지구가 되고, 해수가 되고, 대기가 된 것 같았습니다. 밥 먹는 것도 귀찮을 정도로 생각이 도무지 멈추질 않아서 배에서 꼬르륵 소리가 나면 책상으로 밥을 들고 와 먹으면서 공부를 했습니다. 정신 나간 사람처럼 공부 외 다른 정보는 들어도 금방 까먹었고, 무얼 하든 공부 생각이 났습니다. 짧은 시간이었지만 삶이 너무도 새롭게 느껴지는 경험이었습니다.

민법을 새로 공부하기 시작했는데 빠르게 몰입도가 올라가고 있습니다. 공부가 재미있다는 경험은 정말이지 그 자체가 하나의 동기가 됩니다. 다시 또 그 재미를 느끼고 싶고, 나 자신을 시험하고 싶어집니다.

현재가 온전하니 역설적으로 죽음이 절실하게 와닿습니다. 삶의 유한성이 뼈저리게 느껴져서 어떻게 해야 후회 없는 삶을 살 수 있을지 고민하게 됩니다. 쏜살같이 흘러가버리는 하루처럼 인생도 너무나 짧으리라는 허망한 마음이 들면서도 그런 유한함이야말로 삶을 힘껏 살게 하는 구동력이라는 생각도 들었습니다. 하나의 논리로 삶에 대한 답을 내리긴 어렵겠지만 어렴풋하게나마 깨달은 사실은 지금처럼만 살면 후회하지 않으리라는 것입니다. 지금처럼 나를 있는 그대로 인정하고 기뻐했던 적이 없습니다.

저는 항상 큰 목표를 잡고 그걸 이룬 자신을 상상하며 행복감을 느끼곤 했습니다.

그러나 늘 그렇듯 미래는 내 생각대로 되지 않기에, 혹은 성취감이 생각만큼 크지 않기에 공허함과 허탈감을 많이 느꼈습니다. 지금은 이루고 싶은 목표를 마음속에 품되 순간에 집중할 수 있어서 삶이 조화롭고 행복합니다. 그저 오늘을 열심히 사는 나 자신이 만족스럽습니다.

몰입으로 당면한 과제를 해결하고 행복감을 느끼다 보면 삶의 한시성을 더욱 절감한다. 한 번뿐인 소중한 삶을 어떻게 살아야 할지, 후회 없는 삶을 살려면 어떻게 해야 할지 등이 인생의 중요한 화두가 된다. 이 학생도 몰입 6주 만에 이런 고민을 하게 된 것 같다.

9주차

며칠째 운동하는 시간만 빼고는 아침에 눈을 떠 밤에 잠자리에 들 때까지 모든 시간을 공부에 쏟고 있습니다. 외로우면서도 삶이 찬란하게 느껴집니다. 최선을 다하고 있음을 나 자신이 잘 알기에 행복감이 벅차오릅니다.

11월의 마지막 날입니다. 벌써 두 달째 쉬지 않고 공부하는데도 전혀 지치지 않습니다. 오히려 공부 시간이 점점 늘어갑니다. 이렇게까지 오래, 많이 공부할 수 있을 거라고는 생각하지 못했는데, 매일 공부 시간 기록을 경신하고 있습니다.

11주차

교수님께서 말씀하신 '나만의 페이스'를 찾는 과정이 참 중요한 것 같습니다. 누군가를 따라 하지 않고, 제가 할 수 있는 최선을 다해야만 그 페이스를 찾을 수 있겠지요. 그리고 그 과정에서 행복을 느낄 수 있어야 인생이 꽉 채워질 것입니다.

지금껏 한 번도 느껴보지 못했던 충만한 행복감을 요새는 꽤 자주 느낍니다. 최선과 행복이 공존할 수 있음을 절감합니다.

조급해지면 자꾸 무리하게 돼서 시험 때까지 꼭 지킬 규칙을 만들었습니다. 첫째, 잠을 충분히 잔다. 둘째, 매일 운동한다. 셋째, 나머지 시간은 모두 공부한다. 지킬 것은 결국 이 세 가지뿐인 것 같습니다(물론 교수님께서 늘 강조하신 것들이지만!). 이 이상은 욕심이고, 이 이하는 게으름이라는 것을 많은 시행착오 끝에 알았습니다. 실은 이 세 가지를 완벽히 실천하기도 굉장히 어렵습니다.

제 삶이 정말로 바뀌고 있는 것 같습니다. 부모님께서 제가 정신적으로 많이 성숙해졌다고 말씀하실 정도로요. 이 시간이 저에게 무엇을 남기든, 가치 있는 시간이라는 것만은 확실합니다.

지금껏 경험하지 못한 충만한 행복감을 느끼는 동시에 최선의 노력과 행복이 공존할 수 있음을 깨닫고 있다. 슬로싱킹 장기 몰입의 원칙 11개 중에서 수험 공부에 가장 핵심적인 세 가지가 충분한 수면, 규칙적인 운동 그리고 깨어 있는 동안 공부만 하기라는 사실을 장기간 몰입을 실천하며 스스로 깨쳤다. 변리사 시험 준비를 위해 몰입하고 있지만, 합격 여부를 떠나 몰입 자체가 가치 있는 경험이자 삶의 변화를 이끄는 구동력이라는 것을 알아차린 것이다.

12주 차

헬스장에서 자주 만나는 아저씨께서 별안간 제게 인상이 참 좋다, 얼굴이 천사 같다고 말씀하셨습니다. 이런 칭찬은 난생처음이라 당황스러우면서도 기분 좋았습니다. 유행하는 옷을 입고 화장품을 겹겹이 발라도 지울 수 없었던 제 안의 어떤 '그림자'가 드디어 걷힌 것 같습니다. 몇 달째 생필품을 사지 않아 매일매일 늘어 진 맨투맨을 입고, 얼굴에 무엇 하나 바르지 않아도 요새는 거울을 볼 때마다 나 자신이 참 예쁘다는 생각이 듭니다. 분명 제 얼굴인데도 지금껏 본 적 없는 전혀 다른 얼굴인 것 같습니다.

달라진 내면이 표정에까지 영향을 주게 되었다. 행복한 삶을 몇 달 지속하면서 자신감이 생기고, 이것이 표정에 나타난 것이리라.

14주 차

서울에서 모의고사를 치고 내려오기 전 시간 여유가 있어서 대학 동기들을 만났 습니다. 오랜만에 친구들과 이야기를 나누며 흥미로운 생각들을 많이 접했습니 다. 특히 인생의 목표에 관한 이야기가 인상적이었는데, 한 친구는 서울에 내 집 을 마련해 일과 여가의 '라이프 밸런스'를 누리면서 사는 게 꿈이라고 합니다. 모 르긴 해도 제 주변 친구들 대부분이 이럴 것 같습니다. 불과 몇 달 전만 해도 저 역 시 이런 삶을 간절히 원했으니까요!

도대체 이런 꿈을 꾸는 이유가 무엇일까 생각해봤습니다. 아인슈타인이 '저의 꿈 은 10억을 모으는 것입니다'라고 한다든가 스티브 잡스가 '저는 돈을 열심히 모아 서 일을 그만두고 게스트하우스를 운영하고 싶습니다'라고 했다면 분명 이질감 을 느낄 텐데도 우리는 왜 그런 목표를 서슴없이 자기의 꿈이라고 말하는 건지 모 르겠습니다. 누군가의 삶을 특별하게 만드는 차이가 무엇인지 직접 확인해보고 싶습니다.

장기간의 몰입 경험을 통해 또래 친구들과는 명확하게 다른 가치관을 갖게 되었음을 밝히고 있다. 이러한 가치관의 변화는 최선을 다하고 행복해지는 방법을 알게 되면서 삶에 자신감이 생겼기 때문이다.

고단하고 힘겨운 일상이 반복되면 자신감이 떨어지고, 잠재력을 펼치는 삶을 추구하기보다 소박한 꿈에 만족하게 된다. 그래서 행복은 바라지도 않는다, 다만 불행하지만 않으면 좋겠다는 소극적인 자세를 취하게 된다. 삶 자체를 두려워하게 되는 것이다.

우리는 언젠가는 반드시 죽을 수밖에 없다. 사형 집행 날짜를 모르고 사는 사형수와 같다. 어차피 죽을 운명이라면 무엇을 두려워하는가. 우리가 두려워할 것은 삶이 아니라 단 한 번뿐인 인생을 잘못 보냈음을 후회하는 것이다.

다시 한번 강조하자면, 죽음의 순간에 지나온 삶을 후회하게 될지 아닐지는 '무엇을 하며 살았는가'가 아니라 '어떻게 살았는가'에 달렸다. 무슨 일을 하든 삶을 불태웠다고 할 만큼 최선을 다하면 후회할 이유가 없다.

17주 차

시험이 점차 다가오고 있지만, 현재에만 집중하려 노력하고 있습니다. 이번 주는 공부에 미쳤다 싶은 순간들이 꽤 있었습니다. 온종일 공부 생각뿐이었고, 심지어 꿈에서도 공부를 계속했습니다. 꿈에서 문제 풀 방법을 찾아 기뻐하면서 잠을 깨곤 했습니다.

평소에는 몰입을 잘하다가도 시험이 다가오면 불안감과 걱정이 들어 몰입하지 못하는 학생이 많다. 그러나 이 학생은 시험 날짜가 다가와도 의도적인 몰입을 통해 흔들림 없이 몰입도를 잘 유지하고 있다. 꿈속에서 공부를 계속한 경험은 간화선의 몽중일여夢中一如에 해당한다.

18주차

길을 걸으면서도 밥을 먹으면서도 책을 항상 손에 쥐고 있습니다. 마치 책과 한 몸이 된 것처럼 책이 없으면 허전하고, 책을 보고 있지 않으면 무언가 어색합니다.

운동은 매일 40분씩(러닝 35분, 복근 운동 5분) 합니다. 시험이 다가올수록 운동 효과를 톡톡히 보고 있습니다. 운동으로 부정적인 감정을 해소한 덕분인지 스트레스가 전혀 없습니다. 운동은 수험생에게 정말 중요한 일과인 것 같습니다.

'진인사대천명'이라는 교수님 말씀, 잘 새기겠습니다. 완벽하진 않아도 마지막 1초까지 최선을 다하겠노라 매일 다짐하고 있습니다. 마음가짐이 이러니 시험이 다가올수록 오히려 행복감이 커집니다. 온종일 집중하다가 잠자리에 들면 '아, 정말 특별한 삶이다!' 하는 느낌이 듭니다. 그럴 땐 너무 행복해서 눈물이 납니다. 늘 꼭두각시처럼 살다가 처음으로 능동적이고 주체적으로 인생을 제대로 사는 것 같은 느낌입니다. 예전의 제가 불행한 건 아니었지만, 삶다운 삶을 산 적은 한 번도 없었다는 걸 알게 되었습니다.

이 학생이 깨달은 바대로 규칙적인 운동은 장기간 최선을 다해야 하는 상황에서 가장 중요한 실천 사항이다. 시험 날짜가 임박하거나 결과가 걱정될 때는 최선을 다하되 결과는 하늘의 명을 기다린다는 '진인사대천명'의 마음가짐이 필요하다. 이 학생 역시 이런 마음가짐으로 결과에 집착하지 않고 과정에 최선을 다할 수 있었다고 말하고 있다. 또 몰입을 장기간 체험하면서 전과 달리 삶다운 삶을 살고 있다는 행복감을 느낀다고도 언급하고 있다.

20주차

말로 표현할 수 없을 정도로 기쁩니다. 결과가 좋게 나오기도 했지만, 공부하는 과정에서 이미 모든 보상을 다 받은 것 같습니다. 어젯밤 잠자리에 눕자 지난 5개월간이 파노라마처럼 눈앞에 펼쳐졌습니다. 정말 치열하게 살았습니다. 할 수 있는 건 다 했다, 이보다 더할 순 없었겠다. 다행이다, 이런 생각이 들어 눈물이 났습니다. 행복했습니다.

제게는 시험 결과보다 이번 일주일을 보낸 방식이 더 인상 깊습니다. 인생 최고의 몰입을 경험했기 때문입니다. 일주일 동안 단 1초도 쉬지 않았습니다. 두려움에 지배당할 겨를도, 결과를 지레짐작할 여유도 없었습니다. 합격 여부를 떠나 오직 살아남아야 한다는 생존 본능으로 절실하게 공부했습니다. 지금까지와는 차원이 다른 몰입이었습니다.

이게 과연 사람이 느낄 수 있는 감정인가 싶을 정도로 짜릿한 행복함을 계속해서 느꼈습니다. 저의 목표는 오로지 마지막 1초까지 최선을 다하는 것이었고, 오늘 자연과학 시험이 끝났음을 알리는 종소리가 울릴 때까지 모든 에너지를 쏟아부었습니다. 제가 그럴 수 있었다는 사실이 너무나 자랑스럽고 뿌듯합니다.

몰입은 목적 달성을 위한 수단인 줄로만 알았는데, 이제 확실히 깨달았습니다. 몰입은 '지극히 평범한 나'를 '가장 특별한 나'로 살게 하는 힘이라는 것을요. 삶의 본질을 깨달으니 모든 순간이 행복으로 채워졌습니다. 그 충만감이 너무나 커서 앞으로도 이렇게 살길 염원하게 됩니다. 미숙하고 실수투성이인 나 자신이 좋습니다. 평생을 살아도 알지 못했을 나의 가치를 일깨워주셔서 정말 감사합니다.

행복하게 공부하고, 좋은 결과를 얻었다. 동시에 정신적인 성숙에도 이르렀다. 이 학생의 몰입 경험이 앞으로 펼쳐질 인생에 더 크고 중요한 역할을 하리라 기대한다.

"그냥 제가 제일 행복한 사람처럼 느껴집니다."

지금은 폐지되었지만, 사법시험은 국내에서 가장 경쟁이 치열한 시험이었다. 이처럼 극도로 치열한 경쟁에도 의도적인 몰입이 적용된다면 몰입을 응용할 범위가 크게 확장될 것이다. 2013년 성탄절에 한 사법시험 준비생이 매우 힘든 상황을 겪고 있다며 몰입을 도와달라고 메일을 보내왔다. 이 학생은 6년째 사법시험을 준비하고 있었는데, 그해 세 번째로 응시한 2차 시험에서 아깝게 떨어졌다고 했다.

나는 이 학생에게도 슬로싱킹 활용법과 장기 몰입을 위한 11개의 원칙을 실천하고, 그 결과를 일주일마다 메일로 보내주면 피드백을 주겠다고 했다. 다음은 이 학생이 보내온 메일 일부다.

몰입한 지 31일째입니다. 한 달을 정말 한시도 쉬지 않고 공부한 경험이 처음이라 기쁘기도 하면서 어색합니다. 휴식을 취하지 않으면 큰일 날 줄 알았는데, 그게 아니었습니다. 휴식 없이 계속 공부만 하는데도 지겹기는커녕 오히려 행복하다는 사실이 놀랍기만 합니다. 180일 계획에서 이제 1/6이 지났을 뿐인데. 언젠가 이 상태에서 벗어난다고 생각하면 벌써 두렵습니다.

몰입도를 올리거나 높은 몰입도를 유지하려면 생각하기를 쉬거나 멈춰서는 안 된다. 이 학생은 이렇게 잠시도 쉬지 않고 공부하는 데도 지겹기는커녕 오히려 행복하다고 말하고 있다. 이런 상태가 되려면 슬로싱킹과 선잠을 습관화하는 것이 무엇보다 중요하다.

전체적으로 몰입이 잘 되고 있습니다. 상념도 줄었고 컨디션도 좋으며 몰입도도 꾸준히 오르고 있습니다.

1. 교수님, 최근에 올림픽이 있었죠. 지난 올림픽 때는 고시생인데도 올림픽 경기를 밤늦은 시간까지 정말 열심히 챙겨 봤습니다. 특히 김연아 선수의 피겨 경기는 며칠 전부터 손꼽아 기다려 관람했습니다. 경기를 보고 나면 꼭 인터넷 기사를 찾아보고, 댓글까지 읽었고요. 마치 내가 국가대표 선수라도 된 듯 매 경기에 일희일비하며 어마어마한 시간과 에너지를 낭비했습니다.

근데 이번 올림픽은 개막하는 줄도 몰랐습니다. 아침 식사 중에 올림픽 경기를 중계하는 TV 소리를 듣고서야 올림픽 기간인 걸 알았습니다. 그런데 올림픽 경기가 한창인 걸 알고도 보고 싶다는 생각이 들지 않았습니다. '아, 지금이 올림픽 기간이구나!' 하다가 공부로 생각이 자연스럽게 넘어갔습니다.

다만, 국가대표로서 저런 큰 무대에 서고, 심지어 메달까지 따는 사람은 몇 년간 얼마나 몰입하며 살았을까, 대단하다, 이런 생각은 했던 것 같습니다. 어떤 분야에서든 자신을 끝까지 불태우는 저런 인생을 살면 얼마나 행복할까 하는 생각도 해봤고요.

2. 의도적으로 다이어트를 한 것도 아닌데 체중이 12킬로그램가량 줄었습니다.

제 내면의 긍정적인 에너지와 현재 몰두하고 있는 생각 때문에 더 먹고 싶다거나 특정 음식이 당긴다거나 운동이 괴롭다거나 하는 마음이 사라진 것 같습니다. 덕분에 음식을 적정량 섭취하고 꾸준히 운동하고 있습니다. 다이어트는 대개 괴롭다고들 하던데 저는 지금 이 상황을 참고 견디는 게 아니라 그냥 행복하게 즐기고 있습니다.

몰입 상태가 행복하니 자연히 이 상태를 깨뜨리지 않도록 행동을 조심하게 되고, 결과적으로 뜻하지 않은 부분에까지 좋은 영향이 미치고 있습니다. 이런 상황이 흥미롭습니다.

3. 몰입을 시작하면서 주변에 알리지 않은 채 전화번호를 바꿨습니다. 몇몇 가까운 지인에게는 작년 12월 말에 미리 이야기를 해두었습니다. 몰입을 시도할 예정이라 시험이 끝나는 6월 말까지는 만나거나 연락하기 어려울 거라고요. 근데 지인 한 명에게서 거의 두 달 만에, 그것도 새벽 4시에 문자가 왔더라고요. 아침에 문자를 확인하니 별 내용은 아니었습니다. 어제 직장 선배가 아주 괜찮은 조건으로 외국계 기업으로 이직했는데, 너무 부럽기도 하고, 나는 뭐 하며 살았나 하는 후회가 들었다고요. 그러면서 취업 이후 몇 년간 정체된 자신을 반성하고, 앞으로

어떤 커리어 패스를 만들지 고민하면서 밤새 잠을 못 이루었다고 하더군요. 저도 예전에는 선배와 친구들을 부러워했던 것 같습니다. 저는 도서관에서 고시 공부를 하는데, 직장 다니면서 월급 받는 이야기만 들어도 부러웠습니다. 다른 사람들은 조금이나마 앞으로 나아가는데 저만 같은 자리에 정체된 기분이 들어 힘들었습니다.

근데 신기하게도 몰입 이후로는 그런 생각이 들지 않습니다. 그냥 제가 가장 행복한 사람같이 느껴집니다.

올림픽 개막 사실도 모를 정도로 공부에 몰입하고 있다. 또 몰입이 주는 긍정적 감정과 규칙적인 운동 덕택에 체중을 12킬로그램이나 감량했다. 몰입이 다이어트에도 효과가 있는 줄은 나도 몰랐다. 몰입 상태에서는 자신이 가장 행복한 사람같이 느껴진다고 했는데, 이렇게 오랜 기간 행복을 경험하면 행복에 대한 가치관이 달라진다. 다음 소개하는 10주 차 메일에 이러한 가치관의 변화가 잘 나타나 있다.

10주 차

1. 몰입도가 약간씩 더 올라가는 것 같습니다. 처음 몰입을 경험했을 때는 모든 것이 신기하고 특별했습니다. 근데 요즘은 제가 줄곧 해오던 일처럼 느껴집니다. 분명 예전과는 많은 것이 달라졌는데도요.

예를 들면 예전에는 버스를 기다릴 때는 물론이고 이동할 때도 인터넷 기사를 찾아보곤 했습니다. 요즘에는 대중교통을 이용할 때마다 사례를 풀거나 책에서 읽은 내용을 머릿속으로 떠올립니다. 몰입을 시작한 지 고작 73일째인데, 엄청난 변화입니다. 마치 10년째 이렇게 살아온 것만 같아서 불과 두세 달 전의 제 모습이 까마득하기만 합니다. 좋은 현상이겠지요.

2. 공부하면서 항상 '하고 싶은 일'들이 많았습니다. 가고 싶은 곳도 많고, 먹고 싶은 것도 많고, 보고 싶은 것도 많고. 그런데 저는 공부하느라 그런 것들을 제대로 하지 못하니 뭔가 억울하고, 하고 싶은 마음이 더욱 간절해졌습니다. TV 프로그램을 보고 싶다는 간단한 욕구부터 어딘가로 여행을 가고 싶다든가 하는 생각들까지 말입니다. 게다가 사실 저는 그렇게 잘 참는 편도 아니어서 죄의식을 느끼면서 온갖 '하고 싶은 일'들을 해봤다가 나중에 후회하고 불행해지는 상황이 반복되었습니다. 그렇게 막상 해보면 별로 즐겁거나 행복하지도 않은데, 그냥 죄의식과 후회만 쌓여가는 인생이었습니다.

그래도 '큰 틀'에서는 참고 산다는 생각 때문에, 시험이 끝나면 가장 먼저 한 일이 그동안 못 봤던 친구들 만나 술 마시기, 놓쳤던 TV 프로그램 다운받아 보기, 며칠간 못 본(과거에는 정말 인터넷도 시험 앞두고 일주일에서 열흘 정도만 끊을 수 있었습니다) 인터넷 사이트 돌아다니기 등이었습니다.

순간적인 자극은 얻을지 몰라도 지속적인 '행복감'을 얻지는 못한다는 것을 알면서도, 잠시의 즐거움이 끝나면 더욱 큰 허무함이 밀려오는 것을 알면서도 그런 행동을 그만두지 못했습니다. 그 짧은 즐거움이나마 계속 이어가면 행복을 찾을 수 있지 않을까, 하는 막연한 생각이 있었는지도 모르죠.

하지만 시험이 끝나면 새로운 몰입 대상을 찾으려 합니다. 교수님이 말씀하시던 인생관의 변화가 무엇인지 조금은 알 것 같습니다.

앞서 소개한 변리사 시험 준비생의 사례처럼 가치관이 변화하는 모습이 잘 드러나 있다. 개인에 따라 기술하는 방식은 다르지만, 변화의 양상은 비슷한 것으로 보인다.

21주차

1. 녹음은 잘 활용하고 있습니다. 하나를 단 몇 분이라도 반복해 듣다 보면, 수십 회 반복한 효과가 생겨서 생소하고 어려운 내용도 금세 이해가 됩니다. 모르는 내용 위주로 녹음하니 더 효율적인 것 같습니다.

2. 이제 정말 딱 한 달 남았는데, 마음이 마냥 평온합니다. 이 상태를 어떻게 설명해야 할지 모르겠지만, 시험 생각이 머리를 지배해 생기는 결과에 대한 불안감은 거의 없고, 지금까지 해온 것처럼 오늘 할 공부에 관한 생각으로 머리를 꽉 채워서 그런 것 같습니다.

3. 작년 6월에도 시험장에 들어갔는데, 그때와 인적사항은 동일하지만, 올해는 실질적으로 다른 사람이 들어가는 것과 다름없다는 생각이 들 때가 있습니다. 그럴 때는 시험뿐만이 아니라 앞으로의 인생에도 자신감이 생깁니다. 지금까지와는 많이 다르게 살아갈 수 있을 것 같습니다.

가끔 친구들은 학창시절을 의욕에 넘치고 건강했던 '좋은 시절'로 회상하면서 요즘은 예전 같지 않다고 하는데, 저는 반대입니다. 오히려 지금이 제 인생에서 신체적으로나 정신적으로 가장 건강한 것 같습니다.

암기해야 할 내용을 녹음한 다음 무한 반복해서 듣는 것이 얼마나 효과적인지 언급하고 있다. 시험이 다가와도 흔들리지 않고 평온하게 대처하고 있다. 지금이 인생에서 정신적으로나 신체적으로 가장 건강하다는 말에 크게 공감이 간다. 내가 몰입할 때도 그런 느낌을 강하게 받았기 때문이다. 아마도 하루하루를 최상의 상태로 보냈기 때문이리라.

결과 발표 후

사법시험 2차 합격자 발표가 있었는데, 합격했습니다.

작년 12월 26일부터 180일간 몰입하고 4일간 시험을 치르고 나니 합격 여부를 떠나 목표 하나를 이루었다는 뿌듯함과 홀가분함을 느낍니다. 시험장에서 답안지만 적고 나왔을 뿐인데 마치 작품 하나를 완성한 것 같았습니다. 이번 시험에서 떨어지더라도 계속 몰입하다 보면 다른 분야에서 제 능력을 최대한 발휘할 수 있으리라는 자신감이 생기기도 했습니다. 지난 3개월간 홀가분한 마음으로 공부할 수 있었던 것도 몰입을 통해 자신감이 상승한 덕분인 것 같습니다.

합격하고 보니 좋다기보다 다행이라는 생각이 듭니다. 이제 다른 영역에서 더 깊은 몰입을 경험해보고 싶다는 새로운 목표가 생겼습니다.

이들의 이야기는 의도적인 몰입이 얼마나 효과적인지를 여실히 보여준다. 또 행복한 최선과 지속적인 최선이 가능하다는 사실도 알게 한다. 이 학생은 현재 서울 소재 모 정부출연연구소의 사내 변호사로 일하고 있다.

몇 년 전 tvN의 〈어쩌다 어른〉이라는 프로그램에 출연해 몰입과 관련한 강연을 한 적이 있다. 그런데 녹화 하루 전날 담당 작가에게서 연락이 왔다. 내게 몰입 코칭을 받아 고시에 합격한 사람이 프로그램에 함께 출연해주었으면 좋겠다는 것이었다. 하필 녹화일이 토요일이라 출연이 어려울 수도 있겠다고 생각하면서 그들에게 연락을 해보았다. 그랬더니 고맙게도 다들 선약을 미루고 녹화장에 와주겠다고 했다. 이들의 사례는 〈어쩌다 어른〉 98회 '천재성을 깨워줄 몰입의 힘' 편에서 확인할 수 있다.

이 사법고시 준비생도 당시 출연자 중 한 명이었는데, 마지막 인터뷰에서 매우 인상적인 이야기를 들려주었다. 직장을 선택하는 데 몰입이 큰 영향을 미쳤다는 것이다. 오랜 몰입 경험으로 가치관이 변화해 직장을 선택하는 기준이 달라졌기 때문이다. 자신이 사법고시를 6년간이나 준비한 것은 남들처럼 잘 먹고 잘살기 위해서였지만, 몰입을 경험하고 나서는 국가 발전에 조금이나마 이바지하고자 정부출연연구소의 사내 변호사로 일하고 있다고 했다. 슬로싱킹과 몰입은 한 사람의 인생에 이렇게나 큰 영향을 줄 수 있었던 것이다.

CHAPTER 10

짧은 기간에 최상의 성과를 끌어내는
슬로싱킹 활용법

SLOW
THINKING

슬로싱킹을 바탕으로 한 몰입 방식은

다양한 상황에 적절하게 적용할 수 있다.

중요한 순간에 무리하지 않고도

최선을 다하는 요령을 터득한다면,

장기간이든 단기간이든

원하는 결과를 이끌어낼 수 있을 것이다.

곧 시험을 앞두고 있다면
의도적인 몰입을 활용하라

앞에서 소개한 것과 같이 하나의 목표를 향하여 장기적으로 몰입하는 경우도 있지만, 단기적으로 최선의 노력을 해야 하는 경우가 종종 있다. 대표적으로 학생들에게는 중간고사나 기말고사를 준비할 때일 테고, 직장인들에게는 시험을 보거나 프레젠테이션을 준비하는 등 단기 과제가 생길 때를 들 수 있을 것이다. 바로 이럴 때 슬로싱킹을 응용한 단기 몰입이 필요하다.

시험을 앞둔 학생 대부분은 극심한 스트레스를 받으면서도 좀체 만족스러운 결과를 얻진 못한다. 이는 공부에 필요한 만큼 몰입도를 올리지 못하거나 시험이 임박했다는 위기감에 수동적인 몰입을 하기 때문이다.

수동적인 몰입은 고통스럽다. 상황에 쫓겨 억지로 유도된 몰입이라 다시는 되풀이하고 싶지 않은, 지긋지긋한 경험으로 남는다. 이러한 수동적인 몰입을 반복하면 공부에 대한 부정적인 기억이 저장되어 공부가 더욱 싫어지고, 점점 도전을 피하게 된다.

반면 슬로싱킹을 바탕으로 한 몰입의 원리에 입각해 의도적인 몰입을 활용하면 짧은 기간 내에도 여유롭고 즐겁게 공부할 수 있고 만족스러운 결과도 얻을 수 있다. 그래서 괴로운 최선이 아닌 행복한 최선, '혼신을 다할 수 있어 좋았다'는 느낌을 경험하게 된다. 이는 교육적으로 대단히 바람직한 경험이다. 이런 경험을 반복하면 어떤 도전에도 적극적이고 능동적으로 임하고, 이를 성장의 기회로 삼을 수 있다.

시험이 다가오면 점수를 잘 받아야 한다는 절실함이 생겨 의도적인 몰입의 효과가 평소보다 더 잘 나타난다. 따라서 시험 기간을 의도적인 몰입을 경험할 절호의 기회로 삼으면 좋다. 평소에는 지옥 같던 시험 기간이 자신을 한층 성장시킬 기회가 되는 것이다. 중요한 순간에 무리하지 않고 최선을 다하는 능력을 키워두면 학생 때는 물론이고 졸업 후 사회에 진출해서도 크게 도움이 될 것이다.

중간고사와 기말고사에 의도적인 몰입을 적용하려면 앞서 소개한 11개의 원칙에서 몇 가지만 수정하면 된다. 가령 시험 기간에 공부할 시간이 부족하면 네 번째 실천 원칙인 꾸준히 운동하기를 생략할 수 있다. 한 과목을 일주일 이상 집중해 공부하라는 다섯 번째 실천 원칙 역시 공부 진행 상황에 맞춰 융통성 있게 하루 또는 적정한 시간으로 바꾼다. 미지의 문제를 스스로 풀라는 일곱 번째 실천 원칙도 시험 준비 기간이 얼마나 남았느냐에 따라 생각하는 시간을 적절히 조절할 수 있다.

한편 그대로 따르거나 한층 강화해도 좋을 실천 원칙도 있다. 1초도 멈추지 않고 자투리 시간에도 공부에 관한 생각을 이어가도록 신경 쓴다는 세 번째 실천 원칙, 결과보다 과정에 집중하라는 여덟 번째 실천 원칙, 반드시 공부해야 할 내용을 빨간 박스로 표시함으로써 선택과 집중으로 목표를 명확하게 설정하고 몰입도를 올리는 아홉 번째 실천 원칙 등이 그것이다. 하고자 하는 일에 절실함이 더해지면 몰입도를 더 빠르게 올릴 수 있는데, '이번 시험에 내 인생이 걸렸다' 같은 생각으로 절실한 감정을 불러일으키면 효과가 좋다.

다음은 한 대학생이 기말고사에 의도적인 몰입을 적용하고 그 결과를 보고한 메일이다. 단기간에도 의도적인 몰입으로 행복한 최선에 이를 수 있음이 잘 드러나 있다.

교수님께서 시험 결과를 걱정하면 몰입이 잘 안된다고 하셨지요. 제가 지난주에 이를 절감해서 마음을 최대한 편하게 먹기로 했습니다. 이번 시험은 성적을 올리기보다 몰입을 경험하는 데 의의를 두자는 생각으로 공부하고 있습니다. 이렇게 마음을 고쳐먹으니까 확실히 불안감도 줄고 조급하지도 않습니다.

그 결과, 공부를 더 꼼꼼하게 하게 되고, 제게 맞는 페이스도 찾을 수 있었습니다. 진도는 더디지만, 오히려 공부량은 늘고 이해한 부분도 더 많아졌습니다.

이번 주 저의 목표는 한번 올라간 몰입도를 떨어뜨리지 않고 유지하는 것이었습니다. 그러기 위해 학교에서도 철저히 개인적인 생활을 했고, 집에서도 되도록 대화를 삼갔습니다.

지난주 일요일은 시간 가는 줄 모르고 공부했습니다. 그리고 월요일에는 공부가 재미있음을 경험했습니다. 그날은 공부가 잘 안되거나 조금이라도 피곤하면 선잠을 잤습니다. 선잠을 두세 번 자고 일어나니 몰입도가 갑자기 올라갔습니다. 이때부터 전에는 한 번도 경험하지 못한 공부하는 재미가 느껴지기 시작했습니다.

이 몰입도와 재미를 시험이 끝나는 다음 주 목요일까지 유지하기 위해 사람들 만나는 시간을 최소화하려고 철저히 노력했습니다. 사실 별다른 노력을 기울이지 않아도 몰입도가 올라간 날부터는 사람을 만나거나 게임을 하거나 TV를 보는 일에 흥미가 떨어졌습니다. 공부하고 새로운 내용을 익히는 것이 훨씬 더 즐거웠기 때문입니다.

이 몰입도를 지금까지 꾸준히 유지하고 있습니다. 예전에는 시험 끝나는 날짜만을 헤아리고 기다렸는데, 지금은 그냥 공부 생각에 푹 빠져 마냥 즐겁습니다. 공부한 내용이 머릿속에 또렷하게 남아 길거리를 걸으면서도 쉽게 떠올릴 수 있을 정도입니다. 걸으면서 친구에게 공부 내용을 설명한다고 가정하고 복습했더니 너무나 기분이 좋고 행복했습니다.

이제 결과와 관계없이 어떤 성적을 받더라도 후회하지 않을 자신이 있습니다. 예전에는 성적을 잘 받으려고 공부했고, 성적만 잘 받을 수 있다면 무엇이든 했는데, 지금은 아닙니다. 이번 시험에서 비록 성적이 안 나온다 해도 다음에 몰입 시기만 조금 앞당기면 어떤 시험이든 정복할 수 있을 거란 자신감이 듭니다.

이번 학기의 가장 큰 목표가 몰입을 경험해 언제든 내가 원하는 생각을 내 머릿속에 집어넣는 방법을 배우는 것이었는데, 이를 이루고 학기를 마무리하게 되어 너무나 기쁩니다.

중요한 발표일수록
원고를 외우지 말 것

단기간 몰입 방법은 시험 외에도 국내외 학회 발표나 학위 심사 발표, 면접 준비, 프로젝트 발표 등에도 유용하게 쓰인다.

한번은 지도 학생 하나가 국제 학회에서 영어로 발표를 하게 되었다. 원래 발표 신청을 한 박사과정 학생이 갑자기 병이 나는 바람에 이 학생의 실험을 돕던 석사과정 학생이 대신 발표해야 하는 상황이 된 것이다. 이 석사과정 학생은 국제 학회는커녕 국내 학회에서조차 발표한 경험이 없었다. 국제 학회에서, 게다가 영어로 발표해야 한다는 사실에 학생은 크게 당황했다.

이렇게 다급한 상황에 몰입을 어떻게 활용할 수 있을까. 영어 발표를 앞둔 학생 대부분은 우선 영어로 원고를 작성한 다음 그것을 완벽하게 외우려 한다. 그러나 우리말이든 영어든 원고를 달달 외워 발표하는 방식은 피해야 한다. 영어에 자신이 없다면 우선 영어로 원고를 작성하되, 이를 몇 번 소리 내어 읽어본 후에는 원고를 보지 않고 발표하는 연습을 한다. 원고를 달달 외우는 방식은 생각을 유도하지 않기 때문에 발표 내용이 개선될 여지가 없다. 원고에 의존하지 않아야 발표 연습을 거듭하는 동안 구성이나 순서의 변화, 슬라이드의 삽입 및 삭제, 내용 보완 등에 관한 크고 작은 아이디어가 계속 떠올라 발표 내용이 더 좋아진다.

몰입 효과를 극대화하려면 발표하기 최소 3~4일 전부터는 1초도 멈추지 않고 집중적으로 연습한다는 마음으로 임해야 한다. 특히 발표 전날과 당일에는 이동 시간, 대기 시간 등 모든 순간에 몰입해야 한다. 그래야 발표하는 순간까지 몰입도가 유지되어 긴장하지 않고 기량을 발휘할 수 있다. 단, 발표 연습을 할 때 매번 소리를 내면 목에 무리가 갈 수도 있으니 입술만 움직이거나 마음속으로 연습하는 것이 좋다.

이런 방법으로 학회 발표를 무사히 마친 학생이 그 소감을 내게 메일로 보내왔다. 몰입 초반, 중반, 후반에 생기는 변화와 단기간 노력을 통해 얻은 성공 경험이 잘 드러나 있어 소개한다.

시작하기 전

중고교 교과 과정과 수능을 거치면서 영어 읽기와 듣기에 어느 정도 숙달은 됐지만, 영어로 학술 발표를 하는 것은 부담스러웠던 것이 사실입니다. 부단한 연습밖에는 답이 없다는 교수님 조언에 많은 생각을 했고, 학회장에서 유창하게 발표를 끝내겠다는 결심을 하게 됐습니다.

초반

당연하게도 처음 연습할 때는 많이 더듬거렸습니다. 발표 내용을 올바로 전달하기도 어려웠고, 그저 말이 끊기지 않기만을 바라며 어설프고 어색한 표현을 이어가기에 급급했습니다. 매우 중요한 내용을 빼먹었는데도 표현이 유창하질 않으니 발표 시간을 훌쩍 넘기기 일쑤였습니다. 발표가 나아지긴커녕 연습할 때마다 내용이 달라졌고, 발표를 마치고 나면 제가 내용을 빠짐없이 잘 전달했는지조차 기억나질 않았습니다.

중반

조금씩 변화가 생긴 건 영어 표현이 어느 정도 입에 붙은 후였습니다. 자주 사용하는 특정 표현들이 습관처럼 입에서 튀어나와 더 안정적으로 발표할 수 있었습니다. 이 단계가 연습 과정에서 가장 중요하고 즐겁지 않았나 합니다. 말하려는 내용이 영작 단계를 거치지 않고 머리에서 입으로 곧바로 나오는 느낌이었습니다. 머릿속에서 작문할 필요가 없으니 표현이 부드러워지고 발표 내용에도 더 잘 집중할 수 있었습니다.

후반

신기하게도 이 단계 이후로 발표를 잘하고 싶다는 욕심이 더 커졌습니다. 표현에 자신이 붙으니 대본을 암기할 필요도 없고, 까먹으면 어쩌나 하는 불안감이 사라지니 내용 전달과 제스처에 더 신경 쓸 수 있게 되었습니다. 유명인사의 프레젠테이션을 유튜브에서 찾아보며 내게 적용할 방법을 궁리해보기도 했습니다.

발표 당일

많은 연습을 통해 자신감을 얻은 덕분에 학회 발표를 잘 마쳤습니다. 발표 후 질의응답을 할 때 영어 프리 토킹이 조금 버거웠다는 점이 아쉬움으로 남지만, 연습과 경험을 쌓아가면 해결할 수 있다고 생각합니다. 이번 준비를 통해 영어 발표 울렁증을 없앴으니 앞으로 영어 원어민들과 끊임없이 교류해 영어를 자유로이 구사할 수 있게 되길 기대합니다.

CHAPTER 11

오래 집중하기 힘든 직장인의
자투리 슬로싱킹

SLOW
THINKING

다양한 업무와 바쁜 일정 때문에

한 가지 생각을 계속 이어가는 것이 어려울 수도 있다.

하지만 깊은 몰입만 효과가 있는 것은 아니다.

슬로싱킹 원칙을 활용한 가벼운 몰입도

역량을 키우고 문제를 해결하는 데 큰 효력을 발휘한다.

직장인의 슬로싱킹을 위한
팁 12

직장인은 일의 특성에 따라 장기 몰입과 단기 몰입 모두를 활용할 수 있다. 중요한 프로젝트를 장기간에 걸쳐 추진해야 하는 경우라면 슬로싱킹 장기 몰입의 원칙 11개 중 다음 여덟 가지를 상황에 맞게 적용하여 실천하면 도움이 된다.

1. 잠을 충분히 자고, 필요하면 선잠도 잔다.

2. 생각에 집중하되 몸과 마음은 이완된 상태를 유지하며 슬로싱킹한다.

3. 깨어 있는 동안 1초도 멈추지 않고 프로젝트를 생각한다.

4. 하루 30분씩 규칙적으로 운동한다.

5. 여러 프로젝트를 동시에 추진해야 할 때라도 가능하면 한 프로젝트에만 일정 기간 집중한다.

8. 결과보다 과정에 집중해야 불안감이 통제된다.

9. 선택과 집중이 중요하다.

11. 업무 구동력, 즉 이 일을 해야 할 이유나 의미를 찾는다.

만일 승진 및 자격증 시험을 준비하거나 짧은 프로젝트를 수행할 때처럼 단기간에 몰입해야 할 상황이 생겼다면 네 번째 규칙적으로 운동하기를 생략해도 좋다. 직장인은 시간이나 재원의 부족으로 프로젝트를 성공시키기 힘든 경우에 처하기도 하는데, 이럴 때는 여덟 번째의 결과보다 과정에 집중하기를 실천하면 도움이 된다.

직장인이 업무에 슬로싱킹을 적용할 때 도움이 될 만한 팁 몇 가지를 소개한다.

1. 평소 생각할 문제를 많이 찾아놓는다

처음 시작할 때는 어떤 문제로 슬로싱킹해야 할지 감이 잘 안 올 것이다. 우선 생각할 대상부터 찾아야 한다. 평소 생각할 필요나 가치가 있는 문제를 찾아 메모하는 습관을 들이면 좋다. 무언가에 집중해 문제를 해결한다는 것은 생각을 과녁에 겨누는 것에 비유할 수 있다. 그런 의미로 나는 생각할 문제를 '포커싱 포인트focusing point'라고 부른다. 평소 생각할 문제를 많이 찾아놓으면 목표가 명확해지고 뇌의 자동 목표 지향 메커니즘이 효율적으로 작동하므로 몰입하기 한결 쉬워진다. 휴가나 주말처럼 방해받지 않고 연속해 생각할 시간이 나면 평소 메모한 여러 '포커싱 포인트' 중에 가장 시급하고 중요한 것을 골라 몰입한다.

2. 행동하기 전에 먼저 생각하라

생각보다 행위가 앞서면 수동적으로 끌려다니게 되지만, 행위보다 생각이 앞서면 능동적으로 주도할 수 있다. 따라서 행위를 하기 전에 반드시 생각부터 해야 한다. 어떤 업무든 사전에 충분히 생각하면 몰입 장벽도 낮아진다.

3. 문제 해결에 필요한 관련 자료를 습득한다

어떤 문제에 몰입하다 보면 그와 관련해 내가 아는 것이 거의 없다는 사실을 깨닫게 되기도 한다. 구체적으로 어떤 정보와 지식이 필요할지 결정하는 일도 문제를 해결하는 한 과정이다. 필요한 정보가 무엇인지 잘 메모해두었다가 시간이 날 때 관련 자료를 찾아 습득한다.

4. 어떤 형태로든 혼자 생각할 시간을 확보한다

혼자 차분하게 생각할 시간이 있어야 한다. 앉아서 차분하게 생각해도 좋고, 걸으면서 생각해도 좋다. 트레드밀 위를 천천히 걸으며 생각하는 방법도 추천한다.

5. 포스트잇을 활용하면 잡념을 막을 수 있다

내가 무언가에 대해 슬로싱킹하고 있다는 사실 자체를 잊고 자꾸

딴생각에 빠져들 때는 포스트잇에 문제의 핵심 단어를 적어 눈에 띄는 여기저기에 붙여둔다.

6. 선잠을 적극 활용한다

문제에 대해 생각하다가 졸리면 앉은 채로 10~20분가량 선잠을 잔다. 선잠을 자고 나면 몰입도가 불연속적으로 올라가고 종일 업무를 해도 지치지 않는다. 실제로 구글, 나이키, 피자헛 등 많은 기업에서 근무 중 낮잠을 허용하고 있다. 우리나라 기업에서도 선잠을 허용하면 업무 효율뿐 아니라 직무 및 직장 만족도를 획기적으로 높일 수 있을 것이다.

7. 연속해 슬로싱킹할 시간을 만든다

평소에는 자투리 시간에 슬로싱킹을 하다가, 주말 중 하루 혹은 공휴일에 하루 종일 연속해서 슬로싱킹을 하는 몰입의 날think day을 보내보자. 이를 몇 번 시도하면 그 위력을 실감하게 된다. 그런 다음에는 가끔씩 금요일 저녁부터 일요일 저녁까지 연속해 슬로싱킹하는 몰입 주말think weekend, 연휴 기간을 활용한 몰입 주간think week을 가지면 좋다.

8. 처음에는 쉬운 문제에 도전하라

몰입을 시작할 때는 되도록 접근하기 쉽고 피드백이 빠른 문제를 선택해야 몰입도가 빠르게 올라간다. 일단 몰입도가 올라가면 이후로는 이를 유지하거나 다시 올리기가 쉬워진다.

9. 규칙적으로 운동한다

스트레스가 높고 컨디션이 나쁠수록 몰입 장벽이 높아지는데, 이때 규칙적인 운동을 하면 몰입 장벽을 낮추는 데 도움이 된다. 특히 몇 주 혹은 몇 달에 걸쳐 장기간 몰입할 때는 규칙적인 운동이 꼭 필요하다.

10. 문제를 생각할 때는 주로 '왜?'와 '어떻게?'를 활용한다

문제와 관련해 이해되지 않는 부분에 '왜?'라는 의문을 제기해보자. 그에 대한 답을 찾다 보면 결국 '어떻게?'에 대한 답을 더 쉽게 구할 수 있다.

11. 절실함이 클수록 몰입하기 쉽다

우리의 뇌는 큰 감정적 자극을 중요시한다. 절실한 감정은 뇌에게 큰 자극을 줄 수 있는 손쉬운 방법으로, 짧은 시간에 몰입도를 올리는 데 효과적이다. 주어진 업무나 프로젝트에 절실함을 느끼도록 '여기 내 인생이 걸렸어', '목숨을 걸어보겠다' 같은 생각을 떠올리면 더 빨리 몰입이 되는 효과가 있다. 단 이 방법을 쓸 때 이것 하나는 기억해두자. 절실한 감정을 느껴보라는 것이지 스트레스를 받으라는 것이 아니다.

12. 수첩을 활용해 작업기억 용량을 늘린다

슬로싱킹으로 아이디어를 얻었다면 그것을 기록해두고 머릿속을 비우자. 그래야 다음 아이디어가 떠오른다. 자잘한 약속이나 일정 등은 굳이 기억하려 하지 말고 수첩이나 일정 관리 어플을 활용하자. 이렇게 머릿속을 비워두면 필요한 순간에 작업기억을 십분 활용할 수 있다.

자투리 시간을 활용해
알뜰하게 몰입하기

몰입은 그 정도에 따라 약한 몰입과 강한 몰입으로 나눌 수 있다. 학교나 직장을 다니면서 오랜 기간 1초도 멈추지 않고 생각을 이어가는 강한 몰입을 실천하기란 불가능에 가깝다. 특히 직장인의 경우에는 빠른 속도로 몰입도를 올려 업무를 처리하고, 또 다른 업무로 전환해야 하므로 현실적으로는 약한 몰입이 적당하다.

약한 몰입이라도 반복 경험하면 일에 애착과 자부심을 느끼게 되고, 그러다 보면 자기 분야에서 달인이 될 수 있다. 의식을 통제하여 한 가지 문제에만 집중함으로써 창의적인 아이디어를 얻고, 능동적으로 업무를 수행하며, 문제에 쫓기지 않고 오히려 문제를 쫓는 경험을 할 수 있다. 또 의식 통제 능력과 문제 해결 능력도 향상시킬 수 있다.

약한 몰입을 위해서는 자투리 시간을 적극적으로 활용하면 좋다. 밥 먹고 화장실 가고 출퇴근하는 시간, 점심 식사 마치고 쉬는 시간, 업무 도중의 티타임, 출근 준비하거나 퇴근 후 샤워하는 시간 등이 모두 자투리 시간에 속한다. 무심코 흘려보내기 쉽지만, 합해보면 꽤 긴 시간이다. 특히 잠들기 직전은 슬로싱킹에 가장 적당한 시간이다. 고민되거나 해결할 문제에 대해 슬로싱킹을 하다 잠이 들면 아침에 창의적인 아이디어가 떠오를 가능성이 크다.

직장인에게 자투리 시간 활용을 권하는 것은 시간 부족 때문만은 아니다. 슬로싱킹을 위해 시간을 따로 내면 그만큼 좋은 결과물을 얻어야 한다는 부담감이 생기기 쉽다. 그러나 '어차피 버리는 시간'인 자투리 시간을 활용하면 이런 부담감과 압박감 없이 편안한 마음으로 슬로싱킹을 할 수 있다. 자투리 시간 활용을 권하는 또 다른 이유는 이때 몰입도를 올리려는 노력을 해야 실제 그 업무에 임할 때 쉽게 몰입이 되기 때문이다.

한 기업체의 과장이 업무에 몰입을 적용하고 싶다며 도움을 요청한 적이 있다. 직장인이 도움을 청하는 경우는 매우 드물어서 반가운 마음으로 응했다. 먼저 자투리 시간이 날 때마다 슬로싱킹으로 업무 개선점이나 아이디어를 생각해보라고 권했다. 또 앞서 소개한, 직장인의 슬로싱킹을 위한 팁 12개를 소개하고 실천해보기를 제안했다.

평소 명상을 하는 사람이라 슬로싱킹의 개념은 쉽게 이해했지만, 실제로 몰입하기는 쉽지 않다고 호소했다. 회사에서는 끊임없이 울려대는 전화와 타 부서의 협조 요청 등 잡다한 업무를 처리해야 하고, 귀가해서는 가사를 하느라 정신을 집중하기가 어렵다고 했다.

그러나 그도 점차 나름대로 방법을 찾아 슬로싱킹 몰입을 실천하기 시작했다. 회사에 가면 오전에 30분에서 1시간가량 노트를 펼쳐둔 채 몇 가지 화두에 집중하려 노력했다고 한다. 일주일에 2~3일 정도씩 아이디어를 마인드맵 형태로 기록하면서 생각하니 하루 이틀 후에도 노트를 펼쳐보면 생각을 쉽게 이어갈 수 있었다. 다음은 그가 업무에 슬로싱킹을 적용한 뒤 보내온 메일 내용의 일부다.

회사 업무에 관한 아이디어를 다듬어 실제 업무에 시행해봤습니다. 그 결과, 행사 참가자들의 만족도가 매우 높았고요. 부서장님께서도 칭찬하시면서 올해 우리 부서의 성공 사례로 발표하겠다고 하셨습니다. 정말 뿌듯했어요.

교육마다 참석자도 많고 호응도 좋아 올해 사업을 잘 마무리할 수 있었습니다. 시행 사업의 결과가 좋았다는 점도 뿌듯하지만, 사업 성공 여부를 떠나 업무에 대해 고민하고 공부하고 새로운 사업을 구상하려 시도한 자체가 너무 즐겁고 행복했습니다.

이런 경험을 하지 못했다면 늘 하던 대로 생각 없이 기계적으로 일하면서 업무가 힘들고 지루하다고 불평이나 늘어놓았을 것입니다. 이젠 무슨 일이든 재미있게 생각하고 효율적으로 수행할 자신감이 생겼습니다. 내년에는 또 어떤 일을 해볼까 기대가 됩니다.

이처럼 단기적으로 최선을 다해야 하는 업무가 생기면 앞에서 언급한 대로 이 기회에 몰입과 행복한 최선을 경험하고, 나를 발전시킬 기회로 활용하자는 마음가짐으로 접근하면 좋다. 피할 수 없는 도전이라면 슬로싱킹을 이용해 즐기면 되는 것이다.

업무 환경이 산만할 때 도움이 되는 포스트잇과 무한 반복

직장인은 수시로 처리할 잡무와 회의 등으로 슬로싱킹을 지속하기 어렵다. 몰입하기 어렵거나 자꾸만 잡념이 들 때 활용하면 좋은 것이 바로 포스트잇과 무한 반복이다. 다음에 소개할 창업 준비생의 사례를 보면 포스트잇과 무한 반복이 몰입도 유지에 얼마나 큰 도움이 되는지 실감할 것이다.

작년부터 큰 용기를 내 창업을 준비하기 시작했습니다. 그런데 어느 순간 열정과 재미가 사라지고 스트레스와 부담감만 느껴져서 몇 개월 동안 절박하게 돌파구를 찾고 있었습니다.

그러던 중에 교수님 책을 다시 보고 몇 주간 실천하면서 제 일에서 완전히 새로운 경험을 하게 되었습니다. 뭐든지 잘 안되고 힘들 것만 같았는데, 지금은 뭐라도 할 수 있을 것만 같고, 내 일에 자부심이 생겼습니다. 내게 이 일이 있다는 사실에 한없이 감사하고, 이 일을 통해 세상에 이바지하고 힘을 보태고 싶다는 생각이 듭니다.

하지만 여전히 몰입의 아주 낮은 단계에 있는 듯합니다. 또 많고 많은 문제에서 하나에만 집중해야 할지 동시에 여러 개에 집중해도 될지 등등 궁금한 사항도 많이 생기더라고요. 이런 문제로 교수님께 상담을 받고 싶습니다.

나는 수면을 충분히 취할 것, 깨어 있는 시간은 되도록 슬로싱킹 방식으로 쉬는 듯 생각하되 졸리면 선잠을 잘 것, 규칙적으로 운동할 것 등 몰입의 기본적인 실천 사항을 당부했다. 그리고 처리할 일이 많더라도 한 번에 한 가지에만 집중해 몰입하라고 권했다.

수시로 잡념이 끼어들면 이를 재빨리 알아채고 생각으로 되돌아가기 위해 눈에 띄는 곳마다 포스트잇을 붙여두라는 것, 결과에 집착하지 말고 과정을 충실히 하는 데 의미를 둘 것을 강조했다.

고도의 몰입 상태에 있거나 오랜 시간 몰입하진 못했지만, 계속 몰입하려 노력했습니다. 그 결과 정말 행복한 한 주를 보냈고, 업무 성과도 완전히 달라졌습니다. 불가능하거나 어렵게 느껴졌던 일들에 자신감이 붙어서 무엇이든 할 수 있을 것만 같습니다. 무엇보다 사라졌던 열정이 되살아나서 제 사업을 세상을 바꿀 예술 작품으로 만들겠다는 사명감과 신념이 생겼다는 점이 신기합니다.

특히 효과적이었던 것은 자꾸 까먹는 문제를 포스트잇에 적어 눈에 띄는 곳마다 붙여 둔 방법입니다. 잠에서 깨자마자 처음 눈길이 가는 벽과 러닝 머신 등에 붙여 놓으니 생각이 계속 문제를 향하게 되어 잊지 않게 되더라고요.

또 몰입일기도 매일 쓰고 있습니다. 업무 중간에 인터넷을 사용하고 휴대전화를 만지작거렸던 것을 떠올리고 기록하니 그 횟수가 점차 줄고 있습니다.

이전에는 몰입 도중에 호흡이 힘들고 머리가 딱딱해지는 듯한 느낌이 들어 힘들 었는데, 의도적으로 슬로싱킹을 하니 스트레스도 사라지고 생각하는 일이 재미 있어졌습니다. 요즘은 정말 행복한 하루하루를 보내고 있습니다.

몰입도가 올라가면서 도파민 분비가 활발해져 즐거운 기분이 들고 자신감이 생기는 효과가 나타나고 있다. 또 포스트잇과 슬로싱킹이 적절한 효과를 발휘하고 있다는 사실도 알 수 있다.

이 창업 준비생은 얼마 뒤 또 다른 어려움을 호소하는 메일을 보내왔다.

지난 한 달간 몰입이 끊기는 경험을 반복했습니다. 일할 때는 몰입 상태에 있어 기분도 좋고 여러 아이디어가 떠오릅니다. 누구에게라도 제 의견을 당당히 밝힐 수 있고, 무엇이든 할 수 있다는 자신감이 생깁니다. 그렇지만 몰입에서 빠져나와 정신이 분산될 때는 스트레스를 많이 받습니다.

몰입하는 주제를 잊지 않으려고 수첩에 메모도 하고, 포스트잇을 붙이기도 하지만, 며칠간 미팅이나 행사 등 다른 일에 몰두하다 보면 다 잊어버려 원점에서 다시 시작해야 합니다. 그래서 제가 몰입을 제대로 하고 있는지 의심이 듭니다. 이럴 땐 미래에 대한 걱정과 불안이 생기고, 무엇보다 자신감이 많이 떨어집니다.

어떤 문제에 몰입하는 도중에 자잘한 업무를 처리하거나 다른 업무에 신경 쓰다 다시 그 문제로 돌아올 때 많이 힘듭니다. 이럴 때 효과적으로 몰입을 이어가려면 어떻게 해야 할까요?

하나의 일에 몰입하다 다른 일에 몰입해야 하는 상황이 되면 일시적으로 몰입도가 떨어진다. 다른 일에 대한 몰입도가 충분히 오르기 전이라 자신감이 떨어지고 부정적인 생각이 들기도 한다.

사실 나도 자주 겪는 일이다. 그러나 오랫동안 경험한 끝에 몰입도가 충분히 오르지 않거나 딱히 몰입할 대상이 없을 때 으레 이런 감정이 찾아온다는 것을 체득했기에 크게 신경 쓰지 않는다. 이런 감정에서 빠져나오기 위해 내가 추천하는 방법은 전작 『몰입 영어』에서 소개한 '무한 반복'이다. 스마트폰의 어학용 구간 반복 앱을 사용해 원어민이 녹음한 영어 문장을 구간별로 5분, 횟수로는 50~100회 정도 반복해 듣는 것이다. 그밖에도 배우고 있는 다른 언어의 어학 자료를 들어도 좋고, 다른 주제에 몰입하기 위해서라면 그 주제에 대한 자료를 녹음해서 반복해 들어도 좋다. 안드로이드 폰에서 사용 가능한 앱은 '클론 리플레이어', '반복 플레이어 WorkAudioBook' 등이고, 아이폰에서는 'Speater' 등을 쓸 수 있다.

무한 반복은 영어 공부에도 아주 효과적이지만, 한 문제에서 다른 문제로 몰입할 대상을 옮겨가는 동안 몰입도가 현저히 떨어지면서 생기는 우울증과 불안감을 극복하는 데 상당히 도움이 된다. 또 약한 우울증에서 벗어나는 데도 효과적이다. 5~10분이라는 짧은 시간 안에 의식의 무대를 장악하기에 무한 반복보다 좋은 방법은 없다.

다음은 창업 준비생이 내 제안에 따라 무한 반복을 실천한 뒤 보내온 메일이다.

교수님께서 권해주신 무한 반복, 너무너무 효과가 있었어요. 정말 신났어요. 안 그래도 요즘 일주일간 다시 스트레스를 많이 받아 기분이 계속 가라앉았거든요. 그런데 이동하거나 틈날 때마다 중국어 한 문장을 5분씩 반복해 들었더니 중국어 공부를 좋아했던 예전 기억이 떠오르면서 기분이 좋아지고 신기하게도 다른 생각이 안 들더라고요.

그리고 또 다른 큰 변화가 있습니다. 예전에는 일 하나에 몰입하다 다른 일로 옮겨 가기가 정말 힘들어서 자꾸만 일을 미루곤 했거든요. 그런데 이제는 일 하나가 끝나면 자연스럽게, 아무런 저항 없이 다음 일을 하게 돼요.

내가 가장 싫어하는 일과가 면도다. 잠이 덜 깬 채로 살을 베지 않게 조심하면서 수염을 깎는데, 이렇게 귀찮은 일을 매일 해야 한다는 사실만으로 인생은 고행이라는 생각이 든다. 하지만 구간 반복 앱을 켜놓고 영어 원어민 발음을 따라 하면서 면도를 하노라면 긍정적인 감정이 생기고, 면도하는 행위도 견딜 만해진다. 나는 잠이 오지 않을 때도 무한 반복을 유용하게 활용한다. 소리를 최소화한 다음 귀에 가깝게 놓고 마음속으로 따라 하다 보면 나도 모르게 금방 잠이 든다. 이렇게 하면 소리가 작아서 잠이 들어도 숙면에 전혀 방해되지 않는다. 잠이 잘 오지 않을 때 영어 무한 반복만큼 효과가 좋은 것이 없는 것 같다. 아주 드물게 무한 반복을 해도 잠이 오지 않을 때가 있는데, 이럴 때도 스트레스를 받지는 않는다. 왜냐하면 내게 필요한 영어에 대한 암묵기억을 향상시키는 공부를 열심히 한 셈이기 때문이다. 불면증으로 고생하는 사람들에게 영어 무한 반복을 적극 추천한다.

이렇게 영어 무한 반복을 하면 영어 암묵기억이 발달해 영어 강의에도 도움이 된다. 특히 강의 하루 전부터 자투리 시간에 영어 무한 반복을 하면 영어 몰입도가 올라가 강의할 때 영어가 훨씬 더 자연스럽게 나온다. 업무, 이민, 유학 등을 이유로 외국어를 빨리 습득해야 하는 사람들에게도 자투리 시간을 활용한 무한 반복 듣기를 추천한다.

무한 반복 듣기는 음악가나 음악 전공자에게도 도움이 되는 것 같다. 몰입 장벽을 좀처럼 넘지 못하겠다는 음악 전공자에게 연습할 곡을 반복해 듣되, 유명 피아니스트가 연주한 음원을 골라 구간별로 무한 반복해 들으라고 조언한 적이 있다. 이 학생 말로는, '뮤직플레이어'라는 앱을 사용해 무한 반복 듣기를 했더니 몰입도가 올라간 것은 물론이고, 곡을 한 번만 들어서는 알아채기 힘들었던 타이밍이나 터치 등이 잘 들려 큰 도움이 되었다고 한다.

조직 몰입으로
시너지 효과를 노린다

몰입은 여러 사람이 협력해 공통의 문제를 해결하는 데도 효과적으로 쓰인다. 일본의 전자회사 소니는 한때 독창적인 제품으로 명성을 날렸다. 당시 소니의 수석 상무였던 텐게 시로는 2007년 1월호

《문예춘추》에 기고한 글에서 소니의 '불타는 집단'에 대하여 이렇게 소개했다.

CD 개발 과정에서 디지털 오디오 기기 기술 규격에 관하여 유럽 기업과 격렬하게 경쟁하고 있었을 때, 원래 3~4년 정도 걸리는 업무용 디지털 기기를 반년 만에 만들어냈다. 당시 개발자들에게 무리한 스케줄을 강요하여 철야 개발이 이어졌는데, 그 과정에서 갑자기 스위치가 켜진 것같이 아이디어가 생기기 시작했으며 곤란한 문제에 직면해도 이에 굴하지 않고 문제를 해결했다. 평범한 엔지니어가 슈퍼 엔지니어가 된 것 같았고, 이 같은 현상은 워크스테이션 'NEWS' 개발 때에도 나타났다. 소니의 독창적인 제품들은 바로 이들 '불타는 집단'에 의해 잇달아 출시된 것이었다.

소니의 신화를 이룩한 '불타는 집단'은 조직 몰입의 대표적인 사례다. 갑자기 스위치가 켜진 것처럼 아이디어가 떠오르고, 곤란한 문제에 굴하지 않고 이를 해결하며 평범한 엔지니어가 슈퍼 엔지니어가 된 것 같았다는 이야기 등이 몰입의 특징을 잘 나타내고 있다.

소니의 몰입 문화는 당시 개발을 진두지휘하던 창업자, 이부카 마사루가 만든 것으로 보인다. 이러한 조직 몰입이 구현되려면 강도 높은 집중 상태가 상당히 오래 연속해서 유지되어야 하는데, 당시는 개발자들에게 무리한 스케줄을 강요하여 철야 개발이 이어지면서 집단 몰입이 이루어진 것이다.

그러나 나는 철야 개발과 같은 무리한 몰입은 바람직하지 않다고 생각한다. 철야 개발은 지속 가능하지 않은 일회성 몰입일 뿐 아니라, 때로 심각한 부작용을 초래하기 때문이다. 반복해 강조하지만, 몰입을 건강하게 지속하려면 절실함은 유지하되 수면을 충분히 취하고 낮에 선잠도 자야 한다. 또 문제를 해결하기 위해 깨어 있는 시간에 멈추지 않고 슬로싱킹을 하거나 토론을 하거나 관련 문헌을 찾고 읽는 활동을 일정 기간 연속해야 한다.

다음은 내가 국내 벤처기업의 임원들과 조직 몰입을 시도한 사례다. 이 벤처기업에서는 일본 회사에 의존하고 있는 중요한 소재 부품을 개발하기 위해 10년째 연구개발을 하고 있었는데, 좀처럼 해결되지 않는 문제가 있어 내게 도움을 요청했다. 나는 이 회사의 대표에게 관련 핵심 임원들이 단체로 2주일 동안 몰입을 시도할 것을 제안하고, 이들 3명의 핵심 임원들과 숙식을 함께 하며 몰입을 지도했다.

몰입 기간에 핵심 임원들은 문제를 토론하고, 필요한 문헌을 찾고, 각자 생각할 시간을 보냈다가 또 토론하기를 반복했다. 몰입도가 올라가면 잠이 오지 않는 부작용이 생길 수도 있어서 이를 예방하기 위해 운동을 병행했다. 날씨가 추워 야외 운동은 하지 못하고, 건물 내 계단 오르기를 매일 30분씩 하도록 했다. 다들 문제를 해결해야 한다는 부담이 큰 것 같기에 결과에 집착하지 말고 느긋하게 쉬는 듯 생각하되 1초도 생각의 끈을 놓지 않도록 신경을 쓰라고 당부했다. 또 잡념이 들어온 것을 알아챌 수 있게 포스트잇에 핵심 단어를 적어 눈에 보이는 여기저기에 붙이도록 했다.

이렇게 하자 몰입 5일째부터 기발한 아이디어들이 나오기 시작해서 8일째가 되자 해결 방안 3개가 나왔다. 계획은 2주 동안 몰입하는 것이었지만 임원들이 회사로 돌아가 이 아이디어를 빨리 확인하고 싶다고 해서 8일 만에 몰입을 종료했다. 다음은 한 임원이 8일간의 몰입 경험을 적은 것이다.

정말 좋은 경험이었습니다. 처음에는 반신반의했지만, 시간이 갈수록 교수님 말씀처럼 저 자신이 변화하고 있음을 느낄 수 있었습니다. 생각하면 할수록 머리가 잘 돌아가고, 아이디어가 이미 존재하고 있었던 것처럼 떠올라 기분도 점점 좋아졌습니다. 생각의 폭이 넓어져서 이미 잘 알고 있다고 생각했던 사실도 새로이 깨닫게 되었습니다. 더 깊은 몰입을 경험하지 못해 아쉽지만, 이제 몰입의 느낌을 어느 정도 알았으니 일상에 적용할 수 있을 것 같습니다.

다음은 또 다른 임원이 보내온 몰입 소감이다.

처음에는 막연히 두렵고, 내 열정이 부족하다는 결론이 날까 불안하기도 했습니다. 몸살 기운이 있어 컨디션도 좋지 않았고요. 그런데 교수님께서 마음을 편히 먹고 계속 생각하라고 하셔서 그나마 편안하게 몰입을 시작했습니다.

계단을 오르내리며 땀을 흘리는 운동을 했더니 컨디션도 회복되고 머리도 상쾌해졌습니다. 수요일 밤부터 다시 몰입도가 올라가기 시작해 공정 변수의 영향 등 여러 기본 이론에 대해 세세히 따지고, 전체 공정에 대해 검토할 수 있었습니다.

이번 공정처럼 이론적으로 따지기 어려운 분야에도 자료의 활용이 필요하다는 사실을 깨달았습니다. 기존 지식이 많을수록 몰입 효과가 커진다는 걸 고려하면 그간 관련 논문을 보고 생각할 시간을 많이 갖지 못한 것이 후회됩니다.

이번 몰입 경험을 통해 그간 원인을 알 수 없었고, 서로 연결점을 찾지도 못한 실험 결과도 생각하고 연구하면 해결 방안과 그 한계까지도 알게 될 거라는 자신감이 생겼습니다. 이 경험이 과제 해결뿐 아니라 인생을 살아가는 태도를 깨닫는 데도 도움이 되었습니다. 교수님 책을 읽었을 때는 감동적이긴 해도 직접 경험하지 못해 실감이 나지 않았는데, 이번 경험을 통해 인생의 모든 문제를 더 많이, 지속해 생각하면 문제 해결 능력이 개선된다는 걸 알게 됐습니다.

관련 지식이 부족하다는 사실을 깨닫는 것은 몰입을 시도한 사람 대부분에게서 공통으로 나타나는 현상이다. 지도 학생들에게 10일이나 2주간 오로지 자기 연구 주제만을 생각하는 몰입 주간을 갖도록 하는데, 그 결과를 발표하게 하면 예외 없이 모든 학생이 연구 주제와 관련한 사전 지식이 턱없이 부족하다는 걸 깨달았다고 말한다. 관련 정보와 지식이 부족하니 생각의 진전을 이룰 수 없었을 것이다. 부족함을 인지하면 자연스레 그 부족함을 채우려 노력하게 된다. 이처럼 필요를 느껴 자발적으로 관련 정보를 습득하면 목표가 명확해져 재미가 느껴지고, 수박 겉핥기 식이 아니라 완전히 이해하고 소화하는 공부를 할 수 있다. 이는 몰입의 부수적인 효과다.

인간의 뇌에 최적화된
창의적 생각법

CHAPTER 12

인간의 두뇌만이 가진 힘,
창의성을 돌아보다

SLOW
THINKING

인공지능이 인간을 대체하게 될 것이라고 말한다.

뒤집어 말하면 인공지능이 대체 불가능한 인간만의 역량은

훨씬 더 중요한 가치를 갖게 될 것이다.

그 역량은 바로 창의성과 영감이다.

슬로싱킹에 기반한 몰입은 창의성 계발에 매우 효과적인 방법이다.

다가오는 4차 산업혁명,
우리는 무엇을 준비해야 하나

2016년 3월, 인공지능 알파고^{AlphaGo}와 이세돌 9단의 '세기의 대결'
이 펼쳐졌다. 1997년에 인공지능 딥블루^{DeepBlue}가 체스 세계 챔피언
을 꺾을 때만 해도 바둑에서는 인공지능이 인간을 능가할 수 없을
거라는 예측이 많았다. 체스와 비교하면 바둑은 한 수, 한 수 고려할
경우의 수가 너무 많을뿐더러 직관이나 임기응변 등 '지극히 인간
적인 능력' 또한 요구하기 때문이다. 그러나 예상과 달리 알파고는
이세돌 9단을 4 대 1로 꺾으며 대승을 거두었고, 인공지능이 넘볼
수 없는 영역은 없다는 사실을 만천하에 증명했다. 그제야 사람들
은 4차 산업혁명이 우리 코앞까지 다가왔음을 뼈저리게 실감했다.
인공지능과 로봇이 일반 사무직과 생산직뿐 아니라 전문직까지 대
체하리라는 두려움은 점차 현실이 되고 있다. 2016년 개최된 세계

경제포럼에서 예측한 바에 따르면 4차 산업혁명으로 인해 일반 사무직을 중심으로 제조·예술·미디어 등의 분야에서 약 710만 개의 일자리가 사라지고, 컴퓨터·수학·건축 관련 일자리는 약 200만 개가 창출되어 결과적으로 약 510만 개의 일자리가 사라진다고 한다.

시시각각 다가오는 격변의 시대를 대비해 우리는 무엇을 해야 할까. 4차 산업혁명 시대에서 살아남기 위해 우리가 갖추어야 할 능력과 기술은 무엇일까. 이를 아는 간단한 방법이 있다. 바로 구글과 같이 시대를 앞서가는 초일류 기업에서 어떻게 인재를 선발하고 영입하는지 살펴보는 것이다.

이에 관한 흥미로운 기사가《매일경제》2016년 3월 16일 자에 소개되었다.[30] 서울 모 대학 컴퓨터공학과 석사과정에 재학 중인 한 학생이 소프트웨어 관련 논문을 몇 편 발표했는데, 학계에서 반응이 좋았다. 그는 며칠 뒤 면접을 보러 오라는 이메일을 받았는데 발신자는 놀랍게도 구글 인사 담당자였다. 더 놀라운 일은 그 학생이 영어를 잘 못해 면접을 보기 어렵다고 회신하자 구글이 통역을 붙여주겠다며 끈질기게 설득했다는 것이다. 얼마 뒤 그는 구글에 입사했다.

국내 굴지의 정보통신기업에서 검색엔진 개발의 중요한 부분을 담당하던 한 개발자도 구글에서 면접 제안을 받았다. 검색엔진 개발은 팀이 했지만, 그가 주된 역할을 했다는 것을 구글이 파악한 것이다.

기사는 구글이 캐나다의 머신러닝 업체 DNN리서치를 500만 달

러에 인수한 것도 설립자인 제프리 힌턴 교수를 영입하기 위한 것이라고 분석한다. 힌턴 교수는 알파고의 핵심 기술인 '딥 러닝deep learning'이라는 개념을 처음 고안한 인공지능 전문가다. 구글이 알파고를 개발한 딥마인드DeepMind를 4억 달러에 인수한 이유도 공동 창업자인 데미스 허사비스, 무스타파 슐레이만, 셰인 레그 등의 인재를 영입하기 위해서였다. 인공지능이 인간의 일자리를 대체하는 시대라지만, 창의성을 가진 탁월한 인재의 가치는 4차 산업혁명 시대를 맞아 오히려 한없이 올라갈 것이다.

지금은 땀방울이 아니라
영감이 필요한 시대

2015년, 서울대학교 공과대학 교수 26인이 한국 산업의 문제점을 진단하고, 미래를 위해 제언하는 『축적의 시간』이라는 책을 발간했다. 이 책의 내용을 한마디로 요약하면 우리 산업계는 지금도 매우 힘들지만, 앞으로는 더욱 힘들어진다는 것이다. 이는 각 산업 분야에서 중국이 빠른 속도로 추격하기 때문인데 이를 따돌리기 위해서는 선진국이 갖고 있는 개념설계concept design와 같은 고부가가치 기술이 필요하다는 것이다. 그러나 선진국이 이러한 기술을 개발하기까지 오랜 축적의 시간이 있었듯이 우리도 축적의 시간이 필요하다고 한다. 즉 우리는 창의적이고 근본적으로 새로운 개념을 제시하는 역량이 부족한 상황이다. 이 책이 예측한 대로 지난 5년간 우리 경제는 계속 어려워졌고, 현재 우리 경제성장률이 하락 추세인 점을 고려하면 앞으로도 더 어려워질 것이다.

혹자는 이 위기를 극복하기 위해서는 우리가 지금보다 더 열심히 일해야 한다고 이야기한다. 그러나 한국인의 노력은 이미 남다르다. 2016년 8월 15일 연합뉴스가 발표한 OECD '2016 고용동향' 자료에 의하면 한국인의 노동시간은 OECD 국가 중 멕시코에 이어 두 번째로 많다. OECD 국가 평균보다 연간 두 달 더 일하고 시간당 실질임금은 2/3 수준이다. 한국 취업자는 독일 취업자보다 연간 4.2달 더 일하고, 평균 실질임금은 독일의 73퍼센트이며, 시간당 실질임금은 절반 수준이다. 따라서 지금보다 더 열심히 일해서 우리가 직면하고 있는 어려움을 극복하자는 것은 적절한 대안이 아니다.

한때 '한강의 기적'이라 불릴 만큼 세계적으로 유례없는 고도성장을 이룬 우리 경제가 경쟁력과 성장 동력을 잃은 이유는 무엇일까. 이를 올바로 진단하는 것은 우리 미래가 달린 대단히 중요한 일이다. 따라서 경제 분야 최고 석학들이 이에 대해 내린 진단에 주목할 필요가 있다.

노벨경제학상 수상자이자 시카고 학파를 이끌고 있는 이 시대 최고의 경제학자, 로버트 루카스 교수는 1993년 경제학술지《이코노메트리카Econometrica》에 한국의 경제성장을 다룬 '기적을 만들다Making a Miracle'라는 논문을 발표했다. 그는 한국 경제가 성장한 주요 원인을 가려내기 위해 한국과 필리핀의 경제성장을 비교 분석했다. 다음에서 알 수 있듯 1960년에는 한국과 필리핀의 경제 지표가 거의 비슷했기 때문이다.

1960년 한국과 필리핀의 경제 지표 비교

구분	한국	필리핀
1인당 GDP	$640	$640
인구	2,500만 명	2,800만 명
수도 인구 비율	서울 28%	마닐라 27%
대학교 진학률	5%	13%
농업, 공업 비율	GDP의 37%, 20%	GDP의 13%, 26%

그러나 1988년에는 한국의 1인당 GDP가 필리핀의 거의 3배로 성장했다. 루카스는 이러한 한국의 비약적인 경제성장을 기적이라고 부르는 것은 과장이 아니라면서 그 주된 이유는 학교와 산업체 등에서 인적 자본이 충분히 축적되었기 때문이라고 분석했다. 이 사례를 통해 그는 인적 자본의 축적이 경제성장에서 가장 중요한 요인임을 강조했다.

루카스 교수의 분석에 의하면 우리가 세계에서 유례없이 높은 경제성장을 이룩한 것은 높은 교육열 때문이다. 우리의 높은 교육열은 대한민국을 초일류 국가로 발전시킬 엄청난 자산이자 잠재력이다.

그러나 1969년부터 거의 30년간 평균 8퍼센트대를 유지하던 우리의 경제성장률은 1997년 IMF 때부터 계속 하락해 급기야 2퍼센트대에 이르게 되었다. 우리의 교육열은 여전히 뜨거운데, 경제가 이렇게까지 계속 추락하는 이유는 무엇일까.

루카스 교수의 제자인 서울대 경제학부 김세직 교수는 1992년 시카고 대학에서 경제학 박사 학위를 받은 후 IMF 수석연구원으로 근무하면서 10여 년 동안 인적 자본이 경제에 미치는 영향을 연구한, 인적 자본 분야의 세계적인 전문가다. 그는 2006년 서울대학교 교수로 부임 후 우리 경제성장률이 1997년부터 하락한 원인을 인적 자본을 중심으로 연구했고, 2007년 서울대학교 경제연구소에서 발간하는《경제논집》에 '미래 성장동력으로서의 창조형 인적 자본과 이를 위한 교육 개혁'이라는 정책논문을 발표했다.[31] 이 논문은 내가 지난 10년 동안 읽은 논문 중에서 가장 인상 깊었고 우리 경제, 교육과 관련된 핵심적인 통찰을 담고 있다고 느껴졌다. 논문을 읽으면서 우리나라의 미래를 위하여 전 국민이 읽으면 좋겠다는 생각이 들었다.

이 논문에 의하면 한국이 과거 빠른 경제성장을 할 수 있었던 이유는 당시 후진국이었기에 선진국 제품을 모방해서 빨리 추격하면 되는 모방형 경제 혹은 추격형 경제였기 때문이라는 것이다. 이때는 주입식 교육으로 배출한 모방형 인적 자본이 경제 발전에 크게 이바지할 수 있었지만, 선진국을 바싹 추격하고 있는 지금은 창조형 인적 자본이 필요한데 우리 교육은 여전히 주입식 교육에 머물러 있어 모방형 인적 자본만 배출하고 있어서 경제성장 동력을 잃어버렸다는 것이다.

　김세직 교수의 이러한 주장은 2008년 노벨경제학상을 수상한 폴 크루그먼이 "아시아 국가들이 선진국이 되려면 '땀 흘리며 일하는 경제 perspiration economy'에서 '지식과 영감으로 성장하는 경제 inspiration economy'가 되어야 한다"고 말한 것과 같은 맥락이라 할 수 있다. 즉 추락하고 있는 우리 경제의 성장 동력을 만들기 위해서는 'Work Hard'가 아니라 'Think Hard'를 추구해야 한다는 것이다.

　인터넷을 통해 필요한 정보를 쉽고 빠르게 찾을 수 있는 시대에 주입식 교육으로 익힌 지식은 효용 가치가 낮을 수밖에 없다. 배운 대로가 아니라 배운 것을 토대로 응용하고, 낡은 것을 낯선 것으로 창조할 수 있어야 한다. 이러한 창의성 교육이 바탕이 되어야만 미래를 대비하는 국가경쟁력을 가질 수 있다. 세계경제포럼은 '4차 산업혁명 시대에 요구되는 가장 중요한 10가지 능력'의 첫 번째로 복잡한 문제 해결 능력 complex problem solving을 꼽았고, 두 번째로는 비판적 사고력 critical thinking, 세 번째로는 창의성 creativity을 지목했다. 그러나 안타깝게도 현재 우리 교육은 이런 추세와 매우 동떨어져 있다. 우리 교육의 현황은 세계적인 미래학자 앨빈 토플러가 2008년 내한 강연에서 한 말에 잘 나타나 있다.

저는 한국 사람들이 도저히 이해가 안 됩니다. 한국 학생들은 미래에는 필요하지 않을 지식과 존재하지 않을 직업을 위해 매일 15시간이나 낭비하고 있습니다. 이것은 학생들의 잘못이 아닙니다. 한 치 앞도 못 보는 부모들을 포함한 어른들의 잘못입니다.

우리의 교육열이 엄청난 잠재력을 갖고 있음에도 불구하고 그것이 올바른 방향으로 사용되지 못하고 있어 대단히 안타깝다. 현재 우리가 국제경쟁력을 잃고 있는 가장 중요한 요인은 탁월한 인재 양성에 실패했기 때문이다. 이와 관련된 우리 교육의 문제점은 2017년 12월《KDI 포커스》에 발표된 최경수 선임연구위원의 '청년실업률은 왜 상승하는가?'라는 글에 구체적으로 드러난다.[32] OECD 주요 33개국과 비교해서 우리나라 청년25~34세의 평균 역량은 언어 능력은 최상위권, 수리 능력과 문제 해결 능력은 중위권이다. 하위 1퍼센트의 역량은 언어 능력 4위, 수리 능력 6위, 문제 해결 능력 6위로 비교적 높은 수준이다. 그러나 상위 1퍼센트의 역량은 언어 능력은 25위, 수리 능력은 29위, 문제 해결 능력은 26위에 불과해 최하위권이다. 경제가 발전하려면 상위 1퍼센트가 높은 국제경쟁력을 가져야 하는데 최하위권에 머물고 있는 것이다. 우리 교육에서 상위 1퍼센트를 탁월한 인재로 성장시키지 못한 가장 큰 이유는 평준화 교육 때문일 것이다.

어쩌면 일본의 잃어버린 30년도 평준화 교육 때문인지도 모른다. 이와 관련해서 노벨물리학상을 수상한 교토산업대 교수, 마스카와 도시히데는 2008년 문무과학성 장관과 과학기술성 장관을 만난 자리에서 당시 일본의 평준화 교육을 강하게 비판하며 이렇게 말했다. "대학들이 학생 선발 시험에서 깊이 생각할 필요 없는 쉬운 문제만 내고 있다. 이렇게 해서는 생각하지 않는 인간을 만들어낼 뿐이다."[33]

이러한 비평의 영향인지는 몰라도 최근 일본에서는 입시에서 본고사를 강화하는 대학이 늘어났다고 한다. 우리 경제도 일본의 잃어버린 30년을 쫓아가고 있음을 생각하면 상위 1퍼센트의 경쟁력을 올릴 수 있는 대책이 시급하다.

이스라엘, 독일, 싱가포르, 스웨덴, 핀란드, 노르웨이, 덴마크 등은 4차 산업혁명이라는 거대한 변화에도 흔들리지 않고 꾸준히 발전하고 있다. 전 세계가 이들의 경쟁력을 연구하고 벤치마킹한다. 이들이 꾸준하게 성장할 수 있었던 비결은 사고력과 창의력을 중시하는 교육에 있다.

일례로 이스라엘은 '하브루타Chavruta'라는 토론식 수업을 통해 깊이 있는 사고를 유도하여 다양한 시각과 견해를 갖게 하고, 새로운 아이디어와 해결법을 찾아내도록 이끈다. '두 사람이 모이면 세 가지 의견이 나온다'는 이스라엘의 격언처럼 토론하는 과정에서 생각지도 못한 창의적인 아이디어가 튀어나오도록 독려한다.

다양성과 창의성을 중요시하는 이런 교육은 유대인이 노벨상을 휩쓸고 세계 경제를 쥐락펴락하게 한 원동력이다. 유대인 전체 인구는 전 세계 인구의 0.2퍼센트에 해당하는 1,400만 명 정도지만, 노벨상 수상자는 200명이 넘어 전 세계 노벨상 수상자의 22퍼센트 이상을 차지한다. 또 이스라엘은 세계 최고의 창업 국가로도 잘 알려져 있다. 이스라엘에서 1년 동안 새로 생겨나는 기업의 수는 유럽 전체에서 새로 생겨나는 기업의 수보다 더 많다. 나스닥 상장 기업의 수도 유럽 전체의 2배에 달한다. 인구 100만 명당 스타트업의 수는 375개로 미국의 두 배 수준이며, 국민 1인당 벤처 펀드 규모는 세계 1위다.

그렇다면 제조업 경쟁력 세계 1위, 독일의 경우는 어떨까. EBS TV 〈지식채널e〉에서 소개한 내용을 보면 독일은 초등학교 1년 동안 1부터 20까지 수의 덧셈과 뺄셈을 수없이 반복하는데, 계산하는 방법을 가르치지는 않는다고 한다. 손가락을 쓰든 발가락을 쓰든 아이 스스로 방법을 찾아낼 때까지 기다린다. 시간이 걸리더라도 아이가 수의 원리를 제대로 이해하고 깨우칠 수 있게 스스로 생각할 기회를 충분히 주는 것이다.

EBS TV 〈세계의 교육 현장-무터킨더 박성숙 씨의 독일 교육 이야기〉에 의하면 독일 학교에서 예습이란 있을 수 없는 일이라고 한다. 교사가 아이들을 가르치는 게 아니라 아이들에게 질문을 던져 생각을 유도하는 방식으로 수업하기 때문이다. 교사가 질문했을 때 예습한 아이가 답을 말해버리면 다른 아이들이 생각할 기회가 사라지고, 교사가 아이들의 사고력을 키울 목적으로 준비한 여러 질문이 무용지물이 되어버린다.

독일이 초고령 사회에 들어선 나라 가운데 유일하게 높은 성장 잠재력을 유지하고 있는 비결은 역시 사고력과 창의성을 키우는 교육을 오랜 시간 철저하게 실행했다는 데 있다. 창의성 교육으로 경쟁력 있는 인재를 배출하고, 또 이들이 경쟁력 있는 산업을 이끌어가는 것이다.

우리에게 '사고력과 창의성을 발달시키는 교육'은 현재와 미래의 난국에 대처할 가장 현명한 해결책이자 유일한 희망일 것이다. 우리 교육을 올바른 방향으로 변화시키려는 노력은 그간 끊임없이 있어왔지만, 그 많은 시도에도 만족스러운 변화를 이끌어내진 못했다. 교육을 올바른 방향으로 바꾸기란 너무나 힘들어서 대학 총장도, 장관도, 심지어 대통령도 해내기 어렵다. 교육 제도의 개선은 오랜 기간 일관되게 추진되어야 하는 일인 만큼 임기가 정해진 직책에 있는 이들은 해내기 어려운 것이다. 더구나 이러한 직책에 있는 사람들은 당면한 현안을 해결하기에도 바쁘고 자신의 임기 내에 무언가 가시적인 성과를 내려는 경향이 있는데, 교육 분야는 개선 효과가 몇십 년이 지나서야 비로소 서서히 나타나기 때문에 이들의 관심을 끌지 못한다. 이러한 현실적인 문제를 고려할 때, 우리 교육을 '창의성 교육'으로 변화시키려면 어떻게 해야 할까.

창의성 교육이
대한민국 프로젝트가 되어야 하는 이유

나는 공교육이 주입식 교육에서 창의성 교육으로 바뀌어야 한다는 김세직 교수의 주장에 전적으로 동감한다. 그는 잃어버린 경제성장 동력을 다시 끌어올리기 위해서는 우리 정부가 창의성 교육을 정책

중에 가장 우선순위에 두고 모든 노력을 기울여야 한다고 주장한다. 그의 주장을 내 나름대로 해석하면 창의성 교육을 '대한민국 프로젝트'로 선정해야 한다는 것이다. 중요한 문제를 해결하기 위하여 국가 프로젝트로 선정한 사례 중 유명한 것이 미국의 우주개발 사업이다.

1960년대 우주개발 초기에는 소련이 미국보다 우주 항공 기술에서 한참 앞서 있었다. 후발 주자였던 미국은 뒤늦게 우주개발 경쟁에 뛰어들어 로켓을 쏘아 올리려고 시도하다가 실패를 거듭했다. 소련은 계속 우주선을 성공적으로 쏘아 올리면서 경쟁에서 앞서 가고, 미국은 비참한 실패만 거듭하는 상황에서 국민 모두 실의에 빠져 있던 그때 케네디 대통령은 '달나라는 미국이 먼저 간다'고 국민들에게 공개적으로 선언한다. 그래서 아폴로 계획은 대통령 프로젝트가 되었고, 분열된 국론을 하나로 모으고 우주개발이라는 하나의 목표를 향해 온 국민의 힘과 노력을 결집시켰다. 이후 NASA에는 일하겠다고 찾아온 사람들이 줄을 섰고 우주 계획 관련자들은 가족 얼굴을 보기 힘들 정도로 아폴로 계획에 인생을 바쳤다. 그 결과 미국의 아폴로 11호는 세계 최초로 달에 성공적으로 착륙했다.

그러나 교육은 백년대계이므로 창의성 교육은 대통령 프로젝트로도 부족하다. 보수, 진보 상관없이 누가 대통령이 되더라도 창의성 교육을 정책의 가장 우선순위에 두고 이를 위한 일관된 노력을 기울여야 하므로 대한민국 차원의 프로젝트가 되어야 하는 것이다.

교육의 변화는 정부의 톱다운top-down 방식만으로는 일어나지 않는다. 교육에 종사하는 초중고 교사와 대학교수, 학생과 학부모 모두가 창의성 교육의 가치에 공감하고, 그 방법을 공유하며 실천하는 보텀업bottom-up 방식이 병행되어야 한다. 정부 주도적인 톱다운 방식과 국민 자발적인 보텀업 방식이 함께할 때 창의성 교육으로 가는 개혁이 성공할 가능성이 커질 것이다.

내가 제안하는 보텀업 방식의 하나는 모든 국민이 각자의 자리에서 '창의성 교육을 위한 교수·교사·학생·학부모·시민 모임'을 만들어 범국민운동으로 전개하는 것이다. 이를 위해 나는 2016년 3월에 서울대학교 교육과 신종호 교수와 함께 '서울대학교 창의성 교육을 위한 교수 모임'을 결성하고, 창의성 교육의 필요성과 방법을 공유하는 포럼을 정기적으로 개최하고 있다. 현재 모임의 회장직은 수학교육과 권오남 교수가, 부회장직은 김세직 교수와 자율주행 연구로 유명한 전기정보공학부 서승우 교수가 맡고 있으며 나는 고문으로 활동하고 있다.

창의성 교육의 중요성에 대해서는 많은 교사와 교수가 공감하고 동의한다. 그러면서도 자신은 한 번도 창의성 교육을 받아본 적이 없어서 어떻게 창의성 교육을 시작해야 할지 모르겠다고 한다. '창의성 교육을 위한 교수·교사 모임'이 필요한 이유가 바로 여기에 있다. '서울대학교 창의성 교육을 위한 교수 모임'은 창의성 교육에 대한 정보를 공유하기 위해 2018년 『창의혁명』이라는 책을 출간했다. 교수들이 자기 수업에서 어떻게 창의성 교육을 실천하고 있는지 소개하는 책이다.

한편 김세직 교수는 학교는 물론이고 산업체에서도 창의성 인재를 양성하기 위한 교육을 실시해야 한다고 주장한다. 우리 경제가 악화되는 상황이 너무도 시급하여 학교 교육만 창의성 교육으로 바꿔서는 경제를 되살리기에 너무 늦을 수도 있기 때문이다. 이런 문제의식으로 시작한 것이 2018년 '한국형 탈피오트 아카데미'다. '서울대학교 창의성 교육을 위한 교수 모임'과 능률협회가 함께 기획하고 운영한, 산업체 인력을 위한 창의성 속성 교육 프로그램이다.

김세직 교수의 말처럼 우리에겐 머뭇거릴 시간이 없다. 산업체에서는 산업 활동 종사 인력을 위해, 학교에서는 다음 세대를 위해 지금 당장 창의성과 영감을 키우는 교육으로 전환할 준비를 해야 한다. 그러나 나는 학교 및 산업체의 노력과 더불어 개개인도 격변하는 시대를 대비해 창의성 계발에 관심과 노력을 기울여야 한다고 생각한다.

창의성을 계발할 매우 빠르고 효과적인 방법을 하나 제안하고 싶다. 바로 슬로싱킹에 기반한 몰입을 활용하는 것이다. 집중과 학습에 슬로싱킹 몰입이 얼마나 도움이 되는지 이 책을 읽으며 충분히 알았으리라 생각한다. 이제는 슬로싱킹 몰입이 창의성 계발에도 얼마나 효과적인지 하나하나 짚어볼 것이다. 그에 앞서 재능이 어떻게 만들어지고 뇌는 어떻게 발달하는지, 창의성이란 무엇인지를 살펴보고자 한다.

두뇌와 정신적 성숙에 집중하는
유대인의 창의성 교육

좋은 학벌 vs. 좋은 두뇌
• • •

세계적으로 교육열이 뜨거운 나라로 우리나라와 이스라엘이 꼽힌다. 그러나 우리는 경제 발전의 한계를 맞았고, 이스라엘은 여전히 승승장구하며 초일류 국가로 발돋움하고 있다. 무엇이 이런 차이를 만들었을까. 답은 교육 철학에 있다. 두 나라의 교육철학의 차이가 결국 국제경쟁력의 차이로까지 이어진 것이다.

유대인 부모는 자식에게 좋은 두뇌를 물려주려고 하고, 한국 부모는 자식에게 좋은 학벌을 물려주려고 한다. 그래서 유대인은 두뇌를 발달시키는 것이 교육의 주된 목적인 반면 우리는 시험을 잘 봐서 명문대에 진학하는 것이 교육의 주된 목적이다. 한마디로 점수를 잘 받기 위한 교육인 셈이다. 점수를 잘 받으려면 교과서 내용을 사진 찍듯 머리에 집어넣어야 한다. 이런 방식의 학업은 결코 즐겁거나 유쾌하지 않다. 그저 인내하고 견딜 뿐이다.

게다가 이런 지식은 스마트폰만 있으면 누구라도 쉽게 얻을 수 있는 것으로, 실제 사회에서는 전혀 유용하지 않다. 스마트폰으로 얻은 관련 지식과 정보를 활용하되 자기만의 독창적인 아이디어를 덧붙여야 문제 해결 능력과 경쟁력을 인정받을 수 있다.

남들이 쉽게 답을 구하지 못하는 문제를 푸는 사람을 가리켜 우리는 '머리가 좋다'고 한다. 즉 머리가 좋다는 것은 학업 성적이 우수하거나 학벌이 좋다는 의미가 아니라 두뇌가 발달하고, 생각하는 힘이 있다는 뜻이다. 이렇게 남들이 풀지 못하는 문제를 해결하는 것을 창의적 문제 해결 능력이라고 한다면 두뇌를 발달시키는 교육이 곧 창의성 교육인 셈이다.

그런 의미에서 교육의 목적을 '좋은 학벌'이 아니라 '좋은 두뇌'에 두는 유대인의 창의성 교육은 우리에게 시사하는 바가 크다. 단편적인 지식을 머리에 집어넣는 것이 아니라, 오래 생각할 기회를 주고 두뇌를 개발하도록 독려하는 것이 바로 유대인 교육의 핵심이다. 인터넷으로 세상 모든 지식에 쉽게 접근하는 요즘 같은 시대에는 유대인의 교육 방식이 이전보다 훨씬 더 큰 위력을 발휘한다. 따라서 우리도 교과서 내용을 암기하는 데 쓰는 시간과 노력을 두뇌 발달에 쓰도록 해야 한다. 이런 변화 없이는 인공지능이 고도로 발달할 4차 산업혁명 시대에 국제경쟁력을 키우기 어려울 것이다.

내가 잘되는 것 vs. 우리가 잘되는 것

• • •

이스라엘 부모들은 지능지수IQ와 감성지수EQ만큼이나 역경지수AQ를 매우 중요하게 생각한다. 역경지수는 역경에 굴하지 않고 끝까지 도전해 목표를 성취하는 능력을 지수화한 것이다. 교육 심리학자들은 성공하는 데 지능지수가 미치는 영향은 20퍼센트에 불과하며, 나머지 80퍼센트는 역경지수와 감성지수에 달렸다고 단언한다.[34]

유대인 교육에서 주목할 만한 특징은 어린 시절부터 자신들의 처절한 고통의 역사를 알게 한다는 것이다. 예를 들면 유대인은 초중고생 시절에 의무적으로 아우슈비츠 수용소를 방문해야 한다. 그곳에서 아이들은 피해자들의 유품과 사진을 보면서 처절하고 고통스러웠던 당시 상황을 생생히 체험한다. 충격으로 눈물을 터뜨리는 아이들에게 인솔자는 "다시는 이런 불행이 반복되면 안 된다"고 강조한다. 조상이 겪은 수난을 잊고 역사를 망각한 민족에게는 내일이 없다고 가르치는 것이다. 인상적인 것은 고통의 역사를 이토록 생생하게 가르치는 목적이 정신적 성숙에 있는 만큼 아이들이 가해국에 적개심을 갖지 않도록 노력한다는 점이다. 그래서 아이들에게 용서는 하되 잊지는 말자고 가르친다.

이렇게 고통의 역사를 가르치는 것이 실제로 교육 효과가 있을까. 2014년 호주 과학자들이 《사이콜로지컬 사이언

215

스*Psychological Science*》에 발표한 '사회적 유대로서의 고통: 고통의 공유는 협력을 증가시킨다*Pain as Social Glue: Shared Pain Increases Cooperation*' 라는 논문에 따르면 고통의 경험을 공유한 집단은 유대감과 결속력이 강해진다고 한다.[35] 얼음물에 손을 넣거나 스쾃*squat* 동작을 하거나 칠레 고추를 먹는 등 고통을 경험한 그룹과 그렇지 않은 그룹에서 낯선 이들과의 유대 정도와 경제 게임에서의 협력 정도를 비교했더니 고통을 경험한 그룹의 유대감과 협력이 증진되었다는 것이다.

이렇듯 고통의 역사를 배우는 것은 유대감 형성에 큰 도움이 된다. 고통의 역사를 배운 아이들은 이를 되풀이하지 않으려면 나만이 아니라 우리가 모두 잘돼야 한다는 사실을 깨닫는다. 그리고 이런 인식은 자연스럽게 리더십과 사명감으로 이어진다. 유대인뿐 아니라 여러 강대국에서 리더십 및 사명감 교육을 중시한다. 나만 잘되는 것을 추구하는 자연스러운 경향에 맞서 우리가 잘되는 것을 추구하게 하려면 반드시 적절한 교육이 필요하다.

이스라엘을 창업 국가로 만든 주역은 엘리트 부대인 탈피오트*Talpiot*와 8200부대 출신의 인재들이라고 알려져 있는데,[36] 탈피오트의 영재 육성 프로그램이 그토록 놀라운 성공을 거둔 것은 리더십과 사명감이 밑바탕에 깔려 있기 때문으로 볼 수 있다.[37] 탈피오트 부대원들은 히브리대학에서 3년간 군사 훈련과 대학 과정을 마치고, 군대에서 6년간 무기 산업 연구에 복무한다. 이들은 바로 나 자신이 국민과 국가를 구해야 한다는 강한 사명감으로 미사일 방어체계 아이언 돔Iron Dome을 비롯한 최첨단 무기를 개발해 이스라엘을 군사 강국으로 탈바꿈시켰다.

그리고 제대 후에는 군에서 습득한 기술과 경험을 바탕으로 스타트업을 창업하여 큰 성공을 거두고 있다. 체크포인트Check Point, ICQ, 메타카페MetaCafe, 나이스시스템NICE Systems, 컴퓨젠Compugen등이 바로 탈피오트에서 습득한 노하우를 토대로 혜성처럼 나타난 기업들이다. 이들은 수조 원의 기업 가치를 인정받아 나스닥에 상장되거나 미국 대기업에 인수되었다.

우리의 높은 교육열이 그 잠재력을 발휘해 초일류 국가로 나아가려면 교육의 철학과 방식이 바뀌어야 한다. 그런 면에서 유대인의 창의성 교육과 리더십 및 사명감을 중시하는 교육 등에서 우리가 배울 점이 많다고 하겠다.

CHAPTER 13

재능은 어떻게
탁월해지는가

SLOW
THINKING

뇌는 우리가 요구하는 능력만을 집중적으로 발달시킨다.

지금 당장은 불가능한 일이라도 뇌에 지속해서 올바른 방식으로 요구하면

결국에는 가능한 일이 된다.

삶의 변화를 원한다면 먼저 내 뇌와 가까워져야 한다.

그리고 잠재능력 내에서 무언가를 제대로 요구하라.

결코 나를 배신하지 않는 뇌에게
무엇을 요구할까

우리 교육이 지식을 전달하는 주입식 교육에서 생각하는 법을 가르치는 창의성 교육으로 바뀌어야 하는 과학적 근거를 찾아보자. 그러려면 우리 뇌가 작동하는 운영체계 OS, operating system를 이해할 필요가 있다.

신경과학자 토머스 울지 Thomas A. Woolsey는 외부 환경이 뇌에 미치는 영향을 알아보기 위해 생후 2~3일 된 쥐의 수염을 제거하여 뇌세포에 어떤 변화가 생기는지 관찰했다. 그 결과 수염을 일부 제거한 경우에는 그 수염의 감각과 관련된 뇌세포가 사멸하고 대신 주변 뇌세포가 발달해 빈 부위를 메우는 것으로 나타났다. 그러나 수염을 모두 제거한 경우에는 수염과 연결된 대뇌감각피질의 모든 뇌세포가 사멸했다.[38]

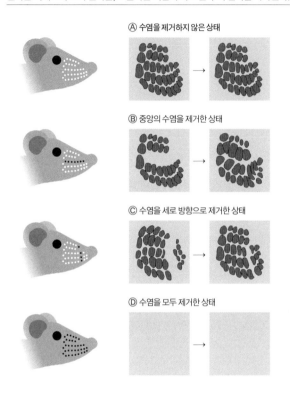

쥐의 수염을 제거한 뒤 뇌세포에 생긴 변화

왼쪽은 뇌세포의 초기 변화를, 오른쪽은 시간이 더 흐른 후의 변화를 나타낸다.

Ⓐ 수염을 제거하지 않은 상태

Ⓑ 중앙의 수염을 제거한 상태

Ⓒ 수염을 세로 방향으로 제거한 상태

Ⓓ 수염을 모두 제거한 상태

수염이 없어지면 그 수염이 담당하던 감각 신호의 입력도 중단된다. 그러면 그 수염과 관련한 뇌세포는 할 일이 없어진다. 이렇게 일은 하지 않고 에너지만 소모하는 뇌세포는 생존에 불리하므로 사멸된다. 반면 제거된 수염 근처에 있는 수염은 더욱 자주 사용되어 이와 관련한 뇌세포가 더욱 발달한다.

이는 생존 가능성을 높이기 위한 시스템이다. 우리 뇌는 특정 뇌세포를 많이 사용할수록 그 기능이 생존에 중요하다고 판단해 발달시키고, 사용하지 않는 뇌세포는 생존에 불필요하다고 생각해 퇴화시킨다.

뇌 발달의 특징 중 하나는 시냅스를 과잉 생산overproduction 했다가 점차 가지치기pruning한다는 것이다. 태아의 뇌는 매우 빠르게 성장하여 뇌가 기능하는 데 필요한 양보다 훨씬 많은 양의 시냅스를 만들어낸다. 이처럼 과잉 생산된 시냅스는 출생 후 유아기와 청소년기를 거치면서 뇌 기능에 필요한 부분만 남고 나머지는 제거된다. 따라서 시냅스는 출생 시에 가장 많고, 생후 1년 동안 현저히 감소하다가 이후 비교적 천천히 감소해 어른이 되면 출생 시보다 몇십배 감소한다. 이렇게 시냅스가 퇴화하는 것은 사용하지 않는 시냅스를 유지하느라 에너지를 낭비하지 않기 위해서다. 이런 과정을 거쳐 뇌는 정보 소통에 효율적인 체계를 점차 갖추게 된다.

출생 시 시냅스 수가 가장 많다는 사실이 의미하는 바는 무엇일까. 우리가 어떤 재능도 발달시킬 수 있는 무한한 가능성을 지니고 태어난다는 뜻이다. 뇌는 어떤 환경에도 적응할 잠재력을 지니고 있지만 특정 상황에 특화되지는 않은 상태로 태어난다. 즉 뇌는 우리가 요구하기 전에는 어떤 능력도 미리 만들어주지 않는다. 이는 진화론적으로 대단히 유리한 전략이다. 태어나서 세상을 살아보기 전에는 어떤 환경에서 어떤 경험을 하게 될지 알 수 없고, 어떤 능력이 요구될지도 알지 못한다. 예를 들어 축구선수로 성장하려면 운동 능력이, 음악가로 성장하려면 음악적 능력이 있어야 하는데, 우리 뇌는 이런 능력을 미리 만들지 않는다. 태어나 살아가면서 우리가 그런 능력이 필요하다고 요구하면 그때서야 비로소 이런 능력을 발휘할 시냅스 배선을 만들어주는 것이다. 우리 뇌의 이러한 운영체계는 어떻게 교육하고 학습해야 하는가와 관련한, 대단히 유용하고 중요한 정보다.

뇌가 우리가 요구하는 능력만을 집중적으로 발달시킨다는 것을 잘 보여주는 사례가 바로 언어 능력이다. 인간은 세계적인 언어학자 노엄 촘스키가 '언어 습득 장치LAD, language acquisition device'라고 명명한, 어떤 언어라도 배울 수 있는 생득적인 능력을 지니고 태어난다. 그런데도 우리는 왜 영어를 하지 못할까. 한국어가 필요한 환경에서 자라 한국어 습득만을 우리 뇌에 요구했기 때문이다. 만일 미국에서 태어나 영어가 필요한 환경에서 자랐다면 당연히 한국어가 아닌 영어를 구사하게 되었을 것이다.

걷는 과정도 우리가 뇌에 걷기를 요구한 결과라고 할 수 있다. 아이는 돌 무렵이 되면 끊임없이 일어나 걸으려고 시도한다. 넘어져도 일어나 걷고, 또 넘어져도 다시 일어나 걷는다. 이것이 바로 뇌에 걷기를 요구하는 행위다. 이것을 지속하면 아이 뇌에서는 걷는 데 필요한 시냅스 배선을 만들기 시작하고, 그 결과로 걸을 수도, 달릴 수도 있게 된다. 지금 당장은 불가능한 일이라도 뇌에 지속해서 요구하면 결국에는 가능한 일이 되는 것이다.

걷고 말하는 능력은 누구에게나 당연히 있는 능력 아니냐고 묻는 사람도 있을 것이다. 이런 능력이 당연한지 아닌지 명확히 보여주는 사례가 있다. 인간에게 양육을 받지 못하고 동물에게 길러진 '야생의 아이feral child'다.

1920년 인도 캘커타 근처에서 각각 7살과 2살로 추정되는 여자아이 두 명이 발견된다. 두 아이는 직립보행을 하지 못해 팔다리로 뛰어다녔고, 늑대처럼 울부짖을 뿐 말은 한마디도 하지 못했다. 구조된 뒤 7살 아이는 '카말라', 2살 아이는 '아말라'라는 이름으로 불리며 인간 사회에 적응하기 위한 교육을 받았다. 아말라는 2개월쯤 걸려 '물'이라는 단어를 익혔지만, 1년 뒤에 사망했다. 카말라는 교육받은 지 1년 반 만에 직립보행에 성공하고, 9년 후에 가까스로 유아 수준의 언어를 구사할 수 있었다. 그러나 인간 사회에서 10년을 채 살지 못하고 세상을 떴다.

만일 걷거나 말하는 능력을 무조건 타고나는 거라면 카말라나 아말라와 같은 야생의 아이들도 저절로 걷거나 말할 수 있어야 한다. 그러나 사람에게 양육되지 못하고 동물과 자란 아이들은 걷거나 말하지 못한다. 걷거나 말할 시도를 하지 않았기 때문이다. 뇌에 이런 능력을 키울 것을 요구하지 않으면 관련 시냅스 배선은 형성되지 않는다.

뇌가 우리 요구대로 발달한다는 것을 보여주는 또 다른 증거는 뇌졸중 환자의 재활 치료에서 찾을 수 있다. 뇌졸중에 걸리면 마비 증세가 나타나는데, 이는 해당 신체 부위의 운동을 기억하고 담당하던 뇌세포와 관련한 시냅스 배선이 소멸했기 때문이다. 손상된 뇌세포는 재생하지 않지만 새로운 시냅스 배선은 생성될 수 있다. 따라서 재활 치료를 통해 손상 세포 주변에 있는 세포에 새로운 시냅스 배선을 형성하면 마비된 부위를 다시 사용할 수 있게 된다. 재활 치료는 마비된 부위를 다시 쓰게 하라고 뇌에 지속해서 요구하는 행위인 셈이다.

'뇌에 무언가를 지속해서 요구하는 행위'란 무언가를 열심히 하고 도전한다는 뜻이다. 밤낮으로 축구 생각만 하고 열심히 축구를 하는 것은 곧 뇌에 축구를 잘하도록 시냅스 배선을 만들라고 요구하는 것과 같다. 축구를 열심히 하면 이와 관련한 자극과 신호가 뇌에 계속 입력되는데, 뇌는 이 반복된 신호를 '축구를 잘해야 생존에 유리하다'로 해석하고 축구를 잘할 수 있게 시냅스 배선을 만드는 것이다. 마찬가지로 암기를 열심히 하면 뇌에서는 암기 능력을 생존에 꼭 필요한 것으로 해석해 암기를 잘할 수 있는 시냅스 배선을 만들 것이다.

물론 뇌가 어떤 요구라도 다 들어주는 것은 아니다. 물고기처럼 물에서 호흡한다거나 맨몸으로 하늘을 난다거나 축지법을 쓴다거나 로또 당첨 번호를 예측한다거나 하는 일은 아무리 뇌에 요구해도 실현할 수 없다. 인간의 잠재능력을 벗어난 일이기 때문이다.

그러나 잠재능력 내의 무언가를 우리가 올바른 방식으로 요구하면 뇌는 더할 나위 없이 충실한 하인이 되어준다. 따라서 뇌를 이해한다는 것은 곧 그 충실한 하인을 가장 잘 부리는 방법을 아는 것과 같다.

시냅스를 매개로 하는 우리 뇌의 운영체계를 보면 두뇌 발달이 후천적이라는 사실이 명백해진다. 신경과학 분야의 세계적인 석학인 미국 뉴욕대학의 조지프 르두는 저서『시냅스와 자아』에서 우리의 사고와 감정, 활동, 그리고 기억과 상상은 모두 시냅스에서 일어나는 반응의 결과라고 말한다.[39] 시냅스는 학습을 통해 얻은 정보를 기록하고 저장한다. 이렇게 새로운 사실을 배울 때마다 뇌의 구조가 미세하게 조금씩 변하고, 이런 과정이 오랜 시간 축적되면서 자아가 형성된다는 것이다. 즉 시냅스에 영향을 끼친 학습의 결과가 한 인간의 인격을 구축하는 데 주된 역할을 한다.

시냅스가 어떻게 배선되느냐에 따라 자신의 실체가 결정되고 유지된다는 것은 곧 인격을 자신의 노력으로 바꿀 수 있다는 것을 의미한다. 의식에 입력되는 내용을 스스로 조절하려 노력함으로써 시냅스 배선을 바람직한 방향으로 변화시키면 나라는 사람 자체도 바람직한 방향으로 변화할 수 있다는 뜻이다. 그런 의미에서 러트거스대학 분자행동 신경과학센터 소장, 폴라 탈랄Paula Tallal의 이 말은 매우 적절하다고 할 수 있겠다.

당신이 입력하는 대로 당신의 뇌를 스스로 창조할 수 있다.

You can create your brain from the input you get.

모든 재능과 창의성은
후천적으로 만들어진다

교육의 방향은 재능을 선천적이라고 보느냐, 후천적이라고 보느냐에 따라 크게 달라진다. 앞서 밝힌 대로 뇌는 우리의 요구를 '입력input'으로 전달받는다. '입력'이란 보고 듣고 만지고 냄새 맡고 맛보고 생각하는 총체적인 경험이다. 뇌의 관점으로는 주입식 교육도 입력이고, 창의성 교육도 입력이다. 우리 뇌는 주입식 교육을 받으면 암기 능력을, 창의성 교육을 받으면 창의적 사고력을 발달시킬 것이다.

만일 지적 재능이 선천적으로 타고나는 것이라면 주입식 교육도 나쁠 것은 없다. 뛰어난 인재가 발견하고 쌓은 지식을 그대로 이해하고 암기해 따라가기만 하면 되기 때문이다. 그러나 지적 재능이 후천적이라면 주입식 교육이 아니라 각자를 인재로 성장시키는 두뇌 발달 교육을 추구해야 할 것이다. 이 경우 주입식 교육은 우리의 가능성을 가로막는 장애물이나 다름없다.

그렇다면 '천재'라 일컬어지는 뉴턴, 아인슈타인, 다윈 등의 지적 재능은 어떨까. 이들의 탁월한 업적과 천재성도 과연 후천적이라 할 수 있을까. '케인스 이론'으로 유명한 경제학자 존 케인스는 뉴턴 탄생 300주년 기념식에서 뉴턴에 대해 이렇게 말했다. "뉴턴은 문제를 한번 붙들면 그것이 풀릴 때까지 몇 시간이고 며칠이고 심지어 몇 주일이고 계속 생각했다."

뉴턴도 자신이 남들보다 더 많이 생각하고 노력한다는 사실을 인정했다. 남들은 자기더러 천재라고 하지만, 자신이 수많은 문제를 해결한 비결은 열심히 생각하고 또 생각한 데 있다고 밝히고 있다.

만약 남들도 나만큼 열심히 생각한다면, 그들도 비슷한 결과를 얻을 것이다.
발견으로 가는 길은 부단한 노력에 있다. 끈질긴 집중이야말로 위대한 발견의 기초다. 내게는 특별한 방법이 있지 않다. 단지 어떤 것을 오랫동안 깊이 사고할 뿐이다. 굳센 인내와 노력 없이 천재가 된 사람은 아무도 없다.

놀랍게도 아인슈타인도 이와 비슷한 이야기를 했다.

나는 머리가 좋은 것이 아니다. 단지 문제가 있을 때 남들보다 더 오래 생각할 뿐이다. 어려운 문제에 부딪힐 때도 많았지만 다행히 신은 나에게 민감한 코와 노새 같은 끈기를 주셨다.

재능 연구 분야의 선구자인 플로리다대학의 안데르스 에릭슨도 재능의 후천성에 무게를 둔다. 그가 제안한 '1만 시간의 법칙'은 어떤 분야든 1만 시간을 쏟아부으면 누구라도 최상급의 실력을 갖추게 된다는 것이다. 언뜻 보기에는 노력의 양적인 면만 지나치게 강조하고, 질적인 면은 간과한 것 같기도 하다. 에릭슨 교수도 이런 오해를 불식시키기 위해 1만 시간을 채운다고 누구나 정상급 실력자가 되는 것이 아니며 '신중하게 계획된 연습$^{deliberate practice}$'을 해야 한다고 강조했다. '신중하게 계획된 연습'이란 전문가에게 피드백을 받아 오류를 즉각 수정하고, 한계에 도전하며 자신이 하는 일에 몰입하는 것을 말한다.

창의성이 후천적으로 얻을 수 있는 재능이라면, 창의성을 키우기 위한 가장 좋은 교육은 무엇일까. 창의성을 위한 '신중하게 계획된 연습'이란 과연 무엇일까. 앞서 우리는 시냅스 배선을 새로이 만들려면 우리 뇌에 적절한 요구를 해야 한다는 사실을 알게 되었다. 이제 질문을 이렇게 바꾸어보자. 창의성을 계발하려면 우리 뇌에 어떤 요구를 해야 할까. 그 답은 바로 이것이다.

"미지의 문제를 해결하라!"

미숙아로 태어난
세기의 천재들

뉴턴, 아인슈타인, 다윈은 모두 미숙아로 태어났다

• • •

앞서 우리는 뉴턴, 아인슈타인, 다윈 등의 위대한 재능이 후천적인 노력으로 만들어졌다는 사실을 살펴보았다. 만일 이들에게 선천적인 기질이 있다면 그것은 남들보다 더 많이, 끈질기게 생각하는 능력 정도일 것이다. 그렇다면 이런 선천적인 기질은 어떻게 만들어졌을까. 이제부터 할 이야기는 시냅스의 발달 원리에 근거해 내가 세운 가설이다. 검증되진 않았지만, 천재성의 단면을 엿볼 수 있는 흥미로운 가설로 봐주었으면 한다.

나는 과학 분야의 3대 천재로 일컬어지는 뉴턴, 아인슈타인, 다윈의 자료를 조사하다 이들에게 두 가지 공통점이 있음을 발견했다. 첫 번째는 이들 모두 조현병이나 조울증 증세를 보였다는 것이고, 두 번째는 미숙아로 출생했다는 것이다. 첫 번째 공통점은 슬로싱킹 장기 몰입의 원칙 11개 중에서 운동의 중요성을 강조하며 언급한 바 있고, 여기서는 두 번째 공통점을 이야기하고자 한다.

뉴턴은 1642년 12월 25일, 임신 7개월째에 태어났다. 출생시 몸무게가 고작 1.36킬로그램밖에 되지 않아 다들 뉴턴이 생존하지 못하리라 여겼다고 한다. 아인슈타인은 1879년 3월, 임신 7개월째에 태어났고, 다윈 역시 1809년에 미숙아로 태어났다.[40] 과학 분야의 3대 천재가 모두 미숙아 출생이라는 것이 과연 우연의 일치일까?

미숙아로 태어났다는 점이 뇌 발달에 유리한 면이라도 있는 것일까? 조사해보았지만 불리한 면이 훨씬 많다는 사실을 알게 되었다. 최근 자료에 의하면 미숙아는 그렇지 않은 아이들보다 생존율이 낮을 뿐 아니라 평균 IQ도 더 낮고 평생 후유증에 시달릴 가능성도 크다.

그런데 흥미롭게도 이러한 핸디캡에도 불구하고 미숙아로 태어난 사람 중에는 뉴턴, 아인슈타인, 다윈 말고도 역사적으로 탁월한 지적 능력을 발휘한 인물이 적지 않다. 과학혁명의 선구자이자 케플러 법칙으로 유명한 요하네스 케플러, 영국의 근대 철학자 토머스 홉스, 영국 수상을 지내고 노벨문학상을 수상한 윈스턴 처칠, 프랑스의 영웅 보나파르트 나폴레옹, 프랑스의 사상가 장 자크 루소, 천재 화가 파블로 피카소와 오귀스트 르누아르, 문학의 거장인 마크 트웨인과 빅토르 위고, 독일의 철학자이자 문학가 괴테 등이 모두 미숙아 출생이다.[41]

우리나라 사례로는 조선 시대 문신이자 정치인인 한명회가 칠삭둥이, 영의정을 지낸 이항복은 팔삭둥이, 한국 최초의 안과 의이자 한글 타자기를 개발한 공병우 박사가 팔삭둥이로 알려져 있다.

물론 이런 인물들은 미숙아의 불리한 점을 극복한 매우 예외적인 사례라 할 것이다. 그러나 많은 미숙아가 이렇게 탁월한 지적 발달을 이룰 수 있었던 이유를 시냅스 가소성에 근거해서 살펴보면 다음과 같이 가정할 수 있다. 정상 임신 기간인 약 9-10개월보다 1, 2개월 앞서 세상에 나온 아기들은 같은 시기에 배 속에 있는 아이들보다 주변 환경에서 더 많은 자극을 받는다. 시냅스의 수가 태아일 때 최대라는 점을 고려하면 미숙아로 태어난 아이들은 시냅스 발달이 정상 출생아보다 더 일찍 시작되는 셈이다. 그런 이유로 어릴 때부터 생각하기를 즐기고, 이런 기질이 선순환을 만들어 머리가 발달한 천재가 될 수 있었던 것은 아닐까 한다.

현생 인류의 짧은 임신 기간이 '인지 혁명'에 미친 영향

• • •

이 가설을 확장하면 인류의 진화도 다른 시각으로 볼 수 있다. 호모 사피엔스의 인지 혁명cognitive revolution은 어떻게 일어났을까. 유발 하라리의 『사피엔스』에 의하면 우리 인류의 조상은 7만 년 전에 아프리카에 거주하다가 세계 다른 지역으로 퍼져 나간 호모 사피엔스의 일부라고 한다.[42] 이들에게는 이전의 호모 사피엔스 그리고 인류의 다른 어떤 종과도 비교하지 못할 월등한 지적 능력이 있었다. 수백만 년 동안 유인원과 크게 다를 것 없는 삶을 살던 인류가 약 7만 년 전부터 3만 년 전 사이 유인원의 것과는 비교할 수 없을 정도로 놀라운 문명과 문화를 만들었다.

이 시기에 출현한 호모 사피엔스의 이러한 새로운 사고방식과 의사소통 방식을 유발 하라리는 '인지 혁명'이라고 명명한다. 이것을 신학자 존 파이퍼는 '창조적 폭발creative explosion'[43]이라 하고, 문화인류학자 재레드 다이아몬드는 '위대한 도약great leap forward'[44]이라고 한 바 있다. 과연 이 시기 인류에게 무슨 일이 일어났던 것일까?

이 창조적 폭발을 이끈 기폭제가 무엇인지에 관한 몇 가지 설이 있다. 가장 많은 사람이 믿는 설은 우연히 일어난 유전자 돌연변이가 사피엔스 뇌의 내부 배선을 바꿨다는 것이다. 그 덕에 전에 없던 방식으로 생각할 수 있게 되었으며 완전히 새로운 유형의 언어로 의사소통할 수 있게 되었다는 것이다. 한편 신경외과 전문의이자 작가인 레너드 쉴레인은 『자연의 선택, 지나 사피엔스』에서 죽음에 대한 통찰이 창조적 폭발의 주요 원인이라고 주장한다.[45]

조심스럽게 내 주장을 편다면, 나는 7만 년 전부터 3만 년 전 사이에 일어난 인지 혁명이 인류가 '미숙아'로 태어난 사실과 관련 있다고 생각한다. 오늘날 인간의 정상적인 임신 기간은 약 9-10개월이지만, 본래 사람 크기의 영장류는 임신 기간이 18개월이라고 한다.[46] 그런데 임신 기간이 18개월이었던 인류는 대부분 출산 시 사망한다. 인류는 유인원에서 진화하면서 250만 년 동안 뇌가 3배나 커졌고, 15만 년 전에는 그 이전 뇌의 1/3만 큼이 더 커졌다. 이렇게 두뇌 크기가 커진 덕분에 대뇌피질이 발달해 지적 능력이 발달할 수 있었지만, 그에 따른 부작용도 심각했다. 인류의 두뇌가 유인원의 4배가량 커지자 가장 큰 문제는 출산이었다. 직립보행을 하려면 창자가 중력에 의해 직장으로 쏠아지지 않도록 엉덩이는 작아지고 골반은 좁아져야 한다. 이는 아기가 나오는 산도도 좁아진다는 의미다. 따라서 머리가 커지는 속도를 골반의 팽창 속도가 따라가지 못해 출산 시 아이가 사망하거나 산모가 사망할 확률이 높아진다. 이를 고인류학에서는 '출산의 딜레마obstetrical dilemma'[47]라고 한다. 이런 이유로 임신 기간이 18개월 미만인 인류만이 출산의 딜레마에서 벗어나 살아남을 수 있었고, 그렇지 못한 인류는 멸종했다. 다시 말해 조산한 인류만이 살아남았다. 원래는 18개월 자라야 태어나는데 9개월 만에 조산했으니, 이 살아남은 인류의 아기는 곧 '미숙아'인 셈이다.

인류학자들이 고대 인류의 화석에서 추출한 미토콘드리아 DNA 연구에 기반해 추정한 바에 따르면 우리는 '아프리카의 이브'라고 불리는 한 여성의 후손이라고 한다. 미국의 유전학자들은 사람의 미토콘드리아 DNA가 모계를 통해서만 전해진다는 사실에서 출발해 현 인류의 가계도를 거슬러 올라가면 현대인의 근원지는 아프리카 대륙이고, 한 여성(후에 학자들이 '아프리카의 이브' 혹은 '미토콘드리아 이브'로 부를)이 인류의 공통 조상이라고 주장했다.[48] 이러한 추정이 가능한 것은 오늘날 현존하는 모든 인간의 유전자 구조가 0.1퍼센트의 차이도 나지 않을 정도로 비슷하기 때문이다. 침팬지의 경우에는 거주지가 수 킬로미터만 떨어져 있어도 그 유전자 차이가 다른 대륙에 사는 인간들보다 더 크게 나타난다고 한다.

따라서 호모 사피엔스는 임신 기간이 9~10개월인 '아프리카의 이브'의 후손이며 이 짧은 임신 기간이 호모 사피엔스의 유례없이 뛰어난 지적 능력의 원인이라고 가정할 수 있다. 태어나자마자 걷지 못하는 포유류는 인류가 유일하다는 점에서 이 주장은 더욱 설득력 있다. 만약 인류가 18개월의 임신 기간을 다 채워 태어났다면 다른 포유류처럼 태어나자마자 걸을 수 있었을 것이다. 다른 영장류는 뇌가 45~50퍼센트 정도 발달한 상태에서 태어나지만, 인간은 단지 25퍼센트 정도만 발달한 미숙한 상태로 태어난다. 그 결과 인간은 다른 영장류보다 양육 기간이 훨씬 더 길다.

시냅스 가소성을 고려하여 다음과 같은 사고 실험을 해보자. 같은 부모에게서 같은 유전자를 물려받은, 임신 9개월 만에 태어난 일란성 쌍둥이 A와 B가 있다. A는 여느 신생아와 다름없이 부모 손에서 자라고, B는 출생 직후 9개월간 컴컴한 인큐베이터에서 영양분만을 공급받으며 지낸다고 하자. 9개월 뒤, B가 인큐베이터에서 세상으로 나왔을 때 이 쌍둥이들의 지능을 비교해보면 어떨까. A는 생후 9개월간 다양한 자극을 경험한 덕에 엄청난 시냅스 배선을 만들었을 것이고, B는 이러한 자극을 경험하지 못했을 테니, A의 지능이 훨씬 높을 것으로 예상할 수 있다. B가 A보다 지능 면에서 훨씬 불리한 조건에서 삶을 시작하는 것이다. 이것으로 7만 년 전에 아프리카를 떠났던 호모 사피엔스와 그 이전에 출현한 다른 인간종과의 불연속적인 지능의 차이를 설명할 수 있지 않을까. 우리 인류는 조산으로 출산의 딜레마를 해결했을 뿐 아니라 예기치 않게 뛰어난 지적 능력을 지니게 된 것이다(물론 정서 불안정 등과 같은 조산의 부작용도 있을 것이다).

이 논리를 앞서 밝힌 일부 미숙아의 뛰어난 지적 능력과 연관시키면 정상 임신 기간을 채우지 못하고 태어난 미숙아는 건강상 많은 문제를 겪지만, 예외적으로 이를 극복한 일부는 두뇌가 탁월하게 발달할 수 있을 것이다. 뉴턴, 아인슈타인, 다윈의 유례없는 천재성이 미숙아의 이런 특성에서 기인한 것은 아닐까 생각한다.

만약 그렇다면 이들의 천재성을 선천적이라고 간주해야 하나, 후천적이라 간주해야 하나? 교육받기 이전에 이미 두뇌가 발달한 셈이니 선천적 재능이라고 할 수도 있겠다. 하지만 이들의 천재성이 부모의 DNA에서 기인한 것이 아니라 조산으로 인한 시냅스 발달에 기인한 것이라 본다면 후천적이라 할 수도 있을 것이다.

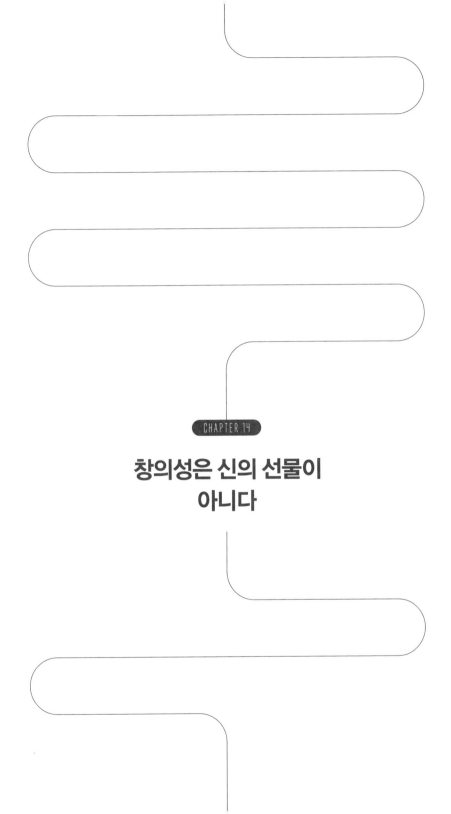

CHAPTER 14

창의성은 신의 선물이
아니다

SLOW
THINKING

지적인 도전을 할 때 뇌는 가장 발달한다.

게다가 그 도전을 즐긴다면 더욱 극적으로 발달한다.

훌륭한 교사는 학생들이 스스로 도전할 수 있는 환경을 만들어

생각의 즐거움에 흠뻑 빠지게끔 한다.

그 비결을 안다면, 나 자신이 나의 좋은 교사가 될 수도 있다.

배우기보다 중요한
스스로 생각하기의 힘

앞서 나는 우리 뇌야말로 더할 나위 없이 충실한 하인이라고 말한 바 있다. 잠재능력에 해당하는 것이라면 무엇이든 우리 뇌에 요구해 개발할 수 있다.

그렇다면 창의성과 창의적 문제 해결 능력은 인간의 잠재능력에 포함될까. 다행스럽게도 그렇다. 뇌는 창의성을 키우라는 우리의 요구에 따라 기꺼이 시냅스 배선을 만들어준다. 남은 문제는 창의성을 키우라는 요구를 어떤 방식으로 해야 효율적이냐는 것이다.

동서양을 막론하고 고대에는 오늘날의 창의성에 해당하는 개념이 없었다. 르네상스 이전까지만 해도 창조는 신의 영역이지 피조물인 인간이 할 수 있는 일은 아니며 인간이 뭔가를 창조한다면 그것은 신의 영감이 수호신을 통해 전해졌기 때문이라고 믿었다. 이 수호신을 고대 그리스에서는 '다이몬daemon'이라고 불렀는데, 소크라테스조차 수호신 다이몬이 그에게 지혜를 전해준다고 믿었다.[49]

이 수호신은 로마 시대에는 '게니우스genius'라고 불리다가 인간의 가치와 가능성에 주목하는 르네상스 시대가 되자 그 뜻이 '신의 영감을 전하는 수호신'에서 '탁월한 개인 안에 존재하는 능력'으로 바뀌면서 오늘날의 '천재'를 의미하는 '지니어스genius'가 되었다.

창의성이 신의 영감이 아닌, 탁월한 개인의 능력이라는 믿음이 보편화한 것은 17세기 후반 계몽주의 시대에 이르러서다. 그리고 1950년대가 되어서야 평범한 인간이 어떻게 창의력을 발달시킬 수 있을지에 관한 연구가 시작되었다.

물론 그 이전에도 오늘날의 관점에서 '창의성 교육'이라 할 만한 사례는 있었다. 대표적인 것이 바로 소크라테스와 공자의 문답법이다. 소크라테스와 공자는 제자들에게 지식이나 지혜를 직접 전달하지 않고 질문을 던져 스스로 생각하고 터득하도록 유도했다. 상대가 잘못한 일이 있어도 잘못을 지적하는 대신 질문에 답하는 과정에서 스스로 깨닫게 했다. 남이 가르쳐주어 얻은 지식은 오래 기억되지도, 크게 발전하지도 못한다는 것을 알았기 때문이다.

플라톤의 『메논』은 소크라테스가 귀족 메논과 탁월함arete에 대해 나눈 대화를 담고 있다. 메논이 소크라테스에게 탁월함이란 무엇인지, 과연 가르칠 수 있는 것인지를 묻는다. 소크라테스는 탁월함은 가르칠 수 있는 것이 아니라고 대답하면서 기하학을 배운 적이 없는 메논의 노예에게 단계적으로 질문을 던져 노예 스스로 도형의

넓이를 구할 수 있음을 보여준다. 탁월함이란 본래 우리 안에 있는 것이며, 타인이 그것을 끄집어내는 산파 역할은 할 수 있어도 가르쳐줄 수는 없다는 것이다. 이것이 바로 소크라테스식 교육으로 유명한 '산파술'의 본질이다. 질문하고 대화하는 과정에서 지적 능력을 발달시키는 교육 방식이다.

이런 교육 방식이 창의성과 사고력을 발달시키는 데 효과가 있었다는 사실은 소크라테스와 공자가 뛰어난 제자를 많이 배출했다는 사실에서 확인할 수 있다. 창의성 교육의 효과를 보여주는 역사적 사례인 셈이다.

2천 년 가까이 이어진 유대인의 토론식 교육, 하브루타도 대표적인 창의성 교육법이다. 학생을 둘씩 짝지어 성경과 탈무드를 두고 치열하게 논쟁하고 토론하게 한다. 상대를 설득하려면 먼저 자신의 주장과 근거를 논리적으로 정리해야 하고, 상대의 주장을 이해해야 하며 상대가 내게 던질 질문을 예상하고 답을 마련해야 한다. 또 상대의 주장을 반박할 질문도 만들어야 한다. 끊임없이 생각하고 또 생각해야 한다는 말이다. 무엇보다 놀라운 것은 이런 토론이 학교뿐 아니라 가정과 사회 곳곳에서 일상적으로 벌어진다는 사실이다. 유대인이 노벨상 수상자를 200명 이상 배출한 데는 이런 토론 문화의 공이 클 것이다.

한편 혼자서 책을 읽는 방법으로 창의성을 기른 성공 사례도 있다. 19세기 영국의 철학자이자 경제학자인 존 스튜어트 밀은 학교에 다니는 대신 집에서 아버지에게 교육을 받았다. 그의 자서전을 보면 그가 당시의 전형적인 주입식 정규 교육과 얼마나 다른 교육을 받았는지 알 수 있다. "내가 받은 교육은 그런 주입식 교육이 아니었다. 아버지는 배움이 단지 기억력 훈련이 되는 것을 절대 허락하지 않았다. 아버지는 배우는 모든 단계를 이해시키려 힘썼을 뿐 아니라 가능하면 가르치기에 앞서 내가 스스로 이해하게 만들려고 노력했다. 나 스스로 해답을 찾기 위해 온 힘을 다하기 전에는 절대로 미리 알려 주지 않았다."[50]

밀은 이런 방식으로 3세부터 그리스어를 익혔고, 7세에는 『플라톤의 대화편』을 읽었으며 8세에는 라틴어를, 12세부터는 논리학과 경제학을 배웠다. 그러나 자신을 천재라고 생각해본 적은 단 한 번도 없다고 했다. 다만 이해되지 않는 부분을 스스로 깨치도록 유도한 아버지의 교육 덕분에 다양한 학문을 섭렵할 수 있었고, 평생 진리를 추구하며 인간의 자유와 존엄을 존중하는 사상을 발전시킬 수 있었다고 말한다. 존 스튜어트 밀을 천재로 만든 교육의 핵심은 "나 스스로 해답을 찾기 위해 온 힘을 다하기 전에는 절대로 미리 알려 주지 않았다"는 이야기에 함축되어 있다. 이러한 방식이 내가 슬로싱킹과 몰입을 통하여 추구하는 교육이다.

수호신의 속삭임 없이도 창의성을 발휘할 수 있음을 인식한 이후 인류는 창의성을 계발할 여러 방법을 구해왔다. 그 형식은 문답, 토론, 독서 등 다양할지 몰라도 핵심 내용은 하나다. 스스로 생각하고 깨닫기. 이를 간파하면 내 안의 창의성을 끄집어낼 산파 같은 스승이 없어도, 함께 토론할 동료가 없어도, 창의성의 길로 안내할 아버지가 없어도 누구든 혼자서도 쉽게 창의성을 계발할 수 있다.

창의성의 4-C 모델

창의성을 이야기하다 보면 저마다 창의성을 달리 해석하고 있다는 사실을 발견한다. 그래서 교육학자들은 '창의성'보다 '사고력'이라는 단어를 더 선호한다고 한다. 창의성의 다양한 정의와 관련해 심리학자 제임스 카우프만James C. Kaufman과 교육학자 로널드 베게토Ronald A. Beghetto가 정리한 '4-C' 모델을 살펴보자.

1. Mini-C: 내재적 창의성. 창의성의 가장 낮은 단계로, 개인적인 경험, 행동과 통찰의 의미 있는 해석이 이에 속한다. 흔히 일기를 쓸 때 경험한다.

2. Little-C: 일상적 창의성. 아이디어를 내거나 글을 쓰거나 그림을 그리거나 사진을 찍는 등의 활동이 여기에 속한다. 단, 이런 작업은 매우 아마추어적이고 전문성이 없다.

3. Pro-C: 전문적 창의성. 자신의 전문 분야에 한정되고, 다른 분야를 넘어서지는 못한다.

4. Big-C: 혁신적 창의성. 특정 분야에서 위대하다고 인정되는 창의성을 가리킨다. 뉴턴, 아인슈타인, 모차르트, 피카소, 빌 게이츠, 스티브 잡스처럼 분야와 경계를 뒤흔드는 혁신적 창의성이 여기에 속한다.

이처럼 창의성에 대한 정의의 모호함 때문에 이 책에서는 '창의성'이란 단어 대신 어떤 분야나 조직에서 남들이 해결하지 못한 문제를 해결하는 능력을 지칭하여 '창의적 문제 해결 능력'이라는 표현을 사용했다.

창의적인 사람은
끈기 있게 도전하고 빠르게 성장한다

중요하지만 아무도 해결하지 못하는 문제에 집중하고 몰입해 해결책을 찾는 행위는 앞서 밝힌 대로 오래전에는 신의 영역으로 간주할 만큼 어려운 도전이다. 그래서 문제를 풀어내기는커녕 문제 해결을 시도하려는 사람조차 드물다.

우리가 이런 도전에 관심을 두는 이유는 그것이 어려운 일이기 때문이기도 하지만, 이 도전이 우리 두뇌에서 가장 부가가치가 높은 기능을 활용하고, 지적 능력을 빠르게 발달시키기 때문이다. 문제를 해결하기 위한 몰입도를 올린다는 것은 그에 필요한 지적 능력을 최대로 끌어올리는 행위다. 산업체의 개발 현장 등 다양한 업무 상황에서 발생하는 문제를 해결하려면 다음 세 가지 능력이 필요하다. 이 세 가지 능력이 발달한 사람은 '창의적인 문제 해결 능력'이 뛰어나다고 할 수 있다.

첫째, 답이 보이지 않아도 포기하지 않고 오래 생각하는 끈기가 있어야 한다. 그래야만 문제를 해결하거나 아이디어를 얻을 확률이 올라가기 때문이다. 내가 강의나 강연에서 즐겨 하는 말이 있다.

1분밖에 생각할 줄 모르는 사람은 1분 걸려 해결할 문제밖에 못 푼다. 60분 생각할 수 있는 사람은 그보다 난도가 60배 높은 문제를 해결할 수 있고, 10시간 생각하는 사람은 그보다 난도가 600배 높은 문제를 해결할 수 있다. 하루에 10시간씩

10일을 생각하는 사람은 6,000배의 난도, 100일을 생각하는 사람은 6만 배 난도의 문제까지 해결할 수 있다.

이처럼 문제 해결에 진전이 전혀 없는 상황에서 포기하지 않고 계속 노력하는 특성을 우리는 '도전 정신'이라 한다. 도전 정신과 몰입에 관해서는 뒤에서 더 자세히 언급할 것이다.

둘째, 정답이나 아이디어를 얻는 속도가 빨라야 한다. 이는 문제의 핵심을 파악하고 해결책에 접근하는 속도가 빠르며 사고력이 좋다는 의미다. 아무리 끈기 있게 문제를 생각하는 능력이 있어도 일주일 이내에 답을 얻어야만 하는 상황에서 한 달 이상 소요하면 아무런 소용이 없다.

셋째, 논리적이고 생각하는 방식이 날카로워야 한다. 특히 논리 전개에 비약이 없고 완벽해야 한다. 논리가 약하면 답을 얻는 과정에 구멍이 뚫려 결국엔 틀린 답을 내놓기 쉽다. 논리 전개가 완벽해지려면 사고가 날카로워야 한다. 사고가 날카롭다는 것은 작은 차이를 명확히 구별하고, 남들이 쉽게 지나치는 부분에 주목해 문제의 실마리를 찾으며 문제에 깊숙이 파고든다는 의미다.

산업체 연구원이나 직원들이 제품 개발이나 기타 업무 등에서 발생하는 문제를 오랜 기간 포기하지 않고 생각한 끝에 그 해결책을 찾은 사례는 수없이 많다. 그러나 원래 '창의적인 문제 해결 능력'이 없던 사람을 훈련을 통해 변화시킨 사례는 많지 않다. 이는 창의적 문제 해결 능력을 갖추는 데 비교적 장시간의 훈련이 필요할 뿐 아니라 이후로도 훈련 효과를 계속해서 추적해야 하기 때문이다. 다음 장에서는 실제 내가 지도한 사람들 중에서 몰입 훈련을 통해 창의적인 문제 해결 능력을 키울 수 있음을 증명해낸 이들을 소개하고자 한다. 그 전에 이러한 훈련을 장기간 대규모로 시행한 두 사례부터 소개하겠다.

수많은 천재를 배출한 '헝가리 현상'의 비밀

1880년부터 1920년대까지 제1차 세계대전을 전후로 헝가리 부다페스트에서 역사에 길이 남을 천재 과학자와 수학자들이 줄줄이 태어났다. 현대 컴퓨터 이론을 만든 존 폰 노이만, 핵분열 연쇄 반응을 발견해 원자폭탄의 아버지라 불리는 레오 실라르드, '수소폭탄의 아버지'라고 불리는 에드워드 텔러, 홀로그래피를 발견한 물리학자 데니스 가보르 등이 대표적 인물이다. 이때 태어나 교육받은 이들 가운데 노벨상 수상자는 7명, 울프상 수상자도 2명이나 된다. 특정 시기, 특정 지역에 인재가 집중적으로 나타난 이 현상은 많은 연구자의 관심을 끌었고 '헝가리 현상The Hungarian phenomenon'으로 불리게 되었다.

어떻게 이런 일이 가능했을까. 비결은 난도 높은 문제를 스스로 깊이 생각해 해결하게 하는 교육에 있었다. 그 대표적인 사례가 바로 외트뵈시 경시대회Eötvös Contests다. 고교 마지막 과정에 오픈 북 형

이름	출생연도	주요 업적
페예르(L. Fejér)	1880	발산 급수와 특이 적분 이론 창시
리스(F. Riesz)	1880	함수 해석학 창시
카르만(T.von Kármán)	1881	현대 공기역학과 초음속 비행 분야 창시자
하르(A. Haar)	1885	그의 이름을 딴 Haar 측도는 위상군에서 핵심 개념 중 하나다.
헤베시(G. de Hevesy)	1885	원소 하프늄(Hf) 발견, 노벨화학상(1943년)
포여(G. Pólya)	1887	수학 교육에서 문제 해결 방법을 스스로 발견하게 하는 발견적 교수법의 창시자, 포여 열거 정리를 발견
센트죄르지 (A. Szent-Györgyi)	1893	비타민C 발견, 노벨생리의학상(1937년)
실라르드(L. Szilárd)	1898	선형가속기 발명, 전자현미경 발명, 핵분열 연쇄 반응 발견, 원자폭탄 개발의 주역이다.
베케시(G. von Békésy)	1899	달팽이관의 원리 규명, 노벨생리의학상(1961년)
가보르(D. Gábor)	1900	홀로그래피 창시, 노벨물리학상(1971년)
위그너(E. P. Wigner)	1902	원자핵 이론 개발, 노벨물리학상(1963년)
노이만(J. von Neumann)	1903	컴퓨터, 양자역학, 게임이론 등에 기여. 집합론에서 원자폭탄 설계까지 업적이 다양하다.
텔러(E. Teller)	1908	수소폭탄 발명
에르되시(P. Erdös)	1913	미해결 수학 문제를 다수 해결한 전설적인 수학자. 미해결 수학 문제를 찾아 전 세계를 누비고 다녀 '방랑 수학자'로 불린다. 울프상(1983년)
하사니(J. C. Harsányi)	1920	게임이론 발전에 기여, 노벨경제학상(1994년)
케메니(J.G. Kemeny)	1926	베이직 프로그램 언어 창시자
럭스(P. D. Lax)	1926	적분가능계와 유체역학 연구에 기여, 울프상(1987년)
올라(G. A. Oláh)	1927	탄소양이온 발견, 노벨화학상(1994년)

태로 치러진 이 시험은 주어진 시간에 얼마나 많은 정답을 맞히느냐가 아니라 문제 풀이 과정이 얼마나 창의적이고 논리적이냐를 기준으로 1등을 선발했다. 지식의 양이 아니라 깊이와 창의성을 테스트한 시험으로, 당시 헝가리 고교생들 사이에 수학 붐을 일으켰다.

다른 사례는 《쾨말KöMal》이라는 고등학생 대상 수학 저널이다. 《쾨말》에는 난도가 다른 6~8개의 수학 문제가 실렸는데, 시간에 구애받지 않고 문제 풀이에 매달려 답을 찾는 재미에 푹 빠진 학생들이 매달 출간을 애타게 기다렸다고 한다.

사비로 이 잡지를 매달 출간한 이는 고등학교 수학 교사인 라츠 라즐로Rátz László였다. 그는 뛰어난 제자들이 많았고 그 가운데 노벨상 수상자도 많았는데, 그의 제자이자 노벨물리학상 수상자인 유진 위그너는 고등학교를 졸업한 지 60년이 흐른 후에도 라츠 선생의 사진을 사무실 벽에 걸어둘 정도로 그를 존경했다고 한다. 칙센트미하이는 『창의성의 즐거움』에서 라츠와 같이 창의력을 길러주는 교육자의 핵심적인 특징 두 가지를 다음과 같이 소개하고 있다.

첫째, 그들은 학생들의 재능을 알아보고 믿고 배려했다.

둘째, 특별한 과제를 주고 다른 아이들보다 더 훈련을 시키면서 관심을 보였다.

라츠의 '특별한 과제'는 직접 발간한 수학 잡지 《쾨말》에 실린 문제들이었고, 학생들은 스스로 문제에 도전하며 훈련을 했을 뿐만 아니라 문제를 풀어냈을 때 교사와 친구들로부터 찬사와 격려를 받왔다. 이 과정이 창의력을 크게 성장시키는 동력이 된 것이다.

또 하나 주목할 점은 이때 배출된 뛰어난 과학자와 수학자 대부분이 유대인이었다는 사실이다. 아마도 어린 시절부터 하브루타 교육으로 지적 도전에 익숙해진 상태에서 외트뵈시 경시대회와 《쾨말》이라는, 더 큰 지적 자극을 만난 덕분인 것 같다.

헝가리 현상은 창의성 교육과 관련한 대단히 중요한 교육 실험이자 매우 의미 있는 결과다. 이 현상이 의미하는 바는 두 가지다. 첫째, 지적인 도전은 두뇌를 발달시킨다. 둘째, 지적으로 힘든 도전이라도 학생들이 이를 피하려 하기보다 경쟁심으로 즐기면 영재나 천재를 배출하는 교육이 된다.

헝가리 현상은 답이 명확한 미지의 문제를 포기하지 않고 계속 생각해 풀어내는 학습이 곧 창의성 속성 교육이 될 수 있음을 명확히 보여준다.

일본에서 다수의 노벨상 수상자가 배출된 이유

훈련을 통해 창의적 문제 해결 능력을 키운 두 번째 대규모 사례는 일본에서 찾을 수 있다. 일본은 2019년까지 노벨상 수상자를 28명 배출한 노벨상 강국이다. 특히 자연과학 분야 수상자만 24명으로, 미국에 이어 두 번째로 많은 수상자를 배출했다.

일본은 우리와 마찬가지로 입시 위주의 주입식 교육을 한다고 알려져 있다. 그런데 어떻게 이토록 많은 노벨상 수상자를 배출한 걸까. 이 물음에 속시원한 대답을 하는 이는 별로 없는 것 같다. 이 물음에 대해 내가 찾은 답은 창의성 교육을 이해하는 매우 중요한 단초가 되는 동시에 현재의 입시 위주 교육 상황에서도 창의성 교육을 실시할 방법론이 되리라 확신한다.

1981년 본고사가 폐지되기 전까지 우리나라 입시생들은 대학별 본고사에 대비해 난도 높은 수학 문제를 푸는 훈련을 해야 했다. 나도 고등학생 시절에 국내 수학 문제집을 다 풀고서 더 어려운 문제를 찾아 『경향과 대책』 등 일본 대학 입시 문제집을 뒤적이곤 했다. 당시 일본 입시 문제는 어렵기로 유명했다. 대입 수학 시험의 시간과 문항 수를 비교하면 우리나라는 60~70분간 문제 5~7개를, 일본은 90~100분간 문제 3~5개를 푸는 방식이었다. 당연히 일본 수학 시험의 난도가 훨씬 높았음을 알 수 있다.

이렇게 어려운 수학 문제를 풀기 위해서는 오랜 시간 끈기 있게 생각하고 또 생각해야 한다. 난도 높은 문제를 고민하면서 두뇌가 발달하고 도전 정신이 형성되는 것이다. 이는 앞서 소개한 헝가리 현상과 동일한 교육 효과다.

일본인 노벨상 수상자들이 이처럼 어려운 본고사를 치른 세대라는 사실은 결코 우연이 아니다. 학창시절에 어려운 문제를 오래 생각하는 몰입 사고를 한 사람은 나중에 어떤 일을 하든 남다른 능력을 발휘할 수밖에 없다. 특히 연구직이라면 두말할 나위가 없다.

결국 일본의 난도 높은 대학 입시 문제가 학생들에게 지적 도전을 유도하고 창의성을 발달시켰다고 볼 수 있다. 이렇게 몰입에 의한 창의성 속성 교육을 오랜 기간 실천한 효과가 바로 일본의 노벨상 다수 수상이라는 결과를 낳은 것이다.

CHAPTER 15

슬로싱킹 훈련으로
창의성을 가르치다

SLOW
THINKING

이제 와서 창의성을 기르다니
늦은 건 아닐까 하는 생각은 버려라.
슬로싱킹을 알기에 늦은 나이란 없다.
인생의 어떤 시기에든 뇌를 변화시키고
창의성을 끌어낼 수 있다.

제자 J가 단 6개월 만에
창의성 인재로 거듭난 비결

앞서 나는 창의성을 계발하려면 우리 뇌에 미지의 문제를 해결하라는 요구를 해야 한다고 말한 바 있다. 뇌에 미지의 문제를 해결하라고 요구하는 것은 다시 말해 며칠, 몇 주를 생각해도 풀리지 않는 문제를 포기하지 않고 끈질기게 생각한다는 뜻이다. 이런 방법으로 창의적 문제 해결 능력을 속성으로 계발할 수 있음을 명확히 보여주는 두 사례가 있다.

첫 번째는 내가 지도한 대학원생 J의 사례다. 나는 실험실 곳곳에 'Think'라는 문구를 써 붙이고 학생들에게 늘 생각을 잘 하라고 강조한다. 그러나 내가 아무리 강조해도 일부 학생은 좀처럼 생각을 하지 않는다. 지도 학생 J도 그랬다. 반면 또 다른 학생 P는 생각하는 능력이 탁월해서 나를 종종 놀라게 하곤 했다.

P의 부친은 과학고등학교 교사였는데, P가 초등학생 때부터 모르는 문제가 나오면 절대 해답을 보지 말고 스스로 생각해 풀어보라고 가르쳤다. 앞서 소개한 존 스튜어트 밀의 부친과 비슷한 교육 방식을 택한 셈이다. 아버지의 영향으로 P는 초등학교 시절부터 지금까지 어떤 문제든 아무리 오랜 시간이 걸려도 해답을 보지 않고 스스로 생각해 해결하는 방식으로 공부했다고 한다. 이렇게 어릴 때부터 미지의 문제를 스스로 생각해 푸는 훈련을 한 덕분에 P는 내가 지도한 학생 가운데 몰입을 가장 잘했고, 전혀 기대하지 못한 창의적인 결과나 아이디어를 도출해서 나를 깜짝깜짝 놀라게 하곤 했다.

한편 J는 대단히 성실해서 실험실에 가장 늦게까지 남았고, 주말에도 늘 실험실에 나와 실험에 전념했다. 하지만 실험을 계획하거나 그 결과를 해석하는 과정에서 생각을 깊이 하는 것 같진 않았다. 나는 그룹 미팅에서 J의 성실성을 크게 칭찬하고, 지금보다 한 단계 더 성장하려면 생각을 더 열심히 하라고 조언했다. 그런데도 J는 크게 달라지는 기색이 없었다. 생각하라고 강조하면 할수록 생각은 하지 않고 더 열심히 실험만 했다.

그러다 박사 학위를 심사하는 날이 왔다. 공교롭게도 P의 심사가 오전에, J의 심사가 오후에 있었다. 오전에 심사를 받은 P는 훌륭한 연구 내용으로 심사위원들을 놀라게 했다. 본래 뛰어난 학생이었지만, 석·박사과정을 거치면서 몰입이라는 날개까지 달아 그야말로 훨훨 날아다녔다. 지도 교수인 나는 P의 엄청난 성장에 뿌듯한 마음을 감추기 어려웠다. 이 학생은 세계 어딜 가서 누구와 경쟁해도 절대 뒤지지 않을 거라는 확신이 들었다.

이후 P는 석·박사를 5년 만에 끝내고 대기업에 취업했다. 한번은 우연히 그가 속한 그룹의 팀장을 만나 이런 말을 들었다.

"이런 친구는 처음 본다. 박사 학위 받은 지 1년도 안 됐는데 지난 수십 년 동안 우리가 풀지 못한 문제를 모두 해결했다."

현재 P는 모 정부출연연구소에 근무하고 있다. 직장을 옮긴 지 얼마 안 됐는데도 P가 얻은 성과가 벌써 전체 정부출연연구소에서 가장 우수한 업적 3개 중 하나로 선정되었다고 한다.

한편 오후에 심사를 받은 J는 석·박사과정을 7년 만에 끝냈지만 별로 성장한 것 같지 않았다. 특히 창의적 문제 해결 능력에 발전이 거의 없어 보였다. 이는 내가 J를 교육하는 데 실패했다는 의미였다. 오전에 P를 심사하며 날아갈 듯 기뻤던 마음이 오후에는 우울하게 가라앉았다. 졸업 후에는 내 영향력을 벗어나게 되니 더는 이 학생을 변화시킬 기회도 없다는 생각에 심란해졌다.

어째서 P의 교육은 성공하고, J의 교육은 실패했을까. 나는 실패를 반성하며 그 원인을 찾기 위해 몰입하기 시작했다. 이것이 교육에서 대단히 중요한 문제라고 판단했기 때문이다. 또 7년 동안 그토록 생각하라고 강조해도 생각을 하지 않던 J를 내가 창의적 문제 해결 능력을 갖춘 인재로 만들 수 있다면 어떤 사람이든 바꿔놓을 수도 있다는 생각 때문이기도 했다.

앞서도 강조했듯이 나는 창의적 문제 해결 능력이 선천적 특성이 아니라 올바른 교육에 의해 발달시킬 수 있는 후천적 능력이라고 믿는다. 내가 학생들에게 늘 생각하고 몰입하라고 강조하는 것도 이런 믿음 때문이다. 나는 이 믿음이 교육의 출발점이 되어야 한다고 생각한다. J의 사례가 안타까웠던 것도 제대로 생각하고 몰입하면 창의적 문제 해결 능력이 발달할 텐데, 생각을 하지 않는다는 점 때문이었다. 하도 답답해서 '말을 물가에 데려갈 수는 있어도 물을 마시게 할 수는 없다'는 서양 속담이 생각나기도 했다.

몰입하면 보이지 않던 것이 보이게 되고, 새로운 깨달음을 얻게 된다. 중요한 출발점은 이 학생이 생각하는 일을 제외하면 대단히 성실하다는 사실이었다. '다른 것은 하라는 대로 다 열심히 하면서 왜 생각만은 하지 않을까?' 이런 질문으로 시작해서 생각에 몰입해 보니 곧 깨달음이 왔다.

'이 학생은 생각을 하지 않은 것이 아니다. 생각을 못 한 것이다!'

생각을 하지 않았다면 J의 탓이지만, 생각을 하지 못했다면 그것은 지도 교수인 내 탓이다. J가 하지 못하는 일을 하라고 했기 때문이다.

초중고부터 대학까지 철저히 주입식 교육을 받아 깊이 생각할 기회를 갖지 못한 학생은 대학원 과정에 와서도 스스로 생각하지 못한다. 대학원 과정은 스스로 실험 아이디어를 떠올리고, 실험 결과를 해석해 국제 논문을 발표해야 한다. 이런 활동은 사고력이 어느 정도 있지 않으면 잘 해내기가 매우 어렵다.

원인을 밝혀냈으니 다음 문제는 어떻게 하면 이 학생을 깊이 생각하도록 변화시킬 수 있을까 하는 것이었다. 이 문제를 고민하다가, 오전에 심사를 받은 P가 생각과 몰입을 잘하는 것은 선천적인 능력 때문이 아니라 어린 시절부터 모르는 문제의 답을 스스로 생각해 구하는 방식으로 학습했기 때문이라는 데 생각이 미쳤다. 따라서 J도 일정 기간 이런 방식으로 학습하면 P와 같이 생각하고 몰입할 수 있을 거라는 결론을 내릴 수 있었다.

불행인지 다행인지 J는 박사 논문 심사는 통과했지만 논문 자격시험에서 떨어져서 졸업이 6개월 연기되었다. 내게 이 학생을 변화시킬 마지막 기회가 생긴 셈이다. 이 학생에게 6개월 동안 창의적 문제 해결 능력을 키우기 위한 속성 교육을 시행하기로 했다.

그렇다면 이제 어떻게 속성 교육을 할 것인가. 창의성 교육의 방법에 대해서는 다양한 주장이 있다. 그래서 교육 문제가 어려운 것이다. 이 학생을 6개월 만에 창의성 인재로 키우는 방법에 대해 창의성 교육 전문가들이 모여 토론하면 여러 의견이 나올 것이다. 누군가는 J에게 하브루타와 같은 토론식 교육이 필요하다고 할지 모른다. 또 누군가는 인문학 독서와 글쓰기 교육이 필요하다고 할지 모른다. 이런 교육 방식은 생각하기를 자연스럽게 유도하고, 지적 도전과 응전에 따라 사고력을 발달시키는 효과적인 창의력 교육 방법이다. 그러나 이런 방법들은 학교 교육 과정처럼 장기간에 걸쳐 시행하면 효과적이지만, 6개월 속성 과정용으로는 적합하지 않다.

내 생각에 창의적 문제 해결 능력을 속성으로 계발하는 가장 좋은 방법은 미지의 문제에 도전해 스스로 생각하고 답을 찾는 훈련이다. 수학이나 과학, 혹은 컴퓨터 코딩 문제처럼 답이 명확한 문제를 스스로 생각해서 해결하는 몰입 방식이야말로 창의적 문제 해결 능력을 가장 빠르게 발달시키는 교육법이자 훈련법이다. 지적 도전이 시냅스 가소성에 미치는 영향을 고려하면, 이런 방식의 훈련만큼 효과적인 방법이 없는 것 같다.

인문학 독서는 정신적 성숙에 유리하고 토론과 글쓰기는 커뮤니케이션 능력을 발달시키는 데 유리하다. 한편 답이 명확한 문제를 스스로 생각해서 해결하는 몰입 방식의 훈련은 전두엽을 발달시켜 생각이 깊어지게 만든다. 이 과정은 정신적 성숙의 인프라를 제공하고 논리적인 사고력을 발달시켜 커뮤니케이션 능력의 인프라를 제공한다. 몰입 방식의 교육은 어린 시절부터 장기간 적용하면 영재교육이 된다.

나는 J에게 앞으로 6개월 동안은 실험실에 나오지 말고, 자신을 위해서 공부하라고 했다. 공부 방법에 대해서도 세세히 알려주었다. 수능 대비 수학 문제집에서 풀이 방법을 알 것 같은 문제는 건너뛰고 모르는 문제만 골라 풀되, 처음에는 경시대회 문제처럼 너무 어려운 것 말고 10~20분 정도 생각하면 답이 나오는 것부터 시작하라고 했다. 그리고 점진적으로 문제의 난도를 올려 포기하지 않고 생각하는 시간을 몇 시간, 며칠, 몇 주로 늘려가라고 말해주었다.

박사 학위를 받은 자신에게 고등학교 수학 문제를 풀라니 자존심이 상할 수도 있었을 텐데 J는 순순히 "교수님의 마지막 지도라고 생각하고 최선을 다해 열심히 하겠습니다" 하고 대답했다. 그리고 자기 말대로 최선을 다해 6개월 동안 매일 13시간씩 미지의 수학 문제를 스스로 생각해 푸는 훈련을 했다. 6개월간 매일 13시간씩이면 총 2,340시간이다. 하루 3시간씩 하면 2년이 조금 더 걸리는 공부량인데, J가 상당히 몰입해 공부했으므로 고등학교 3년을 공부한 것 이상의 효과를 거뒀으리라 믿는다.

이런 방식으로 도전과 성공을 수백 번 경험한 후 J에게 어떤 변화가 생겼을까. 이는 매우 중요한 교육 실험이다. J가 졸업 후 대기업에서 일하면서 내게 보낸 메일을 소개한다. 생각을 10분도 이어가기 힘들어하던 J에게 어떤 변화가 생겼는지 한눈에 볼 수 있다.

취업 4개월 후

지난 9월 1일 입사해 10월 첫째 주까지 교육을 받고, 둘째 주부터 정식으로 A팀에 발령받아 1년간 현장 교육을 받고 있습니다. 출근 첫날, 그룹장님이 문제가 하나 있는데 해결할 수 있겠냐고 물어보셔서 일단 해보겠다고 했습니다. 그리고 2일 만에 답을 찾아 보고했습니다. 그 다음 주에 또 다른 문제를 해결할 수 있겠냐고 물어보셔서 이 역시 3~4일 만에 해결했습니다.

그로부터 2주 후에는 하루 10~30장씩 생기는 불량 문제가 점점 증가하고 있으니 해결해보라고 하셔서 일주일 정도 생각해 다섯 가지 방안을 도출했습니다. 최선은 첫 번째 방안이지만, 비용이 가장 적게 드는 것은 다섯 번째 방안이라고 보고드렸습니다.

외국에 있는 다른 공장에서도 같은 불량이 하루 50장 이상씩 발생하고 있어 이 문제가 상무님께도 보고가 들어간 상황이었습니다. 다섯 번째 방안을 한 곳에 적용한 결과 불량이 전혀 없음을 확인하고 나머지 장비에도 서서히 적용해서 현재는 꽤 많은 장비에 적용된 상태입니다.

지난주에 간부 회의에서 이 결과를 발표하자 상무님은 무엇보다 비용이 들지 않는 방법으로 문제를 해결한 점을 매우 흡족해하셨습니다. 그룹장님도 내가 좋은 아이디어를 잘 내고 있다며 전체 메일로 세 번이나 칭찬하셨습니다.

교수님께서 "1년에 한 번씩 박사 학위를 받는다는 각오로 회사 생활을 하라"고 말씀하셨지요. 말씀하신 대로 꾸준히 깊은 생각을 하도록 하겠습니다. 현재는 공정에서 나타나는 불량 문제를 1년을 잡고 깊게 생각할 예정입니다.

J의 창의적 문제 해결 능력이 얼마나 향상했는지 잘 알 수 있는 사례다. J 말로는 주로 출퇴근길 1시간 동안 통근버스 안에서 생각한다고 한다.

취업 1년 후

좋은 소식이 있어 메일 드립니다. 지난 1년간 있었던 시험, 특허, 논문, 발표, 프로젝트 진행 등을 토대로 박사 동기 10명을 평가했는데 제가 1등을 했습니다. 해외 학위를 받은 이도 있고, 나머지는 90퍼센트 이상이 서울대와 카이스트 학위를 받은 이들입니다. 교수님 지도 덕분에 이런 좋은 성과를 낸 것 같습니다.

취업 2년 7개월 후

입사하고서 정말 바쁘고 재미나게 보낸 것 같습니다. 전무님과 파트장이 기분 전환하라며 미국 재료학회에 보내주셔서 여유가 난 김에 지난 시간을 돌아보려 합니다.

회사에서 생산 부서와 연구소를 경험했는데, 두 곳 모두 재미있고 흥미로운 점이 있어 정리해 보냅니다. 1~2년 차에는 생산 부서에서 일했습니다. 1~2년 차 부서원은 전쟁터 선봉과도 같아서 문제를 빠르게 해결해야 합니다. 깊게 들어가진 못해도 결과를 빠르게 얻을 수 있어 재미있었습니다. 빠르게 움직이는 조직인 만큼 동료들과의 관계도 중요한데, 다행히 저는 사람들을 잘 만나 편안히 지낸 것 같습니다. 1년 평가에서 10명 중 1명에게 주는 A 고과를 받았습니다.

3년 차는 연구소에서 지냈습니다. 다들 퇴근한 시간에 추가 연구를 진행해 문제 하나를 해결한 데다 생산 부서에 있을 때 평판이 좋았던 덕분에 제 근무 환경에 융통성이 많이 생겼습니다. 파트장에게 알리고서 종일 도서관에 앉아서 또는 산책하면서 생각을 합니다. 이렇게 연구소에서도 A 고과를 받아 2년 연속 가장 높은 고과를 받았습니다. 파트장 말로는 이런 경우는 아주 드물다고 합니다.

취업 5년 3개월 후

업무 순환 프로그램에 따라 올해 초 상품기획팀으로 부서를 이동했고, 제가 기획한 상품이 상무, 전무, 부사장, 사장을 통과해 회장님에게까지 보고되었습니다. 그뿐 아니라 고객사 회장님과도 논의가 되어 내년에 제품으로 출시될 예정입니다.

전략마케팅 부서는 연구소에서와 달리 문제 하나에 오래 집중할 수 없어 힘들었습니다. 그래서 전략을 바꿔 업무 시간에는 집중력이 덜 필요한 일을 하고, 퇴근 후에 생각에 집중하기로 했습니다. 그 결과 이런 큰 성과를 얻었습니다. 생각을 깊게 하면 엔지니어 업무 외 다른 일에도 도움이 된다는 사실을 후배들에게 알리고 싶어 밤늦게 메일을 드립니다.

그는 이 아이디어로 회사에 많은 수익을 안겨주었다고 했다.

취업 7년 4개월 후

2년간의 전략마케팅 업무를 잘 마무리하고, 2018년 4월에 연구소로 복귀했습니다. 현재 부서의 팀장, 그룹장, 파트장의 배려로 자리를 빨리 잡고 평가도 잘 받아 2019년도 발탁 진급을 했습니다. 또 해외에서 1년간 박사 후 과정을 진행하라는 결정이 내려져 내년 1월 말 가족과 미국에 가게 되었습니다. 해외 박사 후 과정은 연봉, 해외 주거비 및 체류비, 대학 과제비 등을 회사가 부담하는 큰 투자인 만큼 전체 직원에서 4~5명만 선발해 보내고 있습니다.

J의 사례를 소개할 때마다 감회가 새롭다. 7년 동안 그렇게도 생각해라, 생각해라, 강조해도 변화가 없던 학생이 6개월 동안 미지의 문제를 스스로 생각해 푸는 훈련을 거친 뒤에는 대기업의 핵심 인재로 거듭난 것이다. 이런 변화는 꼭 J만 가능한 것이 아니다. 물론 J가 남달리 성실했고, 졸업 전 6개월이라는 백지 같은 시간이 있었기에 더 극적인 효과를 볼 수 있었지만, 시간에 쫓기는 평범한 학생과 직장인도 이런 훈련법의 기본을 이해하고 충실히 따르면 틀림없이 달라질 것이다.

꼴찌 중학생과
3,000시간의 슬로싱킹

창의적 문제 해결 능력을 속성으로 계발한 또 다른 사례를 소개한다. 경북대학교 전자공학과 학생이던 K의 사례다. 그는 전문계 고등학교를 졸업하고 대학에 진학했던 터라 자신감과 자존감이 낮았다고 한다. 다음은 이 학생이 보내온, 중학생 시절 이야기다.

저는 중학교 3학년 1학기까지 게임에 빠져 살았습니다. 누가 옆에서 정신 차리라고 해도 잠깐뿐이었지 결국은 다시 게임에 정신 팔기 일쑤였습니다. 그러다 보니 자연히 성적은 최하위권이었습니다. 제 기억이 맞는다면 거의 꼴찌였습니다. 그래도 부모님이 항상 저를 믿고 응원해주신 덕분에 한번은 독하게 마음먹고 EBS 인터넷 강의로 피타고라스 정리를 공부하기로 했습니다. 워낙 학력 수준이 낮아서 오프라인 강의는 들어도 잘 알아듣질 못했는데, 인터넷 강의는 여러 번 반복해 듣거나 천천히 들을 수 있어서 잘 따라갈 수 있었습니다. 몇 문제 풀어보니 나도 할 수 있겠다는 생각이 들었고, 이렇게 공부에 발을 들였더니 성적을 올리고 싶다는 욕심이 생겨서 게임과는 자연히 멀어졌습니다.

이후 열심히 노력해서 3학년 2학기 첫 중간고사에서 중하 또는 중간 정도 되는 성적을 받았습니다. 너무나 기뻐서 부모님이 사 주신다는 게임기까지 마다하면서 공부에 몰두했습니다. 하지만 그전에 워낙 공부를 안 한 탓에 결국 전문계 고등학교에 진학하게 되었습니다.

이렇게 전문계 고등학교에 진학한 K는 열심히 공부해 경북대학교 전자공학과에 입학했다. 그리고 군 복무를 마친 학부 2학년 시기, 2014년에 내게 처음으로 메일을 보내왔다. 창의로봇대회를 위한 아이디어를 내는 데 몰입을 적용할 방법을 알고 싶다고 했다. 나는 잠이 들어서도 그 문제를 생각하는 숙면일여 상태가 되면 누구에게서나 기적과 같은 아이디어가 나올 수 있고, 그러려면 캠퍼스를 거닐거나 밥을 먹거나 잠자리에 드는 모든 순간에 1초도 멈추지 않고 생각의 끈을 이어가야 한다고 조언했다. 이 조언을 충실히 따른 K는 창의로봇대회에서 대상을 받았다. 다음은 그가 수상 직후에 보내온 메일이다.

교수님 말씀대로 잠을 잘 때 문제가 해결된다는 것을 깨달았습니다. 풀리지 않는 문제를 계속 생각하다가 잠이 들면 아침에 해결의 실마리가 떠오르곤 했는데, 그러면 그것을 더 분석해 실제로 적용해보았습니다. 이런 과정 끝에 결국 창의로봇대회에서 대상을 받았습니다. 대회 변리사분께서 아이디어가 좋으니 특허 내는 걸 고려해보라는 말씀도 하셨습니다.

몰입이 문제 해결에 큰 도움이 된다는 것을 이후에도 계속 실감하고 있습니다. 수업 시간에 팀 프로젝트를 할 때도 여유롭게 생각한 끝에 효율적인 해결 방안과 좋은 아이디어를 많이 낼 수 있었습니다.

몰입의 효과를 깨닫고 고무되었는지 K는 나에게 몰입 훈련 방법을 물어왔다. 그리고 내가 알려준 대로 슬로싱킹을 하며 몰입 훈련을 실천했다. 다음은 몰입 훈련을 하면서 보내온 메일 중 하나다.

지금 학부 연수생으로 연구실에서 연수 생활을 하고 있습니다. 연구실에서 공부하라고 준 『Analog to Digital Converter Testing』을 보고 있습니다. 잡생각이나 조바심이 나도 편안하게 천천히 생각하려 노력했습니다. 처음에 조금 힘들더니 곧 잠이 오기에 선잠을 자고 일어나 공부를 계속했습니다. 편하게 공부하려 노력하다가 몇 시간 후 또 졸음이 와서 눈을 붙인 다음 다시 공부했습니다(사실 진도가 너무 느려서 내가 잘하고 있는 건가 의구심이 들었습니다). 다음날부터는 어려움이나 조바심 없이 공부할 수 있었고, 어제는 거의 종일 공부할 수 있었습니다.

지금은 중고생 수준의 문제를 풀면서 천천히 사고하는 방법을 터득하고 있습니다. 고등학교 문제는 주로 수능 대비 수학 문제집을 활용하고 있고, 중학교 도형 문제도 기회 있을 때마다 하나씩 풀고 있습니다.

제가 속한 연구실 세미나에서 과제가 있었는데, 계속 생각한 끝에 답을 얻었습니다. 그런데 생각한 답을 제대로 정리하지 않은 탓인지 교수님께 명확하게 전달하지 못해서 틀린 답이라는 말을 들었습니다. 다음날 더 명확하게 생각하고 정리해 말씀드렸더니 비로소 교수님께서 맞는 답이라고 하셨습니다.

사실 문제가 어려웠는지 쉬웠는지 잘 모르겠습니다. 문제 난도와 상관없이 저 스스로 비교적 오래 생각한 끝에 옳은 답을 찾은 것 같아 기뻤습니다.

이후로도 K는 몰입으로 얻은 아이디어로 학교에서 열린 여러 대회에서 입상했다고 한다. 이런 활약으로 개교 69년 기념행사에서 '영예 학생'으로 선정될 수 있었다.

얼마 전 경북대학교 69주년 기념행사에서 경북대학교를 빛낸 영예 학생으로 선정돼 장학증서와 장학금을 받았습니다. 경북대학교 전체에서 7명만이 선정되었기에 무척이나 기쁩니다. 교수님이 가르쳐 주신 몰입 사고를 통해 얻은 아이디어가 영예 학생으로 선정되는 중요한 이유라고 생각합니다.

영예 학생들끼리 저녁 식사를 했는데 대부분 몰입 사고를 통해 좋은 아이디어를 얻는 것 같았습니다. 교수님의 몰입에 관해 이야기하던 중에 한 여자분이 슬로싱킹이 안 돼서 머리가 뜨거워진 적이 많았다는 경험담을 들려주었습니다. 제 친구 대부분은 몰입보다 취업에 관심이 많아서 몰입을 도와주거나 몰입에 관한 정보를 공유하기 힘들었는데, 이렇게 몰입과 아이디어에 관심이 있는 친구들을 알게되어 기뻤습니다.

2016년 겨울방학에는 난도가 더 높은 문제에 도전하고 해결하는 훈련을 하고 있다는 메일을 보내왔다.

다양한 수학 문제를 통해 날카롭게 생각하는 연습을 하고 있습니다. 쉽게 풀 수 있는 문제부터 시작해 점차 2시간, 3시간이 걸리는 문제, 그리고 그 이상 시간이 필요한 문제까지 집중해서 생각하고 있습니다. 도저히 안 풀릴 것 같던 문제가 날카로운 생각 끝에 나온 사소한 아이디어나 해결 방안으로 풀린다는 사실이 신기하고 뿌듯합니다.

한번은 고등학교 수학2 정사영 문제가 안 풀려 내 머리가 나쁜가 자책을 하기도 했지만, 계속 쉬지 않고 날카롭게 생각했더니 신기하게도 작은 아이디어 하나로 문제가 술술 해결됐습니다. 제 문제 푸는 방법 절반이 모범 답안과 다르다는 점도 흥미로웠습니다.

K는 점차 며칠간 연속해 생각하는 문제에도 도전했다. 다음은 4학년 때 모 대기업의 인턴으로 일하면서 보낸 메일이다.

교수님 말씀대로 시간 날 때마다 틈틈이 문제를 풀고 있습니다. 그랬더니 안 풀릴 것 같던 문제도 척척 해결됩니다. 요즘은 회사 과제에 오류가 생겨 그걸 해결하는 데 집중하고 있습니다. 이 오류가 난제는 아니지만, 슬로싱킹을 적용하는 연습이라 생각하고 꾸준히 하고 있습니다.

최근에는 문제가 생길 때마다 슬로싱킹을 통해 문제를 정확히 정의하고, 그 원인을 찾고 있습니다. 그런 다음 문제의 해결 방안을 생각합니다. 주로 퇴근 이후에 해결 방안을 세우고, 다음날 출근해 확인하는 방식을 많이 씁니다. 교수님 말씀대로 시간이 필요한 문제는 엑셀 파일이나 노트에 따로 관리해서 자투리 시간에 해결하고 있습니다.

대체로 회사 일은 구동력이 있어 몰입이 잘되지만, 스스로 몰입 원리를 적용해 일의 재미를 느낄 때도 많습니다(야근해서라도 마저 끝내고 싶을 정도입니다).

이처럼 날카롭게 연속해서 생각하는 연습을 계속하고 있습니다. 기회가 된다면 회사 내의 어려운 문제에도 도전해보고 싶습니다.

이렇게 K는 대학을 다니는 2년 동안 꾸준히 몰입을 훈련했다. 이렇게 미지의 문제를 스스로 생각해 푼 시간이 총 2,500~3,000시간 정도는 되는 것 같다. K는 대학을 졸업한 2017년부터 인턴으로 일했던 회사에 정식 사원으로 출근하기 시작했다.

지금까지 문제 해결 능력을 높이기 위해 단순한 단품 문제부터 시스템 전반에 관한 이해가 필요한 문제에 이르기까지 다양한 문제에 도전해왔습니다. 그 결과 최근 회사 사이트에 저를 칭찬하는 글이 몇 개 올라와서 'CEO와의 점심 식사' 기회를 얻었습니다. 파트장도 제가 정식 입사한 지는 1년 조금 못 되지만, 지식은 3, 4년 차 주임 연구원 수준이라고 칭찬하셨습니다.

문제를 해결할 때 시간이 너무 촉박하지만 않으면 슬로싱킹으로 끈질기게 생각하는 것이 호기심을 유발하고 결론에 더 빨리 도달하는 방법이라는 걸 깨달았습니다. 우리나라 기술이 선진국을 넘어서기 어렵다는 막연한 선입견을 깨고, 독일처럼 좋은 기술을 갖추는 데 이바지하고 싶다는 생각이 듭니다.

제가 지금 팀에서 인정받고 즐겁게 일하는 것은 몰입 덕분입니다. 자투리 시간에 생각의 끈을 놓지 않고 문제를 붙들고 있으면 언제나 실마리를 얻습니다. 몰입의 중요성에 대해 주변 사람들에게도 늘 이야기합니다.

이제 열흘간 추석 연휴가 시작됩니다. 연속해 생각할 좋은 기회가 될 것 같습니다.

이후로도 K는 회사에서 발생한 문제를 해결했다는 메일을 계속 보내왔다. 다음도 그런 메일의 하나다.

지난번 말씀드린, 단락 고장 발생 시 션트shunt 저항이 타버리는 이슈는 개선 완료되어 임원 보고까지 마친 상태입니다. 다행히 유관 부서/시험팀으로부터 개선점 적용 시 타 소프트웨어 모듈과 정상 호환하며 이슈가 개선된다고 전달받았습니다.

이후로도 크고 작은 생소한 문제에 계속 도전하고 있습니다. 대표적인 사례 하나를 말씀드리겠습니다. 회사에선 C라는 프로그램을 통해 가상의 통신 메시지를 생성하여 E라는 소프트웨어와 통신합니다. 그런데 팀 내 테스트 인원이 C 프로그램을 다시 끄고 켤 때마다 E 소프트웨어가 정상 작동하지 않는다는 문제를 발견했습니다. 이런저런 시도 끝에 우연히 E 소프트웨어의 또 다른 동작에서도 문제를 발견했고, 이 역시 C 프로그램과 관련이 있었습니다.

문제의 실마리는 팀 내 한 선임 연구원과 이 이슈에 관해 이야기하다가 우연히 얻었습니다. C 프로그램은 최초 실행될 때 여러 가지 진단 통신을 하는데, 이 기능을 끄면 이슈가 재현되지 않는 것입니다. 이 힌트를 통해 소프트웨어 소스 코드를 어디서부터 보면 될지 감이 잡혔고 그날 늦게까지 문제를 쫓아서 결국 원인을 밝혔습니다. 처음에는 이 둘이 서로 다른 문제 같았는데 잘 생각해보니 결국 같은 문제였고 동시에 해결이 된 것입니다.

이런 문제를 해결할 때마다 뿌듯하고 자신감이 솟구칩니다. 그래서 농담 반 진담 반으로 동료들에게 더 재미있는 문제는 없냐며 자신감을 드러내기도 합니다. 그래도 교수님이 이전에 말씀하신 것처럼 이내 겸손해지려 노력합니다.

최근에는 부품과 관련해 재현되지 않는 문제의 원인을 고민하고 있습니다.

자투리 시간에 문제를 생각하는 것이 약한 몰입이라면, 간화선을 하는 스님처럼 며칠씩 오로지 그 문제만을 생각하는 것은 강한 몰입이다. 강한 몰입은 약한 몰입보다 지적인 능력을 한층 더 강력하게 발휘한다. 약한 몰입을 충분히 훈련한 K는 강한 몰입에 도전하

273

고자 했다. K는 회사에서 발생한 매우 어려운 문제를 설 연휴를 이용해 강한 몰입으로 해결하고 싶다는 메일을 보내왔다. 나는 K에게 내가 학생들과 강한 몰입을 할 때 종종 쓰는 경기도 소재 아파트를 며칠간 빌려주었다. 몰입용 의자가 비치되어 있고, 외부와 단절돼 강한 몰입을 하기에 적합한 곳이었다. 이곳에서 K는 2019년 2월 2일부터 2월 8일까지 7일 동안 강한 몰입을 시도했다. 다음은 이 기간에 그가 쓴 체험담 일부다.

1일차

아이디어가 조금씩 나오고 있습니다. 그냥 지나친 부분을 계속해서 다시 생각하니 새로운 사실이 도출됩니다. 그리고 이를 어떻게 확인해야 할지에 대한 아이디어도 떠오릅니다.

현재는 확률적으로 2개 소자에 동시에 문제가 발생하기가 쉽지 않아 그 원인을 예상해보고 있습니다. 이 문제와 관련 없는 사항에 대한 아이디어도 종종 떠오르고 있어 모두 기록 중입니다.

2일차

의식이 있는 한 계속 생각하려 노력 중입니다. 왜 커패시터와 저항의 값이 이상했다가 갑자기 정상으로 돌아왔는지 생각하고 있는데, 좋은 아이디어가 떠오르진 않습니다. 평소 생각하던 다른 문제에 대한 실마리는 가끔 떠오릅니다.

잡념이 비집고 들어와도 크게 신경 쓰지 않고 있습니다. 잡념은 당연히 찾아오는 것이려니 생각합니다. 말씀하신 대로 천천히 계속 생각하겠습니다.

몰입도에 진전이 없더라도 우직하게 생각하기를 이어가고 있습니다. 오늘 아침에는 계속 생각 중이던 문제의 원인 하나를 찾았습니다(가설). 아직 논리가 미흡하여 좀 더 생각하려고 합니다.

지금 고민 중인 문제를 끝낸 후 다른 문제를 생각해도 몰입도를 유지하는 데 지장이 없을까요? 회사 일과 관련해 풀어야 할 문제가 더 있습니다.

강한 몰입 3일 만에 문제의 실마리를 찾은 것으로 보인다. K가 우려한 대로 고민 중인 문제를 해결하고 다른 문제를 생각하기 시작하면 몰입도는 조금 떨어진다. 그러나 K가 강한 몰입을 시도한 목적은 몰입도의 유지가 아니라 문제 해결이므로 다른 문제로 바꿔 생각을 계속 이어가라고 조언했다. 당시 K는 몰입도가 꽤 올라가서 고도의 지적 능력을 발휘하는 상태였다. 이 상태는 몰입도를 떨어뜨리지 않는 한 몇 주일이고 몇 달이고 계속 유지될 수 있다. 이렇게 몰입도가 높은 상태에서 문제 해결 속도가 얼마나 빨라지는지 주목할 필요가 있다.

문제에 관한 아이디어가 계속 나오고 있습니다. 어제부터 새로운 문제에 도전하고 있는데, 제대로 이해하지 못했던 부분을 깊게 이해하게 되었습니다. 머리가 약간 흥분 상태인 거 같습니다.

생각하기에 재미가 붙었고, 특히 계단 오르기 운동을 하면서 생각하는 일이 즐겁습니다. 이제 생각을 자연스럽게 이어가게 된 것 같습니다.

5일 차

얼마 전 새로 생각하기 시작한 문제의 원인을 작은 부분까지 깔끔하게 설명할 수 있게 됐습니다. 정확한 확인을 위해서는 사무실 복귀 후 문제가 발생했을 때 전류를 읽는 부분이 어떻게 동작하는지 살펴야 합니다. 이 문제를 통해 회로의 동작과 소프트웨어 구동 간의 상호 관계를 더 깊게 이해할 수 있었습니다.

어제 늦은 오후부터는 이와 비슷하지만 새로운 문제에 도전하고 있습니다. 제 경험상 진전이 없는 문제일수록 잡념이 잘 떠오릅니다. 잡념 때문에 조금 힘들지만, 생각을 계속 이어가고 있습니다. 교수님 말씀대로 "누가 이기나 보자!" 하는 마음으로 문제를 열심히 생각하겠습니다. 계속 생각하다 보니 답이 전혀 보이지 않아도 결국 풀 수 있으리라는 막연한 자신감이 생깁니다. 결국에는 풀릴 테니 생각만 계속하면 되리라는 마음입니다.

두 번째 문제에 도전한 지 이틀 만에 이를 해결했다. 자투리 시간을 활용하는 약한 몰입을 했더라면 문제 해결에 몇 주일이 걸릴 수도 있었겠지만, 이처럼 몰입도가 높은 상태에서는 슈퍼맨의 뇌를 가진 것처럼 머리가 잘 돌아간다.

6일 차

오늘 점심쯤 새로 도전한 문제에 관한 작은 아이디어를 얻었기 때문인지 아니면 몰입도가 더 올랐기 때문인지 머리가 약간 흥분한 것 같습니다. 저녁쯤 되니 중요한 것이든 아니든 아이디어가 꽤 나오더니 결국 9시쯤에 해결 방안 몇 가지를 도출했습니다. 이 과정에서 세부 내용과 PID 제어 개념, 앞으로 연구할 과제 등도 함께 떠올라 모두 기록해두었습니다.

이전에도 문제가 뜻밖에 술술 풀리면 믿기지 않아서 저도 모르게 웃으며 "뭐지?" 하고 혼잣말을 하기도 했는데, 오늘도 그랬습니다. 도서관 앞 운동장을 산책하거나 운동하면서 생각을 계속 이어가면 더 여유롭고 편안해서 좋습니다. 걸을 때도 식사할 때도 생각을 계속하게 되고, 몰입도가 잠깐 떨어져도 금세 회복됩니다.

지금은 새로운 문제에 도전하고 있습니다. 전류를 정확히 측정하는 개념인데 재미있을 것 같습니다. 쉽지 않겠지만 이 문제도 결국은 풀릴 거라는 기대감과 자신감이 생깁니다.

5일 차와 6일 차 메일 내용을 보면 문제를 풀 수 있으리란 자신감과 확신이 넘친다. 이는 몰입도가 올라가면 누구나 경험하는 현상이다. 아마도 몰입도가 올라가면서 도파민이 활발히 분비되기 때문이리라. 이러한 자신감과 확신은 더 강한 몰입을 유도해 문제 해결에 큰 도움을 준다.

7일 차

오늘 오전 부로 준비한 모든 문제를 끝냈습니다. 전류 측정 문제의 핵심 아이디어는 이전에 풀던 문제와 겹쳐서인지 어제저녁 늦게, 그리 어렵지 않게 얻었습니다.

오늘까지 낸 아이디어가 총 14페이지 정도입니다. 불필요한 내용도 있겠지만, 나 자신이 대견하다는 생각이 듭니다. 이번 몰입을 통해 제품에 대한 이해가 분명 깊어졌고, 다른 물리 현상도 정확히 설명할 수 있을 거란 자신감이 듭니다. 오늘까지 냈던 아이디어를 제품에 적용할 수 있길 기대하고 있습니다.

아무리 어려운 문제도 생각하고 또 생각하면 답을 찾을 수 있다는 것을 몸소 체험했기에 평상시에도 이를 최대한 활용하고 싶습니다. 처음에는 길을 못 찾더라도 흔들리지 않고 생각을 계속하면 참의 명제를 끌어내 올바른 답에 이를 수 있다고 생각합니다. 앞으로도 몰입 능력을 더욱 발전시키기 위해 계속 노력하겠습니다. 크고 작은 문제에 계속 도전하고, 문제와 경쟁한다는 마음으로 생각하는 연습을 할 것입니다.

몰입할 때 '알아차림'에 포스트잇이 매우 효과적이었습니다. 색깔이 눈에 잘 띄어 잡념에서 생각으로 쉽게 되돌아올 수 있었습니다. 평소 포스트잇을 잘 사용하지 않았는데, 앞으로는 애용하려 합니다.

이번 몰입에서는 생각하느라 지친다거나 몸이 무겁다거나 하는 느낌이 없었습니다. 약간 지루하긴 했지만 별 어려움 없이 생각에 집중할 수 있었고, 재미와 궁금증이 증폭되면서 지루함을 금세 잊곤 했습니다.

이처럼 강한 몰입은 문제 해결에 도움이 될 뿐 아니라 문제 해결 능력을 가파르게 성장시키고, 아무리 어려운 문제와 맞닥뜨려도 위축되지 않고 도전하게 한다. 누구라도 몰입을 통해 자신의 잠재력을 끄집어내고 그 위력을 확인할 수 있다. 앞서 밝힌 대로 강한 몰입에는 간화선이나 성리학의 인격 수행과 비슷한 효과가 있어 정신적인 성숙과 심리적 안정에도 도움이 된다.

이 메일을 통해 K 역시 7일간의 강한 몰입을 체험한 후 문제 해결 능력이 향상되고, 성숙한 마음가짐을 지니게 되었음을 알 수 있다. 이후 K는 자기 업무뿐 아니라 다른 사람의 업무에서 발생하는 문제에도 도전하게 되었다. 자기 전문 분야가 아닌 문제를 해결하려면 사전 지식이 부족하기 때문에 관련 담당자에게 문의하거나 관련 지식을 공부해서 터득해야 한다. 이럴 때 가장 흔히 활용하는 것이 인터넷이다. 특히 연구자들은 영어로 검색하길 선호하는데, 이는 우리말 자료보다 영어 자료가 한결 방대하고 전문적이라서 문제 해결에 큰 도움이 되기 때문이다. 같은 해 5월 K가 보내온 메일은 이와 관련한 아주 중요한 사실을 잘 지적하고 있다.

저는 항상 몰입 사고를 활용하여 업무 및 일상의 아이디어를 얻고 있습니다. 모든 문제에는 실마리가 될 아이디어가 필요하므로 가설을 세우고 검증하는 과정을 거칩니다. 최근에는 신규 생산한 ECU에 소프트웨어를 다운로드하면 딱 한 번만 실패하는 이슈가 있었습니다. 약 한두 달 동안 고집스럽게 추적한 끝에 생산 라인에서 사용 중인 바이너리 다운로드 파일의 공간이 특정 값으로 채워졌기 때문임을 밝혔습니다. 원인을 찾고 보면 늘 콜럼버스의 달걀처럼 매우 단순해 보입니다. 이걸 찾는 데 왜 그리 오래 걸렸을까 하는 생각도 듭니다.

몰입을 하고부터 어떤 분야든 공부하고 연구하는 것이 재미있게 느껴집니다. 저는 임베디드 소프트웨어 분야를 맡고 있지만, 전자 하드웨어 이슈 분석이나 설계 개선에 대한 아이디어도 많이 떠올립니다. 최근에는 기기에 들어가는 시스템 모델을 새롭게 제안하기도 했습니다.

1년 전 일입니다. 기계의 히스테리시스가 안 좋다고 해서 계속 생각하다가 제품에 사용되는 자성체가 문제일 수 있겠다는 아이디어가 떠올랐습니다. 제 업무는 아니었기에 잊고 있다가 후배와 대화하다 문득 생각난 겁니다. 기계 및 재료 관련 지식이 전혀 없어 인터넷 검색을 통해 관련 자료를 읽고 공부하다 보니 생소한 분야에서도 성장할 수 있겠다는 가능성이 보였고 재미도 있었습니다.

인터넷 검색을 잘 활용하면 시간을 크게 절약할 수 있겠다는 생각을 자주 합니다. 특히 영어로 검색하면 양질의 자료를 확보할 수 있어 큰 도움이 됩니다. 예전에는 연구하는 주제에 대한 선행 조사를 소홀히 했는데, 최근에는 이런 조사나 공부가 매우 재미있고 효율적이라는 생각이 듭니다. 검색으로 도저히 찾을 수 없거나 생각이 필요한 부분은 몰입하여 가설을 세우고 검증하는 방식으로 해결하고 있습니다.

최근에는 회사에서 '몰입 전도사' 역할을 더욱 적극적으로 하려 합니다. 얼마 전까지는 주변 사람들에게 몰입의 중요성을 강조하는 데 그쳤지만, 요즘은 답이 안 보이는 문제도 계속 생각하면 해결할 수 있음을 직접 보여주고 있습니다. 얼마 전 인도에서 동료 엔지니어가 방문했는데 회사 선배가 저를 어떤 문제라도 끝까지 물고 늘어져 풀어내는 사람으로 소개해서 뿌듯했습니다.

얼마 전 파트장과 제 역할에 대해 상의했는데, 부분적이나마 미래에 풀어야 할 중요한 문제를 선정하고 해결해가는 일을 담당하기로 했습니다. 중요한 문제를 하나씩 해결해가는 이러한 과정을 통해 몰입의 힘을 주변에 보여주려 합니다. 앞으로도 몰입 사고력을 더욱 발달시켜 공학 분야에 크게 이바지하도록 노력하겠습니다.

석 달 뒤 8월에 보낸 메일에는 타 부서의 문제까지 스스로 공부해 해결했다고 밝히고 있다. 2019년 설 연휴 때 강한 몰입을 경험한

K는 추석 연휴에도 회사 문제를 해결하기 위해 강한 몰입을 시도했다. 몰입도를 올리는 과정은 대체로 비슷하므로 1일 차와 마지막 5일 차 메일만 소개하기로 한다.

1일차

안락의자보다는 무중력 의자가 생각하기에 훨씬 편합니다. 지금도 무중력 의자에 앉아 생각 중입니다. 계속 잡념이 들지만 힘들거나 지치진 않습니다. 운동하고 나니 컨디션이 더욱 좋아졌습니다.

생각하다 보면 무얼 확인해야 할지가 명확해지고, 때로는 이전에 고민하던 문제를 해결할 아이디어가 떠오르기도 합니다. 어제까지 BCI 테스트 도중 발생한 이슈 때문에 전자 하드웨어 엔지니어와 함께 풀던 문제가 있었습니다. 많이 개선했지만 1.6A 전류를 흘리는 특정 상황에선 문제가 해결되지 않았는데 오늘 오후 해결의 실마리가 떠올랐습니다. 사무실 복귀 후 이를 확인해볼 생각입니다.

생각하던 문제로 돌아가 1초도 멈추지 않고 계속 생각에 몰두하겠습니다.

문제가 어려우면 생각의 진전 없이 잡념만 들어온다. 그렇다고 걱정할 필요는 전혀 없다. 몰입도가 낮을 때 잡념이 떠오르는 것은 정신을 못 차렸기 때문이 아니라 자연법칙처럼 당연한 현상이다. 잡념에 빠졌다는 사실을 알아차리는 즉시 원래 생각하고 있던 문제를 의식의 무대에 다시 올리면 된다. 그러면 잡념을 쫓아내려 애쓰지 않아도 자연스럽게 잡념이 의식의 무대에서 쫓겨난다. 이런 과정에서 예전에 고민하던 다른 문제가 풀리는 경우도 종종 있다.

K도 이와 비슷한 경험을 했음을 알 수 있다.

그간의 강한 몰입 경험을 정리하며 5일 차 진행 결과를 말씀드립니다. 강한 몰입을 하면서 도저히 답이 없을 것 같은 문제도 계속 생각하면 힌트를 얻고 정답을 찾아간다는 걸 절실히 느꼈습니다. 짧은 기간 동안 강렬하게 몰입을 경험해서인지 평소보다 그 위력을 더 많이 실감했습니다.

고민하던 문제는 사소한 하나까지 의문점을 남기지 않고 해결했습니다. 얼마 되지 않는 실험 결과로 여기까지 왔다는 게 신기하고 놀랍습니다. 그리고 앞으로 이어질 저의 가파른 성장을 기대하게 됩니다. 해결한 문제는 사무실 복귀 후 하드웨어 전문가와 논의하고 검증할 예정입니다.

K는 이후에도 연휴 및 휴가 기간이면 거의 예외없이 강한 몰입을 시도해 업무 관련 문제를 해결하고 새로운 아이디어를 도출하고 있다. 게임 중독 이력이 있는 사람이 몰입을 경험하면 더욱 열정적으로 몰입하는 경향이 있는 것 같다. 게임을 하면 도파민 과잉 분비에 의한 쾌감을 느끼는데, 몰입과 같은 생산적인 활동을 통해서도 이와 동일한 긍정적 감정을 경험할 수 있기 때문으로 추측된다.

K의 사례를 통해 우리는 아무리 어려운 문제도 생각을 계속하면 관련 시냅스가 활성화해 고도의 몰입 상태가 된다는 사실을 확인할 수 있다. 답이 보이지 않는 문제와 맞닥뜨려도 물러서지 않고 문제를 해결하려 노력하면 시냅스의 활성화는 반드시 일어난다.

여기서 소개한 두 사례는 미지의 문제를 스스로 생각해 해결하는 학습 방식이 창의적 문제 해결 능력을 키워준다는 사실을 확인시키는, 일종의 교육 실험이다. '이렇게 훈련했더니 이렇게 되었다!'에 해당하는 추적 연구이기도 하다. 미지의 문제를 스스로 생각해 푸는 학습 방식은 어렵지 않으면서도 그 효과는 대단히 크다는 것을 다시 확인할 수 있다.

CHAPTER 16

뇌는 미지의 문제를 풀 때
가장 창의적이다

SLOW
THINKING

그 무엇보다 뇌를 자극하고 단련시키는 것은

'미지의 문제'에 도전하는 것이다.

새로운 길을 놓는다는 마음으로 끈기를 갖고 도전할 때

생각의 길은 점차 넓어지고 편안해진다.

"이제 불안과 초조에서 완전히 벗어났습니다."

몰입적 사고를 익히려는 사람들에게 나는 훈련용으로 수학이나 과학 혹은 컴퓨터 코딩 문제를 추천한다. 이런 문제들은 답이 명확하고, 자기 실력에 맞는 난이도를 선택하기도 쉽기 때문이다.

논리적인 사고력이 발달하지 않은 사람은 자신이 장시간 생각해 어떤 답을 얻으면 그것을 강하게 믿고 확신하는 경향이 있다. 자신의 논리가 부족하거나 엄밀하지 않아 잘못된 답을 얻을 수 있다고는 생각하지 못하고 고집을 내세워 타인과 갈등을 빚는다. 그러나 문제의 정답이 명확하면 이러한 대립은 생기지 않는다. 그런 분야가 바로 수학이나 과학이다.

이들 분야는 주장이나 가설이 실험이나 이론으로 검증되므로 답이 명확할 수밖에 없고, 서로 자기 답이 정답이라고 대립할 여지 또한 없다. 고대 그리스의 플라톤도 이 사실을 잘 알았던 것 같다. 플라톤 아카데미 입구에 '기하학을 모르는 자는 이 문을 들어서지 말라'라고 써놓은 걸 보면 말이다.

물론 '소크라테스식 수업'처럼 답이 명확하지 않은 문제로도 사고력을 향상시킬 수 있다. 하지만 그러려면 소크라테스와 같은 훌륭한 스승의 지도가 있어야 한다. 이런 이유로 나는 인문학 문제를 몰입 훈련의 대상으로 삼지 않는다. 수학이나 과학처럼 답이 명확한 문제를 풀면 뛰어난 스승의 지도 없이 혼자서도 얼마든지 사고력을 발달시킬 수 있다.

미지의 수학 문제를 오랜 시간 생각해 50이라는 답을 얻었다고 하자. 그런데 확인해보니 정답은 70이다. 이런 경우 그래도 자기 답인 50이 맞는다고 우기는 사람은 없을 것이다. 대부분은 자신이 틀렸다는 것을 인정하고, 더 깊이 생각해서 실수했거나 미처 생각하지 못한 부분을 깨닫게 된다. 틀린 것을 바로 알고 생각해볼 수 있으니, 즉각 피드백이 이루어지는 셈이다. 이것이 답이 명확한 문제의 장점이다.

앞서 언급한 재능 연구가 안데르스 에릭슨 교수의 '신중하게 계획된 연습'이란 자신의 한계를 넘는 시도를 하되, 결과에 대한 피드백을 받아 오류를 즉각 수정하는 과정을 끊임없이 반복하는 것을 말한다. 창의적 문제 해결 능력을 배양할 때도 마찬가지다. 자신이 구한 답에 대한 명확한 피드백을 받고 즉시 수정하는 과정을 거쳐야만 사고가 더 날카로워지고 논리력이 커진다.

다음은 나의 몰입 강연을 듣고서 중학교 3학년생이 보낸 메일이다. 자투리 시간에 미지의 문제를 몰입해 해결한 경험을 서술하고 있다.

풀리지 않던 수학 문제를 화장실에서도, 밥 먹으면서도, 걸어가면서도 생각해서 결국 풀어냈습니다. 책상에 앉아 공부하는 시간도 조금 더 길어졌습니다. 작은 변화지만 많은 것을 느꼈고, 나도 할 수 있겠다는 자신감이 생겼습니다.

미지의 문제를 풀 때 금방 풀리지 않아 답답하고 초조해지면 몰입에 방해가 된다. 그래서 슬로싱킹이 중요하다고 하는 것이다. 결과보다 과정에 의미를 둔다는 생각으로 슬로싱킹을 해야 몰입의 즐거움을 만끽하며 느긋하게 문제를 풀 수 있다. 진도를 빨리 빼려 하기보다 문제 푸는 과정을 통해 두뇌를 발달시키고 몰입을 경험한다고 생각하면 좋다.

다음은 한 수능 준비생이 보낸 메일이다. 수학 문제를 풀 때 답이 잘 떠오르지 않더라도 스스로 생각해서 풀고, 결과보다 과정에 의미를 두라는 내 조언에 따라 5주간 공부한 결과를 적고 있다.

수학이 제게 감동을 줍니다. 예전엔 몰랐던 아이디어들을 마주할 때마다 입이 떡 벌어지게 놀랍습니다. 왜 학교에서는 이런 아이디어를 가르쳐주지 않은 걸까, 의문이 듭니다. 재밌게 풀 수 있는 신기한 방법이 이렇게나 많은데 학교에서는 재미없게 푸는 방법만 가르치는 것 같습니다. 새로운 아이디어들을 접할 때마다 희열을 느낍니다. 우울증으로 괴로워하는 환자를 위해 수학으로 삶의 기쁨을 찾는 프로그램을 만들면 좋지 않을까 하는 생각도 듭니다. 수학이 너무 재미있고, 놀랍고, 아름답습니다.

교수님께서 말씀하신 대로 결과보다 과정에 집중하자고 수시로 되뇌고 있습니다. 이제껏 결과로만 평가받았기에 과정에 의미를 두는 것이 서툽니다. 정해진 시간 내에 얼마나 많은 성과, 좋은 성과를 거뒀느냐를 평가의 기준으로 삼아왔기 때문에 자꾸만 조급해지고 슬로싱킹하기도 힘들었습니다. 하지만 과정에 집중하자고 마음을 고쳐먹은 것만으로 조급증이 가시고, 슬로싱킹하는 데도 도움이 되었습니다.

미지의 문제를 스스로 생각해 해결하는 과정에서 자신만의 풀이법을 찾아내기도 한다. 때로는 자신이 찾은 풀이법이 참고서 해설지나 학교에서 가르치는 방법보다 훨씬 낫다고 느껴져 나 자신에게 감탄하기도 한다. 이렇게 자기만의 방식으로 문제를 해결하는 재미를 느끼기 시작하면 기존의 문제 풀이 수업 방식에 흥미를 잃는다. 이 학생도 이러한 과정을 겪은 것으로 보인다. 또 슬로싱킹이 얼마나 중요한지도 깨달았다고 밝히고 있다. 미지의 문제를 푸는 가상의 도전에서 가장 중요한 것은 슬로싱킹이다. 시간은 충분히 있고, 평생 이 문제 하나만 해결하면 된다는 마음으로 여유롭게 생각해야 스트레스 받지 않고 도전을 지속할 수 있다.

다음은 이 학생이 미지의 문제를 푸는 몰입 훈련을 7주째 마치고서 보내온 메일이다.

수학에 자신감이 생긴 것이 최근의 가장 큰 성과입니다. 문제를 여러 다양한 방법으로 풀어갈 때 정말 즐겁습니다. 이건 도저히 해설을 볼 수밖에 없겠다 싶은 문제도 꾹 참고 계속 생각하니 정말로 풀리더라고요. 이런 경험을 반복하니까 '이제 내가 못 풀 문제는 없다. 생각하면 다 풀리니깨'라는 자신감이 생겼습니다.

이런 자신감이 도전 정신을 더 강하게 하는 것 같습니다. 잘 안 풀리는 문제를 만나도 주눅 들지 않고 '당장은 안 풀려도 넌 어차피 풀리게 되어 있어!' 하면서 계속 생각하게 됩니다. 예전에 수학 선생님이 수학은 자신감으로 풀어야 한다고 말씀하신 적이 있습니다. 하지만 아무리 마음을 다잡아도 어려운 문제는 결국 해설을 봐야 할 거라는 생각이 들곤 했습니다. 지금은 전혀 그렇지 않습니다. 당시는 '나는 할 수 있다'는 말이 거짓말 같아 괴로웠지만, 지금은 정말 자신 있게 풀 수 있다고 말합니다. 해설을 보지 않으면 안 되겠다 싶었던 문제도 결국은 아이디어가 떠올라 풀리는 경험을 반복했기 때문입니다. 마음이 정말 든든합니다. 자신감이라는 것이 마음을 이렇게 든든하게 할 줄은 몰랐습니다.

몇십 분이 지나도 문제 풀이에 진전이 없고 막막하면 이 문제를 절대 풀 수 없으리라는 좌절감이 든다. 평생 생각해도 못 풀 것처럼 느껴진다. 사기가 떨어지고 자신감이 사라지면서 어차피 풀리지 않을 문제에 도전하는 건 시간 낭비라는 생각마저 든다. 어서 포기하고 해설을 보자는 유혹에 마음이 흔들린다. 이는 어려운 문제에 많이 도전해보지 못한 사람들이 예외 없이 느끼는 감정이다. 미지의 문제에 도전한 경험이 적어서 우리 뇌가 어떻게 작동하는지 이해하지 못하기 때문이다.

앞서 소개한 의식의 통합작업공간 이론을 떠올려보자. 하나의 문제를 포기하지 않고 계속 생각하면, 즉 의식의 무대 위에 이 문제를 끊임없이 올리고 또 올리면 의식 깊은 곳에 있던 장기기억이 인출되어 결국에는 문제가 풀린다. 고등학교 참고서 수준의 문제는 길어도 몇 시간 정도면 답을 얻을 수 있다.

도저히 풀리지 않을 것만 같던 문제가 해결되면 그만큼 희열이 크고 자신감이 생기면서 도전 정신이 발달한다. 이렇게 미지의 문제에 도전해 성공하는 경험을 몇 개월간 반복하면 정신적으로 크게 성장할 수 있다. 이런 성장은 강의를 통해서가 아니라 오랫동안 도전과 성공의 경험을 반복함으로써 얻어진다.

이 학생이 미지의 문제 풀기 27주 차에 보낸 다음 메일을 보면 이러한 정신적 성장을 확인할 수 있다.

저는 이제 불안과 초조에서 완전히 벗어났습니다. 너무나 감사한 일입니다.

저는 모든 감정을 느끼는 인격체이고, 따라서 불안과 초조 같은 감정이 들어도 억지로 짓누르거나 무시하지 말고 그냥 그런 감정을 느낄 수도 있다고 저 자신을 이해하면 된다는 걸 깨달았습니다.

아직 스무 살도 되지 않았는데, 이런 지혜를 얻었다는 것이 너무나 감사합니다. 미래에 대한 이런저런 걱정으로 소비하는 에너지를 현재를 위해 즐겁게 쓰면 된다는 걸 알게 되었습니다. 세상을 살아갈 지혜를 이렇게 이른 나이에 얻게 될 줄은 몰랐습니다. 적어도 불혹은 넘겨야 하나둘 알아갈 줄 알았습니다. 인생을 살면서 불안과 초조를 느끼는 경우가 입시만은 아닐 텐데, 벌써 그런 감정에서 자유로

워졌다니 놀랍고, 기적 같다는 생각이 듭니다.

제가 지혜를 발견한 광맥은 교수님의 책 『몰입』입니다. 다른 사람들도 저처럼 몰입을 통해 불안과 초조에서 벗어나길 바랍니다.

"작은 아이디어 하나만 떠오르면 이후로는 술술 풀립니다."

창의적 문제 해결 능력을 발달시키기 위한 몰입 훈련은 대학생 및 성인도 얼마든지 할 수 있다. 내 연구실로 대학원 과정을 진학하려는 학생은 대개 학부 4학년 여름방학쯤에 내게 승인을 받아야 한다. 이렇게 승인을 받은 학생에게는 우리 연구실에 오기까지 남은 6개월간 창의적 문제 해결 능력을 키우기 위한 몰입 훈련을 하게 한다. 수업 중 맞닥뜨린 미지의 문제를 도전 과제 삼아 자투리 시간에 몰입해 풀고, 이런 성공 경험을 반복하도록 하는 것이다.

다음 소개하는 메일은 우리 연구실에 진학하기로 한 대학 4학년생이 몰입 훈련을 하면서 쓴 것이다. 이 학생은 고등학생에게 수학을 가르치는 아르바이트를 하고 있었는데, 이때 접하는 미지의 문제도 몰입 훈련에 포함하기로 했다. 이 학생은 집이 인천이라 통학에만 왕복 4시간 정도가 걸려서 주로 버스에서 생각을 많이 한다고 했다.

인천까지 가는 약 2시간 동안 버스에서 문제에 대해 생각했습니다. 처음에는 가슴이 답답하고 조바심이 나서 힘들었지만, 창밖을 보며 여유를 찾으니 조금씩 실마리가 잡히는 것도 같았습니다. 도대체 무슨 그림인지 이해가 가지 않았던 도형이 마치 실제 내 눈으로 내려다보는 것처럼 완벽히 이해되었고, 각도까지 정확하게 계산해낼 수 있었습니다. 안 풀릴 것만 같던 문제가 버스를 탄 지 약 30분 만에 해결되어 매우 보람차고 뿌듯했습니다.

한편으로는 평소 얼마나 시간을 무의미하게 보냈는지 알게 되었습니다. 아무 생각 없이 노래를 듣거나 휴대전화만 만지작거렸던 시간이 새삼 후회되고 아까웠습니다.

명절이라 며칠간 바빴지만, 막히는 고속도로에서 오히려 생각할 시간을 충분히 가질 수 있었습니다. 토요일에 접한 문제를 일요일 귀성길 내내 생각해보았습니다. 두 번째라 그런지 그리 답답하거나 막연하다는 느낌 없이 집중할 수 있었습니다. 확실하진 않지만 아마 30분 정도에 걸쳐 이런저런 풀이를 떠올렸던 것 같습니다. 처음 몇 분간은 앞이 깜깜한 듯 아무리 생각해도 풀리지 않다가 아주 작은 실마리를 발견하면 술술 풀린다는 것을 이번에도 깨달았습니다.

어제도 자기 전에 1시간 정도 생각한 끝에 또 다른 문제를 풀어냈습니다. 자리에 누웠는데 잠이 잘 안 오기에 낮에 얼핏 봤던 문제를 찾아 다시 읽고 생각해보았습니다. 조용한 방에서 곰곰이 생각하니 차에서보다 집중이 더 잘되고 효과적이었습니다.

셔틀을 기다리거나 수업 전 교수님을 기다리면서, 또는 이동하면서 이 문제를 생각했습니다. 그 결과 두 가지 방법으로 증명을 해냈습니다.

처음에는 힘들어도 작은 아이디어 하나만 떠오르면 이후로는 술술 풀립니다. 그때는 정말이지 즐거운 마음을 감출 수 없습니다. 무료하게 보낼 자투리 시간에 이런 생각들에 집중할 수 있어 매우 보람되고 즐겁습니다.

이 학생은 주로 자투리 시간에 미지의 문제를 풀고 있다. '어차피 버리는 시간'인 자투리 시간을 활용하면 문제가 풀리지 않아도 스트레스를 덜 받기 때문에 슬로싱킹을 연습하기에 유리하다. 이렇게 자투리 시간을 활용해 창의적 문제 해결 능력을 갈고 닦는 훈련을 하다 보면 평소에도 자투리 시간에 몰입하고 생각하는 습관이 몸에 밴다.

• 몰입과 몬테소리 교육

오랜 기간 고도의 몰입을 하면서 나는 이런 상태를 경험하는 것이 교육적으로 매우 유익하리라는 믿음을 갖게 되었다. 이런 고도의 몰입 상태는 종종 아이들에게도 나타난다. 우리 둘째가 생후 2년 6개월 정도 됐을 때 남해안으로 여름휴가를 간 적이 있다. 아이들은 파라솔로 해를 가린 모래사장에서 한참 동안 두꺼비집을 만들었다. 특히 둘째가 그 놀이에 완전히 심취했다. 태어나 처음으로 제 손으로 뭔가를 만드는 경험에 신이 났던 모양이다. 해가 지고 숙소로 돌아갈 시간이 되어 억지로 놀이를 중단시킬 때까지 둘째는 두꺼비집 만들기에 완전히 몰입했다. 당시 아이의 모습은 내게 무척 깊은 인상을 남겼다.

그러다 나중에 '몬테소리 교육'에 대해 알게 되었다. 몬테소리 교육은 자유, 몰입, 성취 등의 가치를 바탕으로, 아이들이 자발적으로 집중하고 몰입하도록 유도한다고 한다.

2016년 1월 영국의 조지 왕자가 유치원에 처음 등교하는 모습이 화제였는데, 당시 왕실이 조지 왕자를 위해 선택한 교육기관이 바로 몬테소리 유치원이었다. 이지성 작가는 『에이트』에서 서양에서는 몬테소리의 교육 철학이 큰 명성을 누리고 있다면서 '몬테소리 마피아'라는 단어를 소개한다.[52] 어떤 분야에서 창조적인 성취를 이룬 사람들의 유년에 반드시 몬테소리 유치원이 등장한다고 해서 만들어진 말이라는 것이다. 일례로 구글의 공동 창업자, 래리 페이지와 세르게이 브린 역시 몬테소리 교육 철학의 가치를 평생 실천한 사람들이라고 한다.

나는 집중과 몰입을 유도하는 이러한 교육 방식은 유아기뿐 아니라 초중고 및 대학 과정 심지어 성인에게도 유용하다고 생각한다. 몬테소리 교육에서 추구하는 집중과 몰입의 경험을 유아뿐 아니라 모든 사람에게 유도하자는 것이 내가 주장하는 몰입 교육이다.

"두뇌를 완벽하게 가동한 값진 시간이었습니다."

평소 풀던 것보다 난도가 더 높은 문제를 만났다면 이제까지와는 다른 방법을 써야 한다. 평상시처럼 약한 몰입을 하되, 몰입하는 시간을 더 늘린다. 즉 몇 시간 만에 답이 나오지 않더라도 몇 주든 몇 달이든 포기하지 않고 자투리 시간마다 도전하는 것이다.

약한 몰입에 의한 미지의 문제 풀이 훈련에서는 문제가 풀리지 않아도 절대 포기하지 않는 것이 가장 중요하다. 평생 생각해도 못 풀 것 같은 느낌이 들 때면 해설을 보고 싶다는 강한 유혹이 들게 마련이지만, 이를 꾹 참고 견뎌야 한다. 시간은 아무리 오래 걸려도 좋다. 이렇게 일정 기간이 지나면 답을 얻거나, 답이 안 나와도 평소에는 생각지도 못했던 새로운 아이디어를 떠올릴 수 있다. 이런 경험을 반복함으로써 우리는 문제가 아무리 어려워도 생각하길 포기하지 않으면 결국엔 답을 얻을 수 있다는 사실을 확신하게 된다. 또 이런 과정을 통해 자연스럽게 도전 정신을 키울 수 있다.

또 다른 방법은 강한 몰입을 하는 것이다. 강한 몰입 중에는 자면서도 생각하는 숙면일여의 효과가 나타나므로 약한 몰입보다 문제 해결 기간을 현저하게 단축할 수 있다. 단, 최소 1주일 이상 방해받지 않고 연속해서 생각할 만한 시간과 장소가 필요하다. 4~5일 이상 오로지 그 문제만 슬로싱킹하면 숙면일여의 효과로 해결책을 얻거나, 문제 해결에 도움이 될 아이디어가 떠오른다.

그런데 문제가 너무 어려워 4~5일간의 강한 몰입으로도 어림없는 경우라면 어떨까? 오히려 간화선의 삼매와 같은 고도의 몰입을 경험할 좋은 기회가 될 수도 있다. 4~5일 만에 문제가 풀리면 그간 꾸준히 오르던 몰입도가 다시 떨어진다. 그러나 문제가 풀리지 않으면 몰입도가 계속해서 올라간다. 몰입도가 계속 올라간다는 것은 두뇌가동률이 계속 올라간다는 것을 의미한다. 따라서 고도의 몰입 상태를 경험하려면 문제가 풀리지 않는 기간이 길어야 한다. 그러면 문제는 안 풀려도 기적 같은 아이디어나 깨달음이 높은 빈도로 떠올라 생각하는 일 자체가 너무나 재미있어진다. 이런 경험은 매우 특별해서 문제 한두 개 더 푸는 것보다 오히려 교육적으로 의미가 더 크다. 결과적으로 강한 몰입은 문제가 풀리면 풀리는 대로, 안 풀리면 안 풀리는 대로 효과가 있는 셈이다.

다음 메일은 앞서 소개한 대학생이 강한 몰입을 시도한 결과다. 이 학생은 3주간 자투리 시간이 날 때마다 어떤 한 문제에 도전했지만 끝내 풀지 못해 크게 스트레스를 받고 있었다. 크기가 'r'인 저항을 랜덤으로 연결할 때 평균 저항의 크기를 구하라는 전기회로 과목의 문제였다. 나는 이번 수업이 있는 학기 중에는 약한 몰입으로 풀 수 있는 문제에 도전하고, 이렇게 어려운 문제는 연속적으로 생각할 수 있는 방학 기간에 강한 몰입으로 도전해보자고 제안했다. 이 메일은 방학 때 이 문제를 강한 몰입 6일 만에 해결하고서 보낸 것이다.

드디어 문제를 풀었습니다. 막상 풀고 나니 단순한 문제인데, 왜 그리 오랜 시간 고민했는지 모르겠습니다. 지난 일주일간의 무거운 짐을 벗은 듯 홀가분한 기분과 함께 흥분과 기쁨이 몰아칩니다. 메일을 보내는 이 순간에도 기쁜 마음을 숨길 수가 없습니다.

오늘까지 6일 정도를 몰입했습니다. 처음 하루 이틀은 완전한 몰입 상태에 들어가기까지 시행착오도 겪고 낭비하는 시간도 있었습니다. 또 중간에 일정이 있는 날에는 온전히 몰입하지 못해 집중력이 떨어졌던 것도 사실입니다.

만족할 만한 수준으로 몰입도가 오른 것은 지난 수요일 밤이었습니다. 이때부터 의식적으로 큰 노력을 기울이지 않아도 저절로 생각이 유지되고 재미도 있었습니다. 목요일 오후에는 답답한 마음에 조바심과 스트레스를 조금 받는 듯했지만, 교수님과 통화하고서 곧바로 컨디션을 회복했습니다. 그러다 금요일에 절정의 몰입을 경험했습니다.

이전에는 몰입이 좋은 건 알았지만 몰입의 즐거움은 잘 몰랐는데, 금요일부터 토요일 오전까지의 시간을 통해 그 즐거움이 무엇인지 여실히 깨달았습니다. 돌이켜보면 이번 한 주는 제 생에서 두뇌를 가장 활발하게 가동하면서 최대한 활용했던 값진 시간이었다고 단언할 수 있습니다. 이 경험을 통해 앞으로는 더 어려운 문제를 더욱 오랜 기간 집중하여 풀어낼 수 있겠다는 자신감이 생겼습니다.

이 학생이 언급한, 오랜 도전 끝에 성공한 희열은 세상 무엇과도 바꿀 수 없는 진귀한 경험이다. 몰입 훈련을 받은 학생들 말로는 대학에 합격해도 기대만큼 재미있거나 신나는 일이 없는데, 몰입 훈련을 통해 난도 높은 문제에 도전하고 그것을 풀어내면 매우 큰 희열을 느낀다고 한다. 강한 몰입을 시도해 얻는 희열은 약한 몰입의 그것과는 차원이 다르다.

강한 몰입은 숙면일여의 효과를 속성으로 얻고, 지적 능력을 최대로 발휘하는 방법이다. 이런 이유로 이 학생도 '이번 한 주는 제

생에서 두뇌를 가장 활발하게 가동하면서 최대한 활용했던 값진 시간이었다고 단언할 수 있습니다'라고 표현한 것이다. 고도의 몰입을 경험한 사람이면 누구라도 이 말에 공감할 것이다.

강한 몰입을 시도할 때는 의식이 있는 한 1초도 끊기지 않고 그 문제를 생각하는 것이 가장 중요하다. 길을 걸을 때도, 식사할 때도, 샤워할 때도 오로지 그 문제만 생각해야 한다. 몰입도가 낮으면 잡념이 들어오고, 잡념이 들어오면 몰입도가 더 떨어지므로 잡념에 빠지지 않도록 주의한다. 앞서 소개한 대로 눈에 띄는 곳마다 포스트잇을 붙여 두면 잡념에 빠졌다는 사실을 재빨리 알아차리고 문제에 다시 몰입할 수 있다.

몇 년 전, 수능 준비에 몰입을 활용했던 한 학생이 수능을 끝내고서 강한 몰입에 도전해보겠다고 했다. 이 학생은 고교 시절 수학 경시대회에서 입상할 만큼 수학을 잘했고, 평소 해답을 보지 않고서 스스로 생각해 문제를 푸는 방식으로 공부해왔기에 나는 매우 어려운 수학 문제 하나를 골라 강한 몰입을 시도해보라고 했다.

학생은 수학 올림피아드 2부 문제에서 하나를 골라 강한 몰입에 도전했지만, 겨우 3일 만에 문제를 풀어버렸다. 몰입도가 올라가는 과정에서 예상보다 쉽게 문제를 풀어낸 것이다.

그래서 일단은 그 문제를 푼 과정을 복기하면서 자축하는 시간을 보내라고 했다. 그리고 나서 의욕이 생기면 올림피아드 2부 문제에서 더 어려운 것을 골라 다시 강한 몰입을 시도하라고 권했다. 다음은 이 학생이 두 번째로 강한 몰입을 시도한 과정을 적은 메일이다.

첫 몰입이 끝난 후, 교수님 말씀대로 하루 이틀 정도는 문제를 풀었다는 느낌을 그냥 즐겼어요. 그러고 나서 다음 문제에 몰입하기 시작했어요.

첫날은 저번처럼 되게 지루하고 그냥 멍한 채로 보낸 것 같아요.

2일 차에는 전날보다 훨씬 빨리 몰입도가 올라갔습니다. 3시간 정도는 생각이 끊기지 않고 하나에만 몰입할 수 있었어요.

3일 차에도 계속 몰입을 시도했어요. 이제는 밥 먹는 시간에도 계속 생각하는 일이 가능해지고, 이것 말고는 중요한 게 없어 보일 정도까지 됐어요.

4일 차에는 선잠을 잤고, 꿈에서 풀이 과정이 조금씩 생각날 정도까지 몰입이 진행됐어요. 문제에 대해 생각하는 게 너무너무 행복하고 기분 좋았습니다.

5일 차에는 교수님 말씀대로 문제가 꿈에 나오지도 않았고, 그냥 푹 잤어요. 5시간 정도 그림을 그리면서 문제를 해석하고 생각하면서 보냈어요.

6일 차에 문제를 풀어냈어요. 그 쾌감은 진짜 이루 말할 수 없을 정도예요. 풀 수 없을 거란 생각이 잠깐 들기도 했지만, 이내 사라졌어요.

7, 8일 차는 이 쾌감을 계속 즐기는 시간을 보냈습니다.

지난 겨울방학 교육벤처기업 탐생이 주관하는 몰입 캠프에서 특목고를 준비하는 중학교 3학년 학생을 만났다. 이 학생은 초등학교 4학년 때부터 중학교 수학을 공부했다고 했다. 그래서인지 수학 올림피아드 1부 문제는 비교적 쉽게 풀었다. 그런데 미지의 문제를 스스로 생각해 푸는 방식에는 익숙하지가 않았다. 다른 학생들처럼 모르는 문제가 나오면 조금 생각해보다가 안 되겠다 싶으면 해설을 보고 다시 풀어보는 방식으로 공부했다고 했다.

이런 식으로 선행학습을 해온 학생들에게 꼭 필요한 학습법이 바로 미지의 문제를 스스로 생각해 푸는 것이다. 나는 이 학생의 공부 습관을 바꾸기 위해 캠프 두 번째 날에 올림피아드 2부 문제에 도전해보게 했다. 슬로싱킹 방식으로 생각하다가 졸리면 앉아서 선잠을 자되, 깨어 있는 시간에는 1초도 문제에 대한 생각을 놓지 않는 요령을 가르쳐주었다.

몇 시간 혹은 하루 이틀이면 문제를 풀 것이라는 내 기대와 달리, 학생은 캠프가 끝날 때까지 문제를 풀지 못했다. 그래서 집에 돌아가서도 포기하지 말고 그 문제에 대해 계속해서 생각하라고 말해주었다. 메일로 헝가리 현상 관련 자료를 보내주고, 이런 방식의 학습이 두뇌 계발에도 좋고, 숙면일여 효과가 나타나 결국에는 문제를 풀게 될 거라고 독려했다. 그러자 학생은 46시간을 생각한 끝에 결국 문제를 풀었다는 메일을 보내왔다.

어젯밤까지 계속 문제를 생각하다 잠들었는데, 오늘 아침에 갑자기 문제가 풀렸습니다. 정말 풀릴 것 같지 않았는데, 아침을 먹다 갑자기 떠오른 아이디어로 스르르 풀려 놀랐습니다. 잠이 얼마나 중요한지 실감했어요.
문제가 너무 안 풀려서 저한테는 너무 어려운 것이 아닐까 했는데, 막상 문제를 풀고 보니 이제 어떤 문제든 풀 수 있을 거라는 자신감이 생깁니다.

이후로 이 학생은 수학 공부 방식을 완전히 바꾸었다. 어떤 문제가 나와도 포기하지 않고 스스로 끝까지 생각하는 방식으로 공부하게 된 것이다. 이 학생은 특목고 대비 학원을 다니고 있었는데, 학원의 다른 친구들과 달리 문제를 스스로 생각해 푸는 몰입 방식으로 공부하고 있다고 했다. 다음 메일을 보면 수학 공부 방식을 바꾼 효과가 얼마나 큰지 알 수 있다.

뇌를 발달시킨다는 마음으로 몰입 방식을 최대한 활용해 공부하고 있습니다. 학원에서 예습 숙제를 내주는데, 이때 못 푼 문제는 선생님이 먼저 풀어주신 뒤에 복습하게 합니다. 친구들은 대개 예습을 하지 않고, 선생님 풀이를 들은 뒤 그 방법을 외워서 복습하는 방식으로 공부합니다. 하지만 저는 거의 모든 문제를 예습으로 풉니다. 30분, 1시간씩 걸리는 문제도 있지만, 결국 풀어내 선생님들께 칭찬을 받은 적도 있습니다. 덕분에 저는 복습할 숙제가 거의 없어 예습에 투자할 시간이 많습니다. 그래서 계속해서 새로운 문제를 혼자서 풀고 있습니다.
이렇게 선생님의 풀이를 듣지 않고 혼자서 문제를 푸는 예습이 복습보다 훨씬 재미있습니다. 수업 시간에 친구들이 풀이를 듣는 동안 저는 다음 수업 예습을 합니다. 덕분에 제 머리가 많이 발달한 것 같아요. 학원 모의고사에서도 매번 1등을 하고 있습니다.

얼마 전 이 학생으로부터 경기영재고등학교에 합격했다는 연락을 받았다. 수학의 경우 학교나 학원에서 배우기 전에 스스로 생각해 풀어보는 이러한 학습 방식을 강력하게 추천한다. 이렇게 해야 두뇌와 몰입 능력이 발달하고, 수학적 사고력과 수학 실력이 가파르게 향상되며 공부하는 재미도 느낄 수 있다. 반면 풀이 방법을 교사에게 배운 뒤 그 방법대로 문제를 반복해 푸는 방식은 교육 효과가 대단히 낮기 때문에 가능한 하지 말아야 한다. 지적으로 도전할 여지가 없어 재미도 느끼지 못하고, 두뇌 발달 효과가 없어 수학 실력도 좀처럼 나아지지 않는다.

CHAPTER 17

생각을 멈추지 않으면
성장도 멈추지 않는다

인생의 오르막길을 오르고 또 올라

정상에 우뚝 선 사람들에겐 어떤 비밀이 있을까?

그들은 크고 작은 성공 경험을 차곡차곡 쌓아

마침내 아무도 시도조차 해보지 못하는 일에 서슴없이 도전했다.

또한 결과와는 상관없이 최선을 다하고,

그 과정에서 기쁨과 즐거움을 찾았다.

바로 그들은 지치지 않고 생각하는 힘을 가진 슬로싱커들이었다.

먼저 성공할 수밖에 없는
도전을 하라

인생에서 가치 있는 것은 모두 오르막이다. 인생에서 가치 있는 것, 당신이 소망하고 이루고 싶은 것, 당신이 누리고자 하는 것은 모두 오르막이다. 문제는 사람들 대부분의 꿈은 오르막인데, 습관은 내리막이라는 사실이다.

– 존 고든 Jon Gordon, 동기부여 전문가

성공과 탁월함은 확률적으로 구현하기 매우 힘든 일이다. 그런 의미에서 성공과 탁월함을 추구하는 삶은 존 고든의 말처럼 오르막길을 오르는 일과 비슷하다. 그러나 우리는 모두 힘든 오르막보다 쉬운 내리막을 가려는 성향을 지니고 있다. 그것이 자연법칙이다. 그런데 일부 사람들은 모두가 지닌 이런 본능적인 성향을 극복하고 인생의 오르막길을 오르고 또 올라 마침내 정상에 우뚝 선다. 대체 어떻게 이런 일이 가능할까.

자연법칙에서 벗어나 확률적으로 구현하기 어려운 일을 하기 위해서는 우리 뇌의 시냅스 연결을 바꾸는 수밖에 없다. 이를 위해서는 우선 인간의 동기부여 체계를 이해할 필요가 있다.

인간의 동기부여 체계는 쾌감 물질인 도파민을 매개로 하는 보상으로 작동한다. 예를 들어 어떤 직장인이 열심히 노력한 끝에 중요한 프로젝트를 크게 성공시켰다고 하자. 이때 뇌에서 쾌감 물질인 도파민이 분비되어 그는 크나큰 희열을 느낀다. 그러면 편도체에서 그 감정의 세기emotional intensity, 즉 그 느낌이 얼마나 좋은지를 측정해서 그 결과를 전두엽에 저장한다. 그 결과 다음에 이와 비슷한 도전 기회가 생겼을 때 전두엽이 도전을 부추긴다. 도파민 보상이 큰 행동을 자꾸 유도하는 것이다.

반면 도전에서 실패하면 어떻게 될까. 부정적인 경험도 편도체에서 그에 따른 감정의 세기를 측정해 전두엽으로 보낸다. 그러면 전두엽은 그와 비슷한 경험을 회피하고자 다음부터는 그 일을 시도조차 하지 못하게 한다. 이것이 바로 우리의 성향이 형성되는 원리다. 바로 이런 이유로 우리가 어떤 경험을 하느냐에 따라 뇌의 시냅스 연결 구조가 달라지고, 인격이 달라질 수도 있다고 말하는 것이다. 인간의 이러한 동기부여 체계는 '학습된 무기력learned helplessness'과 '승자 효과winner effect'에서도 명확하게 확인할 수 있다.

긍정심리학의 창시자, 마틴 셀리그만의 연구에 따르면 회피 불가능한 혐오 자극을 계속 경험한 집단은 회피 가능한 상황에 놓일 때조차 혐오 자극을 회피하지 못한다고 한다. 그는 이런 현상을 '학습된 무기력'이라고 명명하고, 피할 수 없거나 극복할 수 없는 환경에 반복적으로 노출되면 실제로는 피하거나 극복할 수 있는데도 자포자기하게 된다고 주장했다. 어떤 일에 계속 실패하면 아무리 노력해도 소용없다는 무기력을 학습하게 되어 도전이나 시도는 엄두도 못 내게 된다는 것이다.

그러나 성공 경험을 반복하면 이와 반대 현상이 일어난다. 신경심리학자 이안 로버트슨은 저서 『승자의 뇌』에서 '승자 효과'라는 개념을 내세워 성공이 성공을 낳는 현상을 설명한다. '승자 효과'는 약한 상대와 싸워 이겨본 동물은 이후 강한 상대를 만나도 승리할 가능성이 크다는 생물학 이론이다. 이안 로버트슨은 이 이론이 인간에게도 적용된다고 주장하면서 미국의 권투 프로모터인 돈 킹이 마이크 타이슨을 화려하게 복귀시킨 일화를 그 사례로 든다. 돈 킹은 수감 생활을 마친 타이슨에게 약한 선수를 연달아 두 번 상대하게 함으로써 승리의 경험을 안긴다. 그리고 세 번째에 WBC 세계 챔피언과 겨루게 하는데, 이 경기에서 타이슨은 상대를 3회 만에 눕히고 세계 챔피언 자리를 탈환한다.[53]

한마디로 '승자 효과'는 작은 성공을 많이 거두면 큰 성공을 거둘 가능성이 커진다는 것이다. 그렇다면 작은 성공을 반복해 경험하려면 어떻게 해야 할까. 사회나 학교에서는 아무리 작은 것이라도 성공을 경험하기가 쉽지 않다. 내게 주어진 도전의 난이도가 성공을 경험하기에 적합하지 않을 때가 많기 때문이다. 바로 이런 이유로

'가상의 도전'이 필요하다.

'가상의 도전'이란 반드시 성공할 수밖에 없는 도전 환경을 내 임의대로 만드는 것이다. 이때 도전의 난도는 '도저히 못 할 것 같았지만, 혼신의 노력을 다한 끝에 마침내 해냈다' 정도가 적당하다. 앞서 소개한 미지의 문제 풀기가 '가상의 도전'으로 적합한 이유가 바로 여기에 있다. 초중고 혹은 대학교 학습 과정의 수학·과학·코딩 문제는 자기에게 알맞은 난도를 쉽게 선택할 수 있어서 어느 정도 몰입하면 누구나 성공을 경험할 수 있다. 이렇게 '가상의 도전'에서 성공하는 경험을 반복하면, 즉 미지의 문제에 도전해 생각하고 또 생각한 끝에 마침내 풀어내는 경험을 반복하면 승자 효과가 누적되어 현실에서 어떤 문제와 맞닥뜨려도 피하지 않고 도전해 해결할 수 있게 된다. 학생 시절에 이러한 '가상의 도전'에서 성공하는 경험을 최대한 많이 해야 하는 이유다.

가령 초등학생에게 아직 배우지 않은 내용의 문제를 낸다고 하자. 분모가 다른 분수의 합을 구하는 것을 배우지 않은 아이에게 1/2+1/4의 답을 구해보라고 하는 것이다. 그러면 대부분은 안 배워서 못 푼다고 할 것이다. 그래도 포기하지 말고 계속 생각해보라고 격려하면 어떻게 될까. 개인차는 있겠지만, 포기하지 않고 10~20분 곰곰이 생각하다 스스로 방법을 찾을 것이다. 1/2은 2/4와 같다는 깨달음을 얻는 것이다.

이러는 동안 아이 뇌에서는 어떤 일이 벌어질까. 처음에는 도저히 풀 수 없을 것만 같던 문제를 마침내 풀어내면 전두엽은 도전 초반의 고통과 막막함보다 성공의 희열을 우세하게 저장한다. 이런 경험을 반복한 아이는 다른 아이들과 확연히 다른 성향을 띤다. 문제가 어려워도 겁먹거나 회피하지 않고 도전해서 결국 그 문제를 풀어내는 아이가 되는 것이다. 이런 경험이 선순환을 만들면서 아이는 가파른 성장을 하게 된다.

나는 어떻게
생각의 오르막길을 올랐나

이쯤에서 내가 도전에 도전을 거듭하며 생각의, 그리고 인생의 오르막길을 오른 경험을 이야기해야 할 것 같다. 1990년, 니스트에서 박사 후 과정을 마치고 한국표준과학연구원에 복귀하자마자 나는 이직한 선배 연구원을 대신해 저압 다이아몬드 합성과 관련한 연구를 진행하게 되었다. 생소하고 관심도 없던 주제였지만, 해야 할 일에 최선을 다하자고 마음을 다잡았다. 저압 다이아몬드에 관한 논문을 찾아 읽어보니 이 분야에서 가장 중요한 문제는 고압에서 안정한 다이아몬드가 어떻게 저압에서 합성될 수 있는지 그 이유를 찾는 것이었다.

다이아몬드와 흑연은 모두 탄소로 이루어져 있다. 다이아몬드는 고압에서, 흑연은 저압에서 안정하기 때문에 인조 다이아몬드를 만들려면 압력을 수만 기압 이상으로 올려야만 한다. 그런데 1970년대 말 구소련에서 화학증착 방식으로 상압(특별히 줄이거나 높이지 않은 압력)보다 낮은 압력에서 다이아몬드를 만드는 데 성공했다. 저압에서는 흑연이 안정한데, 어째서 흑연보다 덜 안정한 다이아몬드가 생성되었을까.

당시 많은 연구자가 그 이유로 '원자 수소 가설atomic hydrogen hypothesis' 을 신봉하고 있었다. 그러나 이는 명백히 열역학 제2법칙인 엔트로피 법칙에 어긋나기 때문에 일부 연구자들은 이를 '열역학적 패러독스'라고 불렀다. 나는 엔트로피 법칙을 거스르는 현상은 존재할 수 없다는 신념으로 원자 수소 가설을 대신할 새로운 해법을 찾기로 했다. 그리고 자나깨나 이 문제 하나만을 생각하는 고도의 몰입에 돌입했다.

그렇게 일주일간 몰입한 결과, 마침내 해결책을 찾을 수 있었다. 우리에게 친숙한 상황을 예로 들어보자. 물은 가장 낮은 곳으로 흐르기 마련이다. 하지만 물길에 장벽이 있다면 상황은 달라진다. 가장 낮은 곳으로 가는 길목에 높은 장벽이 있다면 물은 가장 낮은 곳으로 가는 길목은 아니어도 장벽이 낮은 쪽으로 흐르게 된다. 마찬가지로 기체 상태로 있던 탄소가 다이아몬드가 되는 경로의 장벽이 흑연이 되는 경로의 장벽보다 낮으면 덜 안정한 다이아몬드가 안정한 흑연보다 더 우세하게 생성될 수도 있다. 이것이 바로 다이아몬드가 저압에서도 생성될 수 있는 이유다.

그런데 추가적인 연구를 하다가 더 큰 수수께끼를 발견했다. 화학증착을 할 때는 '기판'이라는 것을 사용해 그 위에서 다이아몬드를 증착시키는데, 실리콘 기판에서와 달리 철 기판에서는 다이아몬드가 만들어지지 않고 다공성 구조로 얼기설기 결합한 검댕이 생긴다. 어째서 기판의 종류에 따라 이렇게 다른 결과가 나오는 것일까.

이 문제도 일주일 정도 깊게 몰입하면 해결할 수 있으리라 기대했지만, 그것은 나의 착각이었다. 생각을 거듭할수록 미궁에 빠진 것만 같았다. 해결책이 손에 잡힐 듯하다가도 멀리 달아나는 느낌이었다. 한 가지 신기한 점은 별다른 성과를 못 거둔 채로 속절없이 시간만 가는데도 초조하거나 불안하지 않았다는 사실이다. 나는 지금 최선을 다하고 있으며 느리게나마 해결책에 조금씩 다가가고 있음을 잘 알고 있었기 때문이다. 결과가 어쨌든 후회 없는 삶을 살고 있다는 것만은 확실했기 때문에 이토록 긴 몰입이 전혀 고통스럽지 않았고, 오히려 행복하기까지 했다.

이 문제 하나를 붙들고서 깊은 몰입을 한 지 어언 1년 6개월이 지난 1992년 초, 드디어 해결의 실마리가 떠올랐다. 박막 성장을 기술하는 교과서에서는 모든 박막이 원자나 분자에 의해 성장한다고 설명한다. 그런데 만일 교과서가 틀렸다면? 만일 다이아몬드 박막이 원자 단위가 아니라 하전된 나노입자에 의해 형성되는 것이라면 실리콘 기판 위에서는 전하가 쉽게 빠져나가지 않아 나노입자들이 일정하게 배열하여 다이아몬드 결정으로 자랄 것이고, 철 기판 위에서는 나노입자가 전하를 잃어 흑연으로 바뀌는 동시에 척력을 잃어 다공질의 흑연 덩어리로 자랄 것이다. 이렇게 가정하면 모든 것이 완벽하게 맞아떨어진다. 마침내 1년 6개월간 고민하던 문제를 깨끗

하게 해결한 것이다!

하지만 이러한 주장을 담은 내 논문은 무려 4년 동안 번번이 거절 당했다. 기존의 결정성장 이론을 굳게 믿고 있던 과학자들은 원자 수백, 수천 개로 이루어진 나노클러스터 또는 나노입자가 다이아몬 드를 만든다는 내 이론을 받아들이려 하지 않았다. 아니, 받아들이 지 않는 정도가 아니라 거의 정신 나간 생각이라고 여겼다.

이들을 어떻게 설득해야 할까. 다시 몰입에 돌입한 끝에 나는 기존 의 결정성장 이론으로 접근하면 열역학 제2법칙에 어긋나지만, 나 의 '하전된 나노입자 이론'으로 설명하면 그렇지 않다는 사실을 근 거로 들어야 과학자들을 설득할 수 있다는 결론을 얻었다. 그래서 이런 내용을 정리하여 '저압 다이아몬드 합성에서 다이아몬드 증착 과 흑연의 동시 식각의 패러독스에 대한 열역학적 접근Thermodynamic Approach to Paradox of Diamond Formation with Simultaneous Graphite Etching in the Low Pressure Synthesis of Diamond'이라는 제목의 논문을 결정성장 분야의 세계적인 학 술지 《결정성장 저널Journal of Crystal Growth》에 투고했다. 얼마 뒤 학회지 심사위원이 이런 답변을 보내왔다.

이 논문은 화학증착에 의한 다이아몬드 성장에 있어 대단히 독창적이면서 대단히 위험한 가설을 내포하고 있다. 이 모델은 자체적으로는 일관성이 있다. 그러나 나 는 나노미터 크기의 다이아몬드 입자가 정말로 허공에 생성되는지 확신하지 못하 겠다. 이 모델의 '아름다움' 때문에, 그리고 이런 종류의 주장이 다른 결정성장 시 스템에 유용할 수 있기 때문에 이 논문은 발표될 가치가 있다. 실험을 통하여 가상의 다이아몬드 입자가 정말로 허공에 존재하는지 밝혀야 할 것이다. 이 논문이 화학증착에 의한 다이아몬드 성장에 관하여 활발한 토론의 장을 열기를 희망한다.

이렇게 해서 '하전된 나노입자 이론'을 발견한 지 4년 만인 1996년에 비로소 이에 관한 논문 세 편을《결정성장 저널》에 게재할 수 있었다. 이후에도 '하전된 나노입자 이론'은 기존 이론을 신봉하는 과학자들의 거센 저항과 싸워야 했지만, 느리게나마 조금씩 그 가치를 인정을 받고 있다. 그 후로 이와 관련해 약 100편의 SCI 논문이 발표되었고, '반도체 재료 특강'이라는 대학원생 대상 강의를 개발하기도 했다. 2012년에는 버클리 연구자들이 투과전자현미경을 통해 결정이 나노입자로 성장하는 것을 직접 관찰하여《사이언스Science》에 논문 두 편을 발표했다. 또한 2016년에는 세계적인 학술 출판사 엘스비어Elsevier에서 재료백과사전『재료과학과 공학의 참고서Reference Module in Materials Science and Engineering』의 개정판을 내면서 '다이아몬드 저압 합성Diamond:Low Pressure Synthesis' 섹션에 저압 다이아몬드 합성 기구를 나의 이론으로 설명하는 내용을 포함했다. 이는 내 이론을 재료백과사전에서 공식적으로 인정한다는 뜻이다. 그리고 같은 해에 박막의 결정성장에 관한 기존 교과서의 잘못된 이론을 바로잡기 위해『화학증착 및 물리증착에서 박막과 나노구조의 비고전적 결정성장Non-Classical Crystallization of Thin Films and Nanostructures in CVD and PVD Processes』이라는 제목의 새로운 교과서를 독일의 대형 출판사 스프링거Springer를 통해 출간했다.

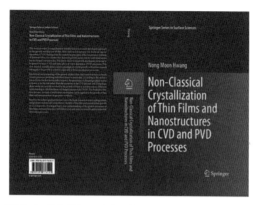

하전된 나노입자 이론으로 박막 성장을 기술한 책의 표지(2016년 출간)

   1년 6개월 동안 문제 하나를 끈질기게 붙들고 몰입하여 마침내 해결한 이 경험은 내 인생을 송두리째 바꾸어놓았다. 앞서 설명한 '승자 효과'가 나타나 몰입만 하면 무엇이든 할 수 있을 거라는 자신 감이 차올랐다. 동시에 지극히 행복해져서 가만히 앉아 생각만 하는데도 마치 천국에라도 온 듯 후회도 아쉬움도 없는 나날이 이어졌다. 이렇게 재미있는 일을 하면서 월급을 받아도 되나 싶어 괜한 죄책감이 들기도 하고, 하루를 살아도 이렇게 살다 죽으면 후회가 없겠다는 생각도 들었다.

   몰입의 이런 효과를 더 시험하기 위해 나는 '하전된 나노입자 이론' 을 완성한 데 만족하지 않고 또 다른 난제에 도전하기로 했다. 먼저 세라믹 분야의 가장 유명한 난제인 '비정상 입자 성장의 메커니즘'에 도전해 2개월 만에 '2차원 핵생성 이론'으로 해결했다. 1950년대부터 미해결로 남아 있던 문제를 불과 2개월간의 몰입으로 풀어낸 것이다. 이 이론은 1996년 발표 당시에는 큰 주목을 받지 못했지만, 이 분야의 세계적인 석학이자 포항공대 총장을 역임한 김도연 명예교수가 내 이론에 동의하여 공동 연구를 진행하면서 40여 편의 논문을 국제 학술지에 함께 발표하게 되었다. 2006년에는 미국 세라믹 학회지에 이 이론에 관한 특집 논문을 발표하기도 했다. 특집 논문은 특정 분야에서 탁월한 업적을 이룬 연구자가 자신의 분야를 총 정리하는 일종의 초청 논문으로, 이를 통해 연구자는 그 분야를 개척한 선구자로 명성을 얻게 된다.

나의 다음 도전 과제는 '금속의 2차 재결정 원리'였다. 이 역시 금속 분야에서 1930년대부터 미해결로 남아있던 가장 유명한 난제였지만, 3개월간 몰입한 끝에 '초저각 입계에 의하여 촉진되는 고상적심sub-boundary enhanced solid-state wetting' 이론으로 해결했다. 세계적인 석학들도 풀지 못한 난제를 설마 내가 해결할 수 있을까, 미심쩍은 마음도 있었지만, 몰입하면 못 이룰 기적이 없음을 다시 한번 확인할 수 있었다.

몰입으로 얻은 성과 가운데 또 기억에 남는 것은 2000년대 초, 동료인 서울대학교 화학생물공학부 현택환 교수의 요청으로 단분산 나노입자의 생성 원리를 규명한 일이다. 일반적인 나노입자 제조 과정에서는 크기가 균일하지 않은 다분산 나노입자가 만들어져서 크기가 균일한 단분산 나노입자를 만들려면 크기를 선별하는 별도 공정을 거쳐야만 한다. 그런데 현택환 교수가 이런 번거로운 추가 공정 없이 직접 단분산 나노입자를 만드는 방법을 개발했다. 이는

2001년《사이언스》의 '편집자 선정editor's choice' 권두 논문으로 소개될 만큼 매우 획기적인 성과였다.

그러나 현택환 교수 자신도 어째서 단분산 나노입자가 형성되는 지 그 원인은 규명하지 못했다. 그는 국제 학회 초청 강연에서 "우리 가 만들면 다분산이 나오는데, 어째서 당신이 만들면 단분산이 되느 냐"는 질문을 받을 때마다 늘 "하나님이 주신 선물이다"라고 대답한 다면서 내게 단분산 나노입자의 형성 원리를 밝혀달라고 요청했다.

해답은 몰입한 지 일주일 만에 나왔다. 단분산을 만드는 원인은 핵생성과 성장, 둘 중 하나인데, 핵생성으로는 단분산 나노입자의 생성을 설명하기 어렵다고 판단하고, 성장이 단분산에 미치는 영향 에 대해 생각을 집중했다.

내가 문제를 생각하는 방식 중의 하나는 나의 나쁜 머리로는 복 잡한 문제를 생각하기 어려울 테니 문제를 최대한 단순화하자는 것 이다. 그래서 입자의 개수를 두 개로 줄여 5나노미터 크기의 입자 한 개와 1나노미터 크기의 입자 한 개가 있다고 단순화하고, 이 두 입자의 성장 속도도 같다고 가정했다. 이때 큰 입자는 작은 입자보 다 5배나 커서 단분산과는 거리가 멀지만, 각 입자가 1나노미터씩 성장하면 큰 입자는 6나노미터, 작은 입자는 2나노미터로, 두 입자 의 크기 차이가 세 배로 줄어든다. 이렇게 두 입자가 같은 속도로 성 장해 각각 98나노미터를 더 성장하면 큰 입자는 104나노미터, 작은 입자는 100나노미터로 두 입자의 크기 차이가 1.04배, 즉 5퍼센트 이하가 되므로 단분산이라고 할 수 있다. 즉 서로 부딪히지 않고 단순히 성장만 하면 크기가 같아지는 것이다. 이것으로 게임은 끝났다. 문제의 핵심이 해결되었으니 이미 풀린 것이나 다름없다.

많은 입자의 성장 거동을 보려면 컴퓨터를 사용하여 계산하면 되는데, 이것은 누구나 할 수 있는 쉬운 일이다. 확산지배성장diffusion-controlled growth에서는 성장 속도가 같지 않고 큰 입자는 작은 입자보다 천천히 자란다. 이를 고려하여 컴퓨터로 계산하면 다음과 같은 결과가 나온다.

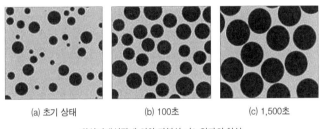

(a) 초기 상태   (b) 100초   (c) 1,500초

확산지배성장에 의한 단분산 나노입자의 형성

현택환 교수는 내가 밝힌 이러한 생성 원리를 고려하여 나노입자를 대량으로 제조하는 데 성공했고, 2004년에 이 성과를 담은 논문 '단분산 나노입자의 초대량생산Ultra-large-scale Syntheses of Monodisperse Nanocrystals'를 《네이처 머티리얼스Nature Materials》에 발표했다. 이 논문은 발표 당시 국내 주요 언론뿐 아니라 CNN 뉴스에서도 다룰 정도로 화제를 모았고, 현재까지 4,000회 가까이 인용되고 있다. 이후로도 특유의 열정과 창의성으로 연구에 매진한 그는 2020년 한국 과학

자 중 유일하게 노벨화학상 후보에 올랐다.

이런 일련의 도전과 성공은 내게 포기하지 않고 몰입하면 세상에 풀리지 않는 문제란 없다는 강한 자신감을 심어주었다. 바로 이런 자신감이 인생의 오르막을 지치지 않고 오르는 체력이 되었다는 사실은 두말할 나위가 없다.

쉬운 도전, 적절한 도전, 그리고 거의 불가능해 보이는 도전까지

우리는 살면서 수많은 일에 도전한다. 눈 감고도 할 수 있는 도전부터 내 능력에 적절한 도전, 어렵지만 성공할 수는 있는 도전, 너무 어려워서 거의 불가능해 보이는 도전에 이르기까지 수많은 도전이 우리를 기다린다. 만일 도전할 만한 일이 아예 없거나 너무 쉬운 도전만 계속되면 삶이 무료해지고 나 자신을 성장시킬 기회 또한 얻지 못할 것이다. 따라서 발전하고 성장하는 삶을 추구한다면 내게 적절한 과제를 찾아내 계속 도전해야만 한다.

노력만 하면 충분히 성공할 수 있는 일에는 몰입이 쉽게 된다. 몰입의 즐거움을 경험하는 동시에 나 자신의 발전과 성장도 기대할 수 있다. 이런 일이 반복되면 '승자 효과'가 나타나 다른 사람에게는 불가능해 보이는 도전도 내게는 충분히 가능한 도전이 된다. 도전 정신이 점점 더 강해지는 것이다.

그런데 도전 과제가 너무 어렵거나 불가능해 보인다면 어떨까. 내 능력을 넘어서는 일이라 아무리 노력해도 도저히 이뤄낼 수 없을 것만 같다면 어떻게 해야 할까. 만일 이런 상황에 적절하게 대처하는 방법을 알고 있다면 삶을 살아가는 일이 조금은 쉬워질 것이다. 특히 현재 이런 도전에 직면한 사람에게는 큰 도움이 될 것이다.

힌트는 간화선에서 얻을 수 있다. 간화선에서는 답이 없는 문제를 화두로 삼는다. 답에 도달할 수 없으므로 계속 생각할 수밖에 없고, 이런 이유로 몰입도는 계속해서 올라간다. 그 결과 마침내 인간이 경험하는 최고의 몰입 상태, 삼매에 도달하게 되는 것이다. 이는 살면서 좀처럼 경험하기 힘든, 최고 경지의 자아실현이다.

그 경지에 오르는 것이 분명히 힘든 일이기는 하지만, 나는 누구나 슬로싱킹을 시도할 수 있고 시도하다 보면 끝내 고도의 몰입에도 성공할 수 있을 거라 믿는다. 나름의 절실한 이유를 가지고 몰입과 슬로싱킹에 도전하려는 독자들에게 바로 나 자신이 앞서 소개한 재료 분야의 난제들에 도전했을 때 어떤 마음으로 고도의 몰입에 성공했는지를 전해주고 싶다.

나는 1초도 쉬지 않고 오로지 주어진 문제만 생각하려 노력한다. 그러나 아무리 생각해도 전혀 진전이 없다. 한 발자국도 앞으로 나가지 못한다. 아침에 일어나 시작한 생각과 저녁에 잠자리에 들 때의 생각이 똑같다. 이렇게 생각에 진전이 없으니 잡념이 계속 들어온다. 이처럼 지루하긴 난생처음인 것만 같다. 극도로 지루하다. 남들은 가시적인 성과를 내고 있는데, 나만 제자리에서 발버둥 치다 하루를 낭비한 것만 같아 불안하고 초조하다.

자신감이 바닥을 친다. 귀중한 시간을 쏟아붓고 있으면서도 문제를 풀 자신이 전혀 없다. 평생을 고민해도 해결하지 못하리라는 좌절감이 든다. '세계적인 석학들이 수십 년간 해결하지 못한 데는 다 이유가 있지 않을까. 그들도 해내지 못한 일을 내가 어떻게 할 수 있을까. 이 문제 하나에만 이렇게 죽어라 매달리다가 결국 빈손으로 물러나면 내 인생은 죽도 밥도 안 되는 게 아닌가.' 이 불안감이 나를 가장 힘들게 한다. 주눅이 들어 도전을 계속할 수 없는 상황까지 내몰린다.

이럴 때 어떻게 해야 할까. 불가능해 보이는 일일수록 내가 어찌할 도리가 없는 결과에 집착하지 말아야 한다. 결과를 걱정하지도 말아야 한다. 그저 최선을 다하기만 하면 된다. 그것만은 내가 마음만 먹으면 얼마든지 할 수 있는 일이기 때문이다.

'이 문제는 평생을 노력해도 해결하지 못할 수도 있다. 어쩌면 40퍼센트 정도만 가까스로 해결한 채로 내 생을 마감하게 될지도 모른다. 그래도 상관없다. 내가 해결하지 못한 60퍼센트는 다른 사람이 마저 해결하면 된다. 분명한 사실은 내가 최선을 다하리라는 것이다. 1초도 쉬지 않고 내 삶을 불태우리라는 사실 하나만은 틀림이 없다.'

이렇게 마음먹으면 아무리 불가능해 보이는 일에도 계속해서 도전할 수 있다. 며칠 동안 계속 슬로싱킹을 이어가면 세상에 오로지 문제와 나만 존재하는 것 같은 고도의 몰입 상태에 도달한다. 앞서 설명한 대로 이는 종교인들이 그토록 추구하는 삼매와 매우 유사한 상태다. 문제를 생각하는 행위 자체에서 흥분과 재미가 느껴지고,

문제 해결에 도움이 될 기적 같은 아이디어가 높은 빈도로 떠오른다. 그럴 때마다 희열과 전율이 느껴진다. 그럴 때 삶은 눈부시게 찬란해지고, 이 경험은 계속되어 자기 삶에 스스로 감동하며, 깊이 숨겨진 잠재능력을 끄집어내는 자아실현을 경험하게 된다. 이런 상태는 오직 불가능에 도전한 사람만이 경험할 수 있다.

나는 종교가 없지만, 몰입 상태에서는 지금 수행하는 연구가 신성하게 느껴지는 종교적 감정을 빈번히 경험하곤 했다. 그 원인을 궁금해하던 차에 마침 2007년 〈SBS 스페셜 - 몰입, 최고의 나를 만난다〉 제작진이 몰입 상태일 때 나의 뇌가 평상시와 어떻게 달라지는지 가천의과대학의 PET$^{positron\ emission\ tomography}$라는 뇌 영상 장비로 촬영해보자고 제안해왔다. 나도 무척 궁금해하던 부분이라 흔쾌히 이에 응했다. 다음 페이지의 사진은 당시 촬영한 PET 뇌 영상이다.

촬영 결과 몰입 상태일 때는 평상시보다 전두엽의 오른쪽이 더 활성화하고 두정엽은 비활성화한다는 사실을 알게 되었다. 흥미롭게도 무속인이나 티베트 승려가 깊은 명상에 들어갔을 때의 뇌 상태도 이와 일치한다고 한다.

펜실베이니아대학의 신경과학자 앤드루 뉴버그의 저서 『신은 왜 우리 곁을 떠나지 않는가』에 따르면 명상에 빠진 불교 신자와 기도에 몰두하는 프란치스코회 수녀가 아주 강렬한 종교 체험의 순간에 도달할 때 뇌 상태를 촬영하면 두정엽 일부 기능이 현저히 저하하고 전두엽 활동은 증가하는 모습을 보인다고 한다. 앤드루 뉴버그는 종교적 활동으로 위치와 방위를 판단하는 두정엽과 운동을 관장

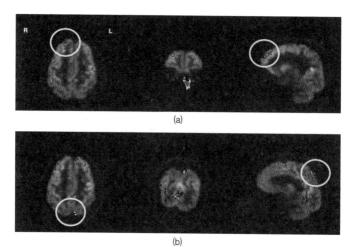

평상시와 몰입 상태의 차이를 보여주는 PET 뇌 영상. 동그라미 속이 변화되고 있는 부분이다.
(a)는 전두엽의 활성화, (b)는 두정엽의 비활성화를 나타낸다.

하는 후두엽이 연결된 부위가 비활성화하면 자신과 외부의 경계가
사라진다고 느끼며, 이 상태가 바로 자신이 외부 또는 절대자와 일
치되었다고 느끼는 영성 상태라고 설명한다.[54] 따라서 종교가 있든
없든 우리 뇌에는 영성을 느끼는 능력이 있다는 것이다. 결국 뇌 과
학에 따르면 몰입과 종교 활동에는 차이가 없는 셈이고, 바로 그래
서 내가 몰입하면서 일종의 종교 체험을 할 수 있었던 것이다. 흥미
롭게도 아인슈타인 역시 종교적 상태에서 창조성이 발현된다고 다
음처럼 말하고 있다.[55]

나는 뛰어난 과학 견해는 모두 깊은 종교적 감정에서 나온다고 생각한다. 또한 나
는 이것이야말로 우리 시대에서 유일하게 창조적인 종교 활동이라고 믿는다. 이

'무한한 종교적' 감정은 그것을 전혀 느끼지 못하는 사람에게 알려주기가 매우 어렵다. (…) 내 견해로는, 이 감정을 일깨우고 이것을 이해하는 사람들 속에서 계속 이 감정이 유지되게 하는 것이 학문과 예술의 가장 중요한 기능이다.

몰입의 장점은 지극히 창조적인 생산 활동을 하면서 종교적인 신성함과 지고의 선까지 경험하는 최상의 삶으로 이끈다는 것이다. 결국 몰입이란 종교와는 무관한 종교 체험인 동시에 최고의 행복감을 느끼는 방법이라 할 수 있다.

인간이 도달할 수 있는 최고의 집중 상태에 이르기 위해 스님들은 왜 답이 없는 화두에 도전할까. 며칠 만에 문제가 풀려버리면 몰입도가 떨어져 삼매에 도달할 수 없기 때문이다. 그러므로 불가능해 보이는 문제라도 도전을 주저할 이유가 없다. 문제가 풀리든 안 풀리든 몰입 자체가 우리에게 깊은 만족감과 감동을 준다. 어떤 경우에도 몰입으로 잃을 것은 없다. 오히려 자신을 한 차원 성장시킬 경험을 하게 된다. 그래서 거의 불가능해 보이는 일에 도전하는 삶도 의미 있고 축복받은 삶이 될 수 있는 것이다.

이제 처음 질문으로 돌아가 보자. 익숙했던 생각의 습관을 힘들여 바꾸려는 사람들, 쉬운 길을 선택하려는 인간의 자연스러운 본성을 떨쳐버리고 굳이 힘든 오르막길을 가려는 사람들, 타고난 잠재력을 십분 발휘해 놀라운 성취를 이루는 사람들, 마침내 인생의 정상에 우뚝 서는 사람들, 그들에게는 어떤 비밀이 있는가. 그들은 도전하는 사람들이다. 크고 작은 성공 경험을 차곡차곡 쌓아 마침내 아무도 도전할 엄두를 내지 못하는 일에 서슴없이 도전하는 사람들이다. 결과와는 상관없이 최선을 다하고, 그 과정에서 기쁨과 즐거움을 찾는 사람들이다. 행복의 비밀이 바로 그 과정에 있음을 아는 사람들이다. 바로 슬로싱커들이다.

생각한다는 행위에 두려움이나 스트레스를 받지 않으면, 그래서 지치지 않고 오래 생각할 수만 있으면, 아무리 어려운 문제와 맞닥뜨려도 포기하거나 좌절하지 않는다. 당신도 이런 슬로싱커가 될 수 있다. 도전을 포기하지 않으면, 자신이 끊임없이 도전할 수 있는 존재라는 사실을 믿으면 누구나 슬로싱커가 될 수 있다.

슬로싱킹과 몰입을 알게 된 후로 나는 내 삶을 '생각'에 걸었다. 그러자 내 인생에 혁명이 일어났다. 이제 나는 누구에게라도 자신 있게 말할 수 있다. 자기 혁명을 이루고 싶다면 '생각'에 자기 인생을 걸라고 말이다. 개인뿐 아니라 조직, 회사, 국가도 마찬가지다. 경쟁력을 키우려면 '생각'에 모든 것을 걸어야 한다. 그래야만 생존과 행복, 자아실현을 동시에 추구하는 삶이 가능해지기 때문이다.

지금 책을 읽은 당신도 '생각'으로 '행복을 정복하는 길'에 어서 나서보기를 바란다. 생각의 습관을 바꾸는 여정은 쉽지 않겠지만 분명 즐거울 것이며 또한 인생을 바꾸는 여정이 될 것이라고 말해주고 싶다. 슬로싱킹은 그 여정의 길잡이가 되어줄 것이다.

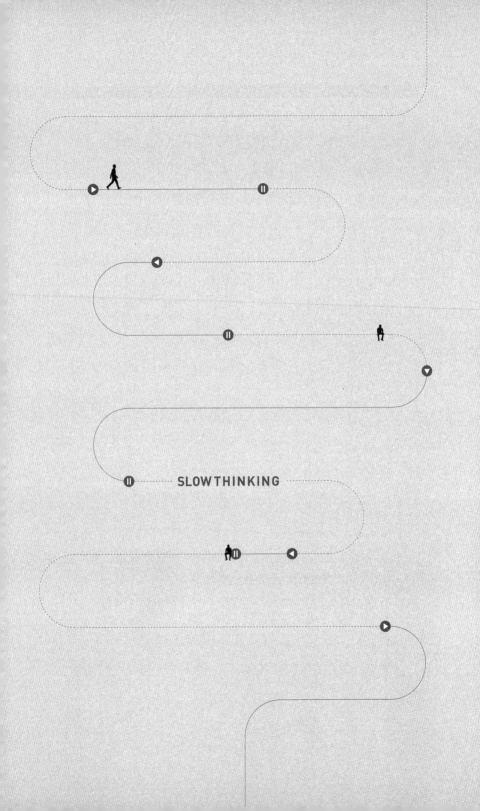

SLOWTHINKING

1 서영빈, '대한민국에서 가장 바쁜 정은경… "업무 애착 높은 사람이 가장 행복"', 《뉴스1》, 2020년 5월 6일 자

2 이 책에 나오는 '자연법칙', '자연스러운 현상', '자연스러운 본성', '자연스러운 경향' 등은 엔트로피 법칙을 가리키는 말이며 독자가 엔트로피 법칙을 좀 더 쉽게 이해할 수 있도록 풀어 쓴 것임을 밝힌다.

3 송민령, 『송민령의 뇌 과학 연구소』, 동아시아(2017)

4 강수진, 『나는 내일을 기다리지 않는다』, 인플루엔셜 (2013)

5 '과학은 9시 출근, 4시 퇴근하는 일 아니다', 《조선일보》, 2006년 9월 11일 자

6 미하이 칙센트미하이, 『창의성의 즐거움』, 노혜숙 옮김, 북로드(2003)

7 미셸 루트번스타인, 『생각의 탄생』, 박종성 옮김, 에코의서재(2007)

8 리처드 파인만, 『파인만 씨, 농담도 잘하시네!』, 김희봉 옮김, 사이언스북스(2000)

9 이타가키 에이켄, 『손정의 제곱 법칙』, 김정환 옮김, 한국경제신문사(2015)

10 김찬웅, 『이병철, 거대한 신화를 꿈꾸다』, 세종미디어(2010)

11 전도근, 『신화를 만든 정주영 리더십』, 북오션(2011)

12 안재석, '이나모리의 '마술'…파산했던 JAL, 내달 증시 컴백', 《한국경제》, 2012년 8월 5일 자

13 남민우, 'Fun으로 Jobs 얻어라… "회사에서 놀게 하자 잡스가 제 발로 찾아왔다, 제발 일자리 달라고"', 《위클리비즈》, 2016년 12월 3일 자

14 박민제, '게임 규제 이젠 그러려니… 한국에선 숙명', 《중앙일보》, 2019년 3월 18일 자

15 앨런 홉슨, 『꿈』, 임지원 옮김, 아카넷(2003)

16 하루야마 시게오, 『뇌내혁명』, 심정인 옮김, 사람과책(1999)

17 김가희, '15초의 '승부', 그 절박한 현장에서', 《한경비즈니스》, 2010년 11월 5일 자

18   Bernard J. Baars, 『A Cognitive Theory of Consciousness』, Cambridge University Press(1993)

19   Bernard J. Baars, 『In the Theater of Consciousness: The Workspace of the Mind』, Oxford University press (1997)

20   무여스님, 『쉬고, 쉬고 또 쉬고』, 새로운사람들(2009)

21   강병균, '찰나, 궁극의 상태', 《불교닷컴》, 2016년 6월 20일 자

22   김태영, '韓國儒學에서의 誠敬 사상', 《湖西文化研究》(1983)

23   박희병 편역, 『선인들의 공부법』, 창비(2018)

24   아베 요시오, 『퇴계와 일본유학』, 김석근 옮김, 전통과현대(1998)

25   리처드 웨스트폴, 『프린키피아의 천재』, 최상돈 옮김, 사이언스북스(2001)

26   사이먼 싱, 『페르마의 마지막 정리』, 박병철 옮김, 영림카디널(2014)

27   귄터 치글러, 『수학 여행자를 위한 안내서』, 여상훈 옮김, 들녘(2011)

28   손택균, '소설 '잠'으로 돌아온 베르나르 베르베르 "꿈은 영감의 원천, 잠들기 전에 부탁하죠, 뇌야, 아이디어를 주렴"', 《동아일보》, 2017년 6월 3일 자

29   강석기, '피해망상과 환각… 조현병(정신분열증)의 원인은?', 《동아사이언스》, 2016년 5월 23일 자

30   원효섭·이경진·이영욱, '구글의 못 말리는 AI 인재 욕심…직원 탐나 기업 통째로 인수', 《매일경제》, 2016년 3월 16일 자

31   김세직·정운찬, '미래 성장동력으로서의 창조형 인적 자본과 이를 위한 교육 개혁' 《경제논집》 제46권 제4호, 서울대학교 경제연구소(2007)

32   최경수, '청년실업률은 왜 상승하는가?', 《KDI 포커스》, 2017년 12월 20일 자

33   신정록, '노벨상 日과학자, 일본 평준화 교육 비판', 《조선일보》, 2008년 10월 11일 자

34 사라 이마스, 『유대인 엄마의 힘』, 정주은 옮김, 예담프렌드(2014)

35 Brock Bastian, Jolanda Jetten, Laura J. Ferris, 'Pain as Social Glue: Shared Pain Increases Cooperation', Pychological Science(2014)

36 댄 세노르 · 사울 싱어, 『창업국가』, 윤종록 옮김, 다할미디어(2010)

37 제이슨 게위츠, 『이스라엘 탈피오트의 비밀』, 윤세문 외 옮김, 알에이치코리아(2018)

38 강성종, 『두뇌의 신비, 자궁에서 무덤까지』, 전파과학사(1999)

39 조지프 르두, 『시냅스와 자아』, 강봉균 옮김, 동녘사이언스(2005)

40 https://baby.lovetoknow.com/wiki/Famous_Preemies

41 https://www.neonataltrust.org.nz/support-resources/famous-prems/ famous-people-born-prematurely

42 유발 하라리, 『사피엔스』, 조현욱 옮김, 김영사(2015)

43 John E. Pfeiffer, 『The Creative Explosion : An Inquiry into the Origins of Art and Religion』, New York:Harper&Row(1982)

44 재레드 다이아몬드, 『총, 균, 쇠』, 김진준 옮김, 문학사상사(2005)

45 레너드 쉴레인, 『자연의 선택, 지나 사피엔스』, 강수아 옮김, 들녘(2003)

46 Adolf Portmann, 『A Zoologist Looks at Humankind』, Columbia University Press(1990)

47 https://en.wikipedia.org/wiki/obstetrical_dilemma

48 https://en.wikipedia.org/wiki/mitochondrial_eve

49 https://en.wikipedia.org/wiki/creativity

50 존 스튜어트 밀, 『존 스튜어트 밀 자서전』, 최명관 옮김, 창(2010)

51 L.S. Hing, 數學教育 published in hong kong, 12(2002) 48-56

52   이지성, 『에이트』, 차이정원(2019)

53   이안 로버트슨, 『승자의 뇌』, 이경식 옮김, 알에이치코리아(2013)

54   앤드루 뉴버그, 『신은 왜 우리 곁을 떠나지 않는가』, 이충호 옮김, 한울림(2001)

55   앨리스 캘러프라이스, 『아인슈타인 혹은 그 광기에 대한 묵상』, 강애나 · 이여명 옮김,
      정신문화사(1998)

슬로싱킹

초판 1쇄 발행 2020년 11월 19일 **초판 11쇄 발행** 2024년 1월 17일

지은이 황농문
펴낸이 이승현

출판1 본부장 한수미
라이프 팀
디자인 이세호

펴낸곳 ㈜위즈덤하우스 **출판등록** 2000년 5월 23일 제13-1071호
주소 서울특별시 마포구 양화로 19 합정오피스빌딩 17층
전화 02) 2179-5600 **홈페이지** www.wisdomhouse.co.kr

ⓒ 황농문, 2020

ISBN 979-11-91119-64-0 03320